齐鲁优秀传统文化教学案例研究

郭小丽 张高臣 著

东北财经大学出版社 大连
Dongbei University of Finance & Economics Press

图书在版编目（CIP）数据

齐鲁优秀传统文化教学案例研究 / 郭小丽，张高臣著. 一大连：东北财经大学出版社，2024.3

ISBN 978-7-5654-5113-3

Ⅰ.齐… Ⅱ.①郭… ②张… Ⅲ.文化史－研究－山东 Ⅳ.K295.2

中国国家版本馆CIP数据核字〔2024〕第033942号

东北财经大学出版社出版发行

大连市黑石礁尖山街217号 邮政编码 116025

网 址:http://www.dufep.cn

读者信箱:dufep @ dufe.edu.cn

大连永盛印业有限公司印刷

幅面尺寸：170mm×240mm 字数：214千字 印张：14.75 插页：1

2024年3月第1版 2024年3月第1次印刷

责任编辑：王 莹 惠恩乐 责任校对：刘贤恩

封面设计：原 皓 版式设计：原 皓

定价：76.00元

本书为中共中央党史和文献研究院马克思主义中国化与中华优秀传统文化研究基地资助项目研究成果。

品天下之学　鉴案例大观（代序）

"文化"与"文明"之词，最早见诸《周易》。伏羲一画开天，道启鸿蒙，文明以降。先哲因"山下有火"而设贲卦，曰："刚柔交错，天文也；文明以止，人文也。观乎天文，以察时变；观乎人文，以化成天下。"极富张力的中华文化，范围天、地、人三才而不过，错画无边；化成古往今来而不遗，薪火相继。

根植华夏、星耀全球的中华文化，尽善矣，又尽美矣；至广矣，又至深矣。如果把博大精深的中华文化比作满天星斗，那么，齐鲁文化就是其中最玄妙、最闪亮的那颗北辰星——"居其所而众星共之"。

齐鲁文化，从历时性看，有前齐鲁文化和齐鲁文化；从广延性看，包含齐文化和鲁文化。经春秋战国诸子整合而形成了儒道互补、礼法结合、王霸兼采后的齐鲁文化，很快由区域文化跃升为中华文明的主流文化，由"齐鲁之学"升华为"天下之学"，甚或有"天下学术归齐鲁"之说。直到宋代，尚有"为学慕齐鲁"的美誉。作为"天下之学"的齐鲁文化，历史地成为中国学术文化的核心，并深刻地影响了整个中华文明的走向和发展进程。悠长而厚重的历史文化底蕴，既给齐鲁大地增添了别开生面的人文色彩，也赋予中华文明强劲的发展动力。

齐鲁大地，圣人辈出，瀚若星河。譬如，久负盛名的齐鲁十二圣贤，个个独领风骚。作为统一的文化实体，齐鲁成为天下仰慕的道德文化富矿、科学文化高地、经世之学圭臬、大匠精神策源、创新文化引擎。为人师者，如何迅速地将浩如烟海的齐鲁文化凝练为教学资源？这部《齐鲁优秀传统文化教学案例研究》为播撒文化薪火的学者提供了可资借鉴的宝典。将齐鲁文化精华凝萃为教学案例，堪称中华优秀传统文化"双创"（创造性转化、创新性发展）的有效探索。

一齐一鲁一大统，一山一水一圣人。正所谓：欲传大道，必贯三才；欲授文韬，必入齐鲁。捧读书稿，犹如徜徉在齐鲁文山书海中，享受一场跨越时空的文化盛宴。齐鲁之门，和光同尘。一部案例大成，定当开卷有益！

刘长明

癸卯年初夏书于泉城

前言

　　中华文明源远流长，传统文化博大精深。"中华优秀传统文化是中华民族的突出优势，是我们在世界文化激荡中站稳脚跟的根基"①，"要认识今天的中国、今天的中国人，就要深入了解中国的文化血脉，准确把握滋养中国人的文化土壤。"②

　　习近平总书记指出："中华文明绵延数千年，有其独特的价值体系。中华优秀传统文化已经成为中华民族的基因，植根在中国人内心，潜移默化影响着中国人的思想方式和行为方式。"③"中国优秀传统文化的丰富哲学思想、人文精神、教化思想、道德理念等，可以为人们认识和改造世界提供有益启迪，可以为治国理政提供有益启示，也可以为道德建设提供有益启发。对传统文化中适合于调理社会关系和鼓励人们向上向善的内容，我们要结合时代条件加以继承和发扬，赋予其新的涵义。"④"我们决不能抛弃马克思主义这个魂脉，决不能抛弃中华优秀

---

① 中共中央关于党的百年奋斗重大成就和历史经验的决议（2021年11月11日）。
② 本刊编辑部.文化自信是更基本更深沉更持久的力量［J］.求是，2019（12）：13-20.
③ 习近平.习近平谈治国理政（第一卷）［M］.北京：外文出版社，2014：170.
④ 习近平在纪念孔子诞辰2565周年国际学术研讨会暨国际儒学联合会第五届会员大会开幕会上的讲话（2014年9月24日）。

传统文化这个根脉。坚守好这个魂和根，是理论创新的基础和前提。理论创新必须讲新话，但不能丢了老祖宗，数典忘祖就等于割断了魂脉和根脉，最终会犯失去魂脉和根脉的颠覆性错误。"①正是基于这种认识，习近平总书记在庆祝中国共产党成立100周年大会上的重要讲话中提出"两个结合"，即坚持把马克思主义基本原理同中国具体实际相结合、同中华优秀传统文化相结合。这充分反映了以习近平同志为核心的党中央对马克思主义中国化时代化发展规律认识的全面深化，以及对中华文明发展规律的高度自觉和深刻把握。"第二个结合"的提出，为在新的历史起点上更有效地推进中华优秀传统文化创造性继承、创新性发展，更有力地推进中国特色社会主义文化建设提供了根本遵循。与此同时，也给负责传道、授业、解惑的教育工作者提出了新的要求，即加强中华优秀传统文化教学研究，促进学生对中华优秀传统文化的继承和弘扬。正是基于这种考虑，我们萌生了结合高校的思想政治理论课教学将中华优秀传统文化有效融入课堂的想法，进而产生了编写中华优秀传统文化教学案例研究书籍的念头。

齐鲁优秀传统文化是中华优秀传统文化的重要组成部分，出于地域考虑，我们最终确定了《齐鲁优秀传统文化教学案例研究》这个书名。然而，齐鲁传统文化典籍浩如烟海，内容博大精深，确定写作内容就成了难题。为解决这个问题，设在山东财经大学的中共中央党史和文献研究院马克思主义中国化与中华优秀传统文化研究基地首先召开了齐鲁优秀传统文化研讨会，要求与会专家结合思政课教学推荐研究内容，初步筛选出了36个意向性探究目标；接着，又在山东财经大学的教师和学生中发起两轮问卷调查，要求从36个探究目标中选出自己感兴趣的10个内容；最后，通过问卷回收统计，确定了本书涉及的13个内容。内容确定后，我们结合教学工作，围绕教学案例写作的基本方向、本书写作的总体框架和写作体例做了大量工作，最终形成了"基本情况简介—主体思想介绍—后世纪念—教学案例挖掘"的行文体例。

本书共分四章，选取13位齐鲁传统文化名人，推敲出39个与主题

---

① 习近平在中共中央政治局第六次集体学习时的讲话（2023年6月30日）。

相关的教学案例进行解析。第1章道德文化的集大成者，选取孔子、孟子两个人物；第2章经世致用的救世精神，选取管子、孙子、墨子、诸葛亮四个人物；第3章崇尚气节的爱国精神，选取李清照、辛弃疾、戚继光三个人物；第4章勤谨睿智的创造精神，选取刘勰、贾思勰、颜之推、蒲松龄四个人物。本书写作特点如下：一是整体性；二是针对性；三是创新性；四是实效性。我们希望通过本书，能为中华优秀传统文化有机融入高校的思政课教学进行一些探讨，能为高校思政课教师的教育教学提供一些便利。

本书的成书凝聚了很多人的心血。著名学者刘长明教授在百忙之中为本书作序，7位研究生参加了资料搜集和筛选工作，另有马克思主义学院的多位教师为本书的写作提出了大量建设性意见，对于他们的辛勤付出，谨表诚挚的感谢。此外，本书在写作过程中借鉴了学界同仁的不少研究成果，在此也深表谢意。

由于作者水平所限，错误和不当之处在所难免，敬请学界专家批评指正。

作　者

2023年9月

目录

第1章　道德文化的集大成者 / 1

　1.1　孔子 / 1

　　1.1.1　孔子基本情况简介 / 1

　　1.1.2　教学案例一："孔子学琴于师襄子" / 7

　　1.1.3　教学案例二："君子惠而不费，劳而不怨，欲而不贪，
　　　　　泰而不骄，威而不猛" / 11

　　1.1.4　教学案例三："己所不欲，勿施于人" / 18

　1.2　孟子 / 22

　　1.2.1　孟子基本情况简介 / 22

　　1.2.2　教学案例一："富贵不能淫，贫贱不能移，威武不能屈，
　　　　　此之谓大丈夫" / 27

　　1.2.3　教学案例二："生于忧患，死于安乐" / 34

　　1.2.4　教学案例三："老吾老，以及人之老；幼吾幼，以及人
　　　　　之幼；天下可运于掌" / 40

第2章　经世致用的救世精神／45

　2.1　管子／46

　　2.1.1　管子基本情况简介／46

　　2.1.2　教学案例一：《管子》／48

　　2.1.3　教学案例二："管鲍之交"／55

　　2.1.4　教学案例三："以人为本"／58

　2.2　孙子／61

　　2.2.1　孙子基本情况简介／61

　　2.2.2　教学案例一：《孙子兵法》的国防教育价值／66

　　2.2.3　教学案例二："知彼知己，百战不殆"／69

　　2.2.4　教学案例三："不战而屈人之兵"／73

　2.3　墨子／77

　　2.3.1　墨子基本情况简介／77

　　2.3.2　教学案例一："兼爱"／81

　　2.3.3　教学案例二："止楚攻宋"／90

　　2.3.4　教学案例三：墨子的科技思想／96

　2.4　诸葛亮／101

　　2.4.1　诸葛亮基本情况简介／101

　　2.4.2　教学案例一：《隆中对》／104

　　2.4.3　教学案例二：《诫子书》／110

　　2.4.4　教学案例三：《出师表》／112

第3章　崇尚气节的爱国精神／118

　3.1　李清照／118

　　3.1.1　李清照基本情况简介／118

　　3.1.2　教学案例一："生当作人杰，死亦为鬼雄。至今思项羽，不肯过江东"／122

　　3.1.3　教学案例二：《声声慢·寻寻觅觅》／125

　　3.1.4　教学案例三："天接云涛连晓雾"／128

　3.2　辛弃疾／131

　　3.2.1　辛弃疾基本情况简介／131

3.2.2　教学案例一："怒斩义端" / 134

3.2.3　教学案例二："名士相会" / 138

3.2.4　教学案例三：《永遇乐·京口北固亭怀古》/ 140

3.3　戚继光 / 144

3.3.1　戚继光基本情况简介 / 144

3.3.2　教学案例一：《望阙台》/ 148

3.3.3　教学案例二："戚继光抗倭" / 151

3.3.4　教学案例三："一年三百六十日，多是横戈马上行" / 154

第4章　勤谨睿智的创造精神 / 157

4.1　刘勰与《文心雕龙》/ 157

4.1.1　刘勰与《文心雕龙》基本情况简介 / 157

4.1.2　教学案例一："气论" / 162

4.1.3　教学案例二："通变观" / 165

4.1.4　教学案例三："文德论" / 169

4.2　贾思勰与《齐民要术》/ 173

4.2.1　贾思勰与《齐民要术》基本情况简介 / 173

4.2.2　教学案例一："顺天时，量地利，则用力少而
成功多" /177

4.2.3　教学案例二："天为之时，而我不农，谷亦不可得
而取之" /182

4.2.4　教学案例三："神农、仓颉，圣人者也；其于事也，
有所不能矣" / 185

4.3　颜之推与《颜氏家训》/ 188

4.3.1　颜之推与《颜氏家训》基本情况简介 / 188

4.3.2　教学案例一："以业立世"的家庭劳动教育理念 / 192

4.3.3　教学案例二：以"开心明目，利于行耳"为核心的
读书观 /196

4.3.4　教学案例三：以"立身扬名"为核心目标的道德
教育观 /200

4.4　蒲松龄与《聊斋志异》／204

　　4.4.1　蒲松龄与《聊斋志异》基本情况简介／204

　　4.4.2　教学案例一：蒲松龄的"仁政思想"／208

　　4.4.3　教学案例二：蒲松龄对艺术美学的创造性发展／212

　　4.4.4　教学案例三：蒲松龄的教育思想／215

参考文献／219

第1章　道德文化的集大成者

　　齐鲁传统文化内容博大精深，其核心和主干是儒家文化。儒家文化的核心是仁和礼。仁就是以"爱人"之心推行仁政；礼就是用"正名"（即道德教化）的方法建立社会的道德秩序。在儒家传统中，孔孟总是形影相随，既有大成至圣，则有亚圣，既有《论语》，则有《孟子》。作为道德文化的集大成者，孔子和孟子关于锤炼品格、崇德修身、夯基固本的系列论述，对社会主义现代化强国奋进路上时代新人的大德滋养、青春启润、行稳致远具有重要的启迪作用。

1.1　孔子

1.1.1　孔子基本情况简介

　　孔子（公元前551年—公元前479年），子姓，孔氏，名丘，字仲尼，春秋末期鲁国陬邑（今山东曲阜）人，祖籍宋国栗邑（今河南夏邑）。孔子是中国古代著名的思想家、教育家、政治家，儒家学说的创始人，是中国早期文化知识的集大成者。

1）生平事迹

孔子出身于没落的宋国贵族家庭，其先祖是殷末纣王之庶兄微子启，启奉商祀，封于宋。六世祖孔父嘉，始以孔为姓。五世祖木金父避难奔鲁，后乃定居鲁国陬邑。其父名纥，字叔梁，又称叔梁纥，在鲁襄公时是大贵族孟献子属下的武士，被封为陬邑大夫，人称陬人纥。叔梁纥先娶施氏，生了九个女儿，其妾生男，取名伯尼，又称孟皮，有足病。叔梁纥近七十岁时复娶颜徵在，在鲁襄公二十二年（公元前551年）生孔子。因其母曾为生子而祷于尼丘山，故取名为丘，字仲尼。

鲁襄公二十四年（公元前549年），孔子三岁时，叔梁纥病逝，葬于坊山（今曲阜东25里处）。孔子随母于鲁国都城内的阙里过着清贫的生活。孔子十分求知好学，受周礼的熏陶，孔子热衷于礼仪的学习。

鲁昭公七年（公元前535年），孔子的母亲颜徵在去世。是年，季氏宴请士一级贵族，孔子去赴宴却被季氏家臣阳虎拒之门外。

鲁昭公九年（公元前533年），孔子十九岁，迎娶了宋国人亓官氏为妻。鲁昭公十年（公元前532年），亓官氏生子。据传此时正赶上鲁昭公赐鲤鱼于孔子，故给其子起名为鲤，字伯鱼。同年，孔子开始做委吏（管理仓库），之后孔子改做乘田（管理畜牧）。

鲁昭公十七年（公元前525年）前后，孔子创办私学，授徒讲学。到三十岁时，孔子已有些名气，所以自称三十岁前后有所成就。

鲁昭公二十四年（公元前518年），孔子三十四岁时，鲁大夫孟僖子之嗣孟懿子及南宫敬叔来学礼。

鲁昭公二十五年（公元前517年），鲁国发生内乱，鲁昭公被迫逃往齐国。孔子不满以季氏为首的三桓擅权，离开鲁国，到了齐国，齐景公想任用孔子，但遭大夫晏婴等人阻挠。之后孔子返回鲁国，开始整理《诗》《书》《礼》《乐》，并扩大教育事业。

鲁定公九年（公元前501年），孔子被任为中都宰，颇有政绩。次年，由中都宰迁为司空，后又迁为大司寇。

鲁定公十年（公元前500年），在齐鲁夹谷会盟上，孔子担任鲁国国君的相礼（司仪），孔子随机应变，有礼有节，使齐君想用武力劫持鲁君之预谋未能得逞，并运用外交手段进行斡旋，取回了阳虎私自送给齐国的国土，保全了国格，取得了外交上的重大胜利。

鲁定公十一年（公元前499年），孔子受季桓子委托，代理相国事务，参与国政。

鲁定公十二年（公元前498年），孔子为加强公室，抑制三桓（指季孙氏、叔孙氏、孟孙氏三家世卿，当时的鲁国政权实际掌握在三桓手中，而三桓又在不同程度上受家臣控制），提出"堕三都"的计划。季孙氏与叔孙氏为削弱家臣势力，支持孔子这一主张，但孟孙氏表示反对。孔子计划受挫，与三桓的矛盾也随之暴露，季桓子对孔子也不再言听计从。

鲁定公十三年（公元前497年），齐景公挑选了80名精通歌舞吹弹的美女送到鲁国。季桓子接受了女乐，君臣迷恋上了歌舞，多日不上朝听政。孔子非常失望。不久鲁国举行郊祭，祭祀后按惯例送祭肉给大夫们时并没有送给孔子，这表明季桓子不想再任用他了。于是，孔子带领弟子离开鲁国。自此，孔子开始了14年周游列国的漂泊生涯。

孔子离开鲁国后到了卫国，后因为谗言，离开卫国前往陈国。路经匡第，被围困。后经蒲地，遇公叔氏叛卫，孔子与其弟子又被围困。后又返回卫都。鲁定公十五年（公元前495年），孔子去卫居鲁。鲁哀公二年（公元前493年），孔子由鲁至卫。卫灵公问政于孔子，孔子婉拒，之后去卫西行，经过曹国到宋国。宋司马扬言要加害孔子，孔子微服而行。鲁哀公三年（公元前492年），孔子过郑到陈国。鲁哀公四年（公元前491年），孔子离陈往蔡。鲁哀公五年（公元前490年），孔子自蔡到叶。鲁哀公六年（公元前489年），孔子与弟子在陈蔡之间被困绝粮，后被楚人相救。之后孔子由楚返卫。鲁哀公十一年（公元前484年），齐国派师讨伐鲁国，孔子弟子冉有率鲁师与齐战，获胜。季康子问冉有指挥才能从何而来，冉有说是向孔子学来的。于是季康子派人以币迎六十八岁的孔子归鲁国。孔子周游列国14年，至此结束。

虽然鲁哀公和季康子常向孔子问政，但终不起用。晚年的孔子集中精力从事教育，整理《诗》《书》等古代典籍，删修《春秋》。

鲁哀公十六年二月十一日（公元前479年4月11日），孔子病逝，终年七十三岁，葬于鲁城北泗水岸边。

2）总体思想

孔子的思想博大精深，从人生哲学到治国理政，从治学弘道到教书育人，从反思历史到认识万物，包罗万千。孔子创立的儒家思想体系是中国传统文化的主轴。孔子的言论及其思想学说主要汇集在《论语》之中。《论语》是孔子去世后，其弟子及其再传弟子把孔子及其弟子的言行语录和思想记录下来，整理编纂而成。虽然这部儒家经典不是孔子所作，但是因其从各个方面记录了孔子的代表性言论，所以从中能深刻了解孔子的主要思想。

（1）政治思想

孔子政治思想的核心是"礼"与"仁"。他从仁者爱人的观念出发，主张"为政以德"①，实行仁政，用道德和礼教来治理国家。孔子的仁说，体现了人道精神，孔子的礼说，则体现了礼制精神，即现代意义上的秩序和制度。

孔子的最高政治理想是建立天下为公的大同社会，即建立一个德治仁爱的社会，后世儒家将其阐发为"大同"理想。

（2）道德思想

"仁"与"礼"也是孔子道德思想的主要内容。孔子认为个体应注重"仁""礼"的德性与德行。仁包含着人与人之间的真诚、敬爱、亲善，代表了人的良好品质和德性，是对人的本质的发现与认识。寻求仁的途径是通过加强自身修养，履行对亲人的责任，进而推及对国家与天下的担当。

仁是礼乐的灵魂，礼乐是仁的外在表达。礼，以习俗、规则、制度的形式示人；乐，则用节奏、旋律调和人心，二者互为表里，缺一不可。孔子重视礼的教化作用，将礼视作修身、齐家、治国的基础，倡导君子以谦退为礼，以损减为乐。

孔子还将早期政治道德中的"执中"理念提升为道，用于指导人们的行为。这就是所谓的中庸之道。中庸之道即用中之道，意思是按照合

---

① 杨伯峻（译注）.论语集注［M］.北京：中华书局，2015：12.

适的方式做事。孔子主张抓住事物的两端，在矛盾之中探求最恰当的解决途径。"和而不同"和"时中"是孔子对中庸思想的进一步丰富，前者强调在差异中寻求和谐，后者针对复杂的时势讲究权变，以求恰如其分。

（3）教育思想

在教育对象上，孔子认为"有教无类"[①]，人人都享有受教育的权利。在教育实践上他提出循循善诱的教学方法和因材施教的教学原则等，要求学生"温故而知新"[②]，学思结合等。孔子主张"学而优则仕"[③]，其教育目的是要培养从政的君子，而君子必须具有较高的道德品质修养，所以孔子重视德育。

3）后世纪念

孔子在古代被尊奉为"天纵之圣""天之木铎"，是当时社会上最博学者之一，被后世统治者尊为孔圣人、至圣、至圣先师、大成至圣文宣王先师、万世师表。西汉初年，儒学渐趋复兴，孔子被封为商汤的后代，接续先王的祭祀。东汉时正式把孔子作为国家的公神，其地位和社稷神同等。唐代则命令每个县都要建庙祭祀孔子。唐代以后，孔子的地位不断提高，对孔子的封号也不断增加。清代，孔子祭祀一度成为和国家的祖宗神同等级别的"大祀"。孔子的儒家思想对中国和世界都有深远的影响，孔子被列为世界十大文化名人之首，拥有很多纪念场馆。

（1）孔府、孔庙、孔林

具有"东方圣城"之称的山东曲阜，有着著名的孔府、孔庙、孔林，统称曲阜"三孔"，是中国历代纪念孔子、儒客朝拜之圣地。

孔庙，是孔子去世后的第二年，即公元前478年，由鲁哀公在孔子生前故宅基础上改建而成的，后经历代王朝不断扩建和整修，规模越来越大，是中国四大古建筑群之一。曲阜孔庙既是国家礼制庙宇，又是孔氏的家庙，因而还奉祀孔子夫人、孔子母亲、孔子子孙、孔氏四十三代中兴祖。

---

① 杨伯峻（译注）.论语集注 [M].北京：中华书局，2015：197.
② 杨伯峻（译注）.论语集注 [M].北京：中华书局，2015：19.
③ 杨伯峻（译注）.论语集注 [M].北京：中华书局，2015：232.

孔府，即衍圣公府，位于曲阜城内，孔庙东侧，是孔子嫡系长子长孙居住的府第。孔府规模宏大，有九进院落，楼房厅堂463间。整个府第分三路布局：中路前为官衙，有三堂六厅，后为内宅，有前上房、前后堂楼、配楼、后五间等，最后为花园；东路为东学，有家庙、慕恩堂等；西路为西学，有忠恕堂、安怀堂、南北花厅等，是我国封建社会中典型的衙宅合一的建筑。

孔林，又称"至圣林"，坐落于曲阜城北，是孔子及其后裔和家族的专用墓地，也是世界上延续时间最长的家族墓地。孔子死后，他的弟子从全国各地带奇花异木来此种植，此后，随其地位的逐步提高，规模也越来越大，现孔林内有树木十万多株，成为我国最大的人工园林。

（2）南宗孔庙

除曲阜孔庙外，中国仅存的孔氏家庙还有南宗孔庙。南宗孔庙位于浙江省衢州市府山街道新桥街。南宋建炎初年（公元1127年），北方已被金人占领，孔子第四十八世嫡长孙、衍圣公孔端友率领部分族人，带着孔子及亓官夫人楷木像和圣像碑南迁衢州。之后孔氏多次上书奏请南宋朝廷，建立孔氏家庙，奉祀孔子等列祖列宗。直到宝祐元年（公元1253年），宋理宗才准允敕造孔氏家庙即南宗孔庙。现存的孔氏南宗家庙始建于明正德年间，由孔庙、孔府及后花园、思鲁阁三部分组成，其中格外与众不同的思鲁阁是南宗孔氏子孙为表达思念山东曲阜和北宗家人而精心设计建造的。

（3）其他孔庙

自汉代以后，各地祭孔活动延续不断，孔庙作为纪念祭祀孔子的祠庙建筑，随着朝代发展和儒学的传播而逐渐增多。据统计，目前世界上分布着2 000多座孔庙，中国国内有1 600多座，保存较好的有300余座，其中山东省曲阜市的孔庙为本庙。此外，在朝鲜、日本、越南、印度尼西亚、马来西亚、新加坡、美国等国家也有数量不等的孔庙。

（4）孔子祠堂

孔子还乡祠位于河南省商丘市夏邑县城北六公里王公楼村。孔子祖先为春秋时期宋国人，其祖居地及祖坟仍在此地。周僖王二年（公元前680年），宋国发生内乱，孔子曾祖孔防叔为避乱而奔鲁。孔子成人以后知晓夏邑王公楼村为自己的祖籍，时常回夏邑祭祖省墓，于是把这个地方叫"还乡里"。后人思而立祠以祀之，故取名"还乡祠"。

（5）孔子博物馆

2018年11月26日，孔子博物馆新馆在山东省曲阜市开馆。孔子博物馆拥有各类馆藏文物70多万件，主要陈列由序厅和五个部分构成。序厅通过多媒体投影对孔子进行了总括性介绍，五个部分分别讲述了孔子的时代、孔子的一生、孔子的智慧、孔子与中华文明、孔子与世界文明。下行展厅为诗礼传家基本陈列展，分余荫百世、孔府档案和阙里遗风三个单元。

1.1.2 教学案例一："孔子学琴于师襄子"

1）案例

【原文】

孔子学鼓琴于师襄子，十日不进。师襄子曰："可以益矣。"孔子曰："丘已习其曲矣，未得其数也。"有间，曰："已习其数，可以益矣。"孔子曰："丘未得其志也。"有间，曰："已习其志，可以益矣。"孔子曰："丘未得其为人也。"有间，有所穆然深思焉，有所怡然高望而远志焉。曰："丘得其为人，黯然而黑，几然而长，眼如望羊，如王四国，非文王其谁能为此也！"师襄子辟席再拜，曰："师盖云《文王操》也。"

【译文】

孔子向师襄子学习弹琴，练了十天却不另学新曲子。师襄子说："你可以学新乐曲了。"孔子说："我已学会了乐曲，但节奏的技巧还没有掌握。"过了一段时间，师襄子说："你已掌握了节奏的技巧，可以学新乐曲了。"孔子说："我还没有领悟乐曲所表现的思想感情。"过了一段时间，师襄子说："你已经领悟了乐曲的思想感情，可以学新乐曲了。"孔子说："我还不能想象出作者是什么样的人。"又过了一段时间，孔子神情庄重肃穆，若有所思，接着神情怡然，举目望去，志意深远。孔子说："我已经想象出作者是什么样的人了。他有着黑黑的面孔，高大的身材，目光凝视远方，像一个统治四方的王者，除了周文王，还有谁能是这个样子呢！"师襄子离开座位，向孔子行了再拜之礼，说："老琴师传授此曲时就是这样说的，这支曲子正是《文王操》啊！"

2）案例释疑

（1）出处

出自《史记·孔子世家》。

（2）含义

孔子学琴于师襄子发生在孔子三十岁之前，此时离他开办私学还有一段时间。鲁昭公十九年（公元前523年），孔子到晋国向闻名于诸侯的师襄子学琴。孔子自"十有五而志于学"到"三十而立"，基本上处于集中精力在学习上的状态，学习的内容主要是"礼乐"。当时"礼""乐"不分家，任何一项"礼"的活动都有相应的"乐"搭配，"乐"是"礼"的重要组成部分，融合在各种礼仪活动之中。同时，按当时的规定，士族出仕必须通过包含"礼乐"的六艺考核，作为老师的孔子需要对"乐"非常精通才能游刃有余地指导学生。在此背景下，孔子学琴于师襄子。

师襄子是当时著名的乐师，会"击磬"，也会"鼓琴"，孔子向他学习琴曲时，他几次让孔子"可以益矣"，但孔子都认为自己的练习还不够，要继续体会音乐的意蕴。经过反复练习与细心体会，孔子最后从琴曲中悟到了"人"。这个故事描写了孔子要完全掌握知识的精髓深意才能满意，展现了孔子刻苦、认真的学习态度。同时，故事还描述了孔子对琴曲《文王操》学习和理解的几个不同感知阶段：习其曲，将琴曲练熟了；得其数，是在熟练的基础上对琴曲的音乐内涵有了一定的感知；得其志，是在前两者基础上领悟到了某种音乐的实质；得其人，最后从琴曲中感悟到了音乐的内涵，看到了一个形象生动的"人"。四种不同的感知深度和对"人"的体悟，是对琴曲的音乐从表层的乐音到"弦外之音"的理解，再从这种理解深化为与某一个具体人的形象进行联想的生动刻画。

3）教学应用

（1）学而不厌、择善而从的求知态度

师襄子是孔子的老师，老师的话对一个学生是有指导作用的，然而当老师劝说"可以了"的时候，孔子并未停歇其追求至臻至善的步伐。师襄子学的是术止于道，把曲子练熟就可以了，是止于表面的，并不清楚曲子的深意，知其然不知其所以然；而孔子学琴学的是悟道，他能看透曲子背后的寓意，知其然知其所以然，追求的是一种更高层次的境界。

学无常师。孔子学琴的案例启示学生要学习不同人的优点与长处，选择好的学习，不好的引以为鉴，要"择其善者而从之，其不善者而改之"①。个人作为学的主体应具备以下几点基本素质：首先应该有端正的学习态度，放低自己的姿态，不耻下问。其次要有自己的判断力，正确地区分"贤"与"不贤"、"善"与"不善"，领悟要"从"什么。最后要有决绝的执行力、坚强的意志力，不能游移不定、朝秦暮楚。

（2）严于律己、搜求己过的自我要求

孔子具有自我批评精神，对自己要求极为严格。孔子在《论语·卫灵公》中所说"躬自厚而薄责于人，则远怨矣。"②做一个人，尤其是做一个君子，重要的是"求诸己"，严格地要求自己，而对人则采取宽容的态度。律己当严，是中华民族的传统美德，也是个人良好道德修养的重要标志。君子应该有严于律己的勇气和宽以待人的度量。君子修身律己、自我检视并不是偶尔为之的应景之举，也不是一天两天的事，而要成为一种时时处处的自觉，成为一种工作常态、生活方式。

克己律己方能成事。焦裕禄始终以共产党员的高标准严格要求自己和家人，修身律己、无私奉献，迎难而上探索出大规模栽种泡桐的方法，改变了兰考的面貌；廖俊波在每一个工作岗位上都严守廉洁底线，从不利用权力、地位为自己和亲属谋取私利，在百姓心中赢得了良好口碑。这些优秀的共产党员始终秉持严以修身、严于律己的从政操守，以身作则、率先垂范，带动他人，引领新风。对青年学生而言，要时时自

---

① 杨伯峻（译注）.论语集注［M］.北京：中华书局，2015：83.
② 杨伯峻（译注）.论语集注［M］.北京：中华书局，2015：190.

重自省、自警自励，时刻以一种高度的政治自觉和责任担当，善于"修己"，不断提升自我，实现精神境界的升华，并以自身的正能量引领、带动身边人。

（3）持之以恒、锲而不舍、刻苦钻研的苦干精神

孔子学琴，锲而不舍，周而复始地长时间专注于一首琴曲，这是一种苦干的精神。不学则已，既然要学，不学到通达晓畅绝不能终止；不去求教则已，既然求教，不达到彻底明白绝不能终止；不去思考则已，既然思考了，不想出一番道理绝不能终止；不去辨别则已，既然辨别了，不分辨明白绝不能终止；不去做则已，既然做了，不确实做到圆满绝不能终止。他人学一次就懂了，我不妨学百次而后成。他人学十次则能，我不妨学千次而后成。真能如此去修学，虽然愚笨也会变得聪明睿智，虽然柔弱也能自强自立。

学习是一个艰苦而枯燥的过程，要想成为有学识、有智慧、有作为的人才，就必须潜心学习，刻苦攻读，不厌不倦、反复执行、不断提升。孔子正是因为追求极致的求知态度，锲而不舍，苦干到底，才深刻领悟了曲中深意，终成一代大儒。在如今追求速度和效率的快节奏时代，很多人的学习往往半途而废。殊不知，只有不厌其烦、锲而不舍、刨根问底地不断学习，有恒心和毅力，才是正确追求学习、走向成功的必由之路。

（4）精益求精、刨根问底的学习态度

精益求精是一种很好的品质。精益，是工匠精神的内涵，是对工匠标准的严格要求。学习需要用心与专一，要专心致志地深入其中，尽心竭力，精益求精。倘若停留在表面，或是深入得不彻底，学得不透彻，便难以领悟其中更深的道理。真正有志于学习的人，会用心投入，深入下去，不会浅尝辄止，也不会一知半解、似懂非懂便轻易带过。

孔子面对师襄子的劝说和新琴曲的诱惑，能控制欲望，坚持专注在琴曲《文王操》的深入领会，精益求精，终成为文王的知音。这启发我们要端正自己的学习态度，要对自己"高标准、严要求"，要追求优秀品质，以"精"字当头，始终秉承工匠精神，认真对待学习和工作。

人要有锲而不舍的追求精神，许多事情的成功都是经过艰苦的努力

和奋斗得来的，纵然前方道路坎坷，也要全力以赴，尽力一搏。如今很多学生遇到困难便否定自我，停滞不前，陷入沉重的自我怀疑之中。相比之下，孔子在当时那个礼崩乐坏、艰难重重的时代，周游列国，孜孜不倦地宣扬自己的主张，使得其思想得以影响千千万万子孙后代，实在令人赞赏和敬佩。

1.1.3 教学案例二："君子惠而不费，劳而不怨，欲而不贪，泰而不骄，威而不猛"

1）案例

【原文】

子张问于孔子曰："何如斯可以从政矣？"

子曰："尊五美，屏四恶，斯可以从政矣。"

子张曰："何谓五美？"

子曰："君子惠而不费，劳而不怨，欲而不贪，泰而不骄，威而不猛。"

子张曰："何谓惠而不费？"

子曰："因民之所利而利之，斯不亦惠而不费乎？择可劳而劳之，又谁怨？欲仁而得仁，又焉贪？君子无众寡，无小大，无敢慢，斯不亦泰而不骄乎？君子正其衣冠，尊其瞻视，俨然人望而畏之，斯不亦威而不猛乎？"

子张曰："何谓四恶？"

子曰："不教而杀谓之虐；不戒视成谓之暴；慢令致期谓之贼；犹之与人也，出纳之吝谓之有司。"①

【译文】

子张向孔子请教："怎样做就可以从事政务了呢？"

孔子说："尊崇五美，摒弃四恶，就可以从政了。"

子张又问："什么叫五美？"

---

① 杨伯峻（译注）.论语集注［M］.北京：中华书局，2015：241.

孔子说："君子（从政者）给人以恩惠，自己却不需要什么耗费；役使老百姓，老百姓却没有怨恨；有合理的欲望，却不贪得无厌；泰然自若，却不骄傲蛮横；富有威严，但不态度凶猛。这就是五美啊。"

子张接着问："什么叫给人以恩惠自己却不需要什么耗费？"

孔子解释说："借人民能够得利的事情而使他们得利，这不就是给人以恩惠自己却不需要什么耗费吗？选择可以役使老百姓的时候去役使，谁会怨恨呢？想得仁便得到了仁，又有什么贪心呢？君子无论人多人少，事大事小，从不敢怠慢，这不就是泰然自若却不骄横吗？君子衣冠整齐，目不斜视，庄重的样子让人望而生畏，这不就是威严却不凶猛吗？"

子张又问："什么是四恶？"

孔子说："不经教化便加以杀戮叫作虐；不加告诫便要求成功叫作暴；不加监督而突然限期叫作贼；同样是给人财物，却出手吝啬，叫作小气。"

2）案例释疑

（1）出处

出自《论语·尧曰》。

（2）含义

春秋时期，为政者大都想的是如何攻城略地或苛责于人，普遍缺乏民本思想。而孔子讲的"五美""四恶"包含了丰富的"民本"思想。孔子认为，为政者必须尊崇"五美"，摒弃"四恶"。

"惠而不费，劳而不怨，欲而不贪，泰而不骄，威而不猛"是孔子提出的君子需要具备的五种品德。

"惠而不费"即施惠于民而不耗费。"惠而不费"是让大众享受到利益而为政者不必捐己所有、有所耗费。强调的是遵循规律顺势而为，因势利导，这样让百姓获得好处，就不会费劲。为政者所制定的政策，是要取之于民、用之于民，是要利民，因而，要在了解人民的利益之后，按照民之所利，去制定政策。"惠而不费"在个人生活中也是存在的，比如助人为乐在严格意义上就是一个"惠而不费"的表现，于人有利而于己无损。我们要提倡"惠而不费"的风尚，身体力行地去践行。

　　"劳而不怨"的意思是让百姓服劳役而不会遭到抱怨。在封建社会，百姓往往对无休止的劳役持反对态度，甚至导致诸如陈胜、吴广等人的揭竿而起。要做到"劳而不怨"，就要做到顺应民心，让人们去选择自己认可的工作进行劳动，要站在百姓立场，择时择人而劳，只有这样，才能做到人尽其才，让其价值得到最大体现。我们平常说的任劳任怨就是"劳而不怨"的体现。

　　"欲而不贪"是有欲而非自私之贪。"不贪"指的是对欲望的追求不要超过合理的界限，否则，就会发展为贪婪、贪欲。

　　"泰而不骄"是说态度舒泰而不骄傲，也指有地位、有权势后不骄傲。骄傲会使人焦虑、忧患和恐惧，怕别人不尊敬自己，得势时盛气凌人，唯恐失尊。"泰而不骄"所要求的是要有不忧不惧的心态，保持心平气和，遇事泰然自若，同时还不能矜己傲物，装模作样，色厉内荏，给人盛气凌人的感觉。

　　"威而不猛"，意思是有威仪而不凶猛，即威严而不失敬畏，不给人凶猛可怕的感觉。"威"是一个人内在力量和自信的外在表现，"猛"是一个人外在反应和冲动的表象。"威而不猛"，能给人不怒自威的气势，实际上是一个人底蕴的表现。威而无信则厉，刚而无柔则猛，以仁持之则"不偏不倚"。这就要求我们不能过分严厉而让人有凶猛的错觉。威严本来是指别人见到你会产生的敬畏之情，是"敬而重之"；如果威严过分就会变成凶猛，让人惧怕，变成"敬而远之"。孔子认为，君子隐居不做官，也会声名远扬；不矫揉造作，却自然庄重；不声色俱厉，却威严可敬；不多说话却能取信于人。君子不会对人有不得体的行为，不会对人显得容貌不端庄，不会对人说有失礼节的话，君子的仪容就足以让人感到敬畏，神色就足以让人感到威严，言语就足以让人信任。所以，"泰而不骄""威而不猛"实际上是主张要加强个人修养，进行自我约束。

　　孔子受人景仰不只是因为他学识渊博，还在于他懂得做人做事的道理。儒家的君子为政是"修身齐家治国平天下"，修己以敬，修己以安人，修己以安百姓。主张担当为民，要有对天下的担当，要满足人民的现实需要，让百姓安居乐业，然后进一步提升，进德修业。"五美四恶"

就是针对这个目标而来的。

为政不是要做大官，居高位，为政的内涵是帮助人。对子张问为政和之前子张问学干禄，孔子给出的答案是完全不一样的。因为在孔子看来，为政和学干禄是需要完全不一样的情怀。为政要有对个人私利的超越，要有民本思想和家国情怀。儒家从事政治活动的目的就是要造福他人，个人的仁德在此过程中提升增广，达到中和之美，忽略这个就不是儒家。"五美四恶"的中心思想就是关注人、关注怎么利人，在利人中执两用中，以期达到中和之美，充满着民本思想和家国情怀。

总体来说，"尊五美，屏四恶"是为政当遵行和避免的两个方面。五美是从政者的正面表现，四恶是为政者的负面表现，有取有舍，有抓有弃。"尊五美，屏四恶"是孔子治国理政思想的总纲。

3）教学应用

本案例描写的是子张向孔子请教为官从政的要领，孔子由此提出了"五美四恶"，体现了其"以民为本"的政治主张和以"德""礼""仁"治国、治天下的理想。

惠而不费体现了执政者和百姓之间的利益关系并不是此消彼长。不管在经济上还是在政治上，只要做到"因民之所利而利之"，并坚持因势利导，双赢的局面绝对是可以实现的。没有人不想走上富裕的道路，只要在能得利的地方，君子能够因势利导，顺着百姓的愿望，放手让老百姓得利，老百姓就能得利。劳而不怨体现了人性中都有利己性，被人指使着做一些与所获利益不匹配的事难免会有怨言，但是，如果执政者指使百姓去做能给百姓带来切身利益、力所能及的工作，纵使没有钱，百姓也不会有怨言。欲而不贪，"欲"是追求，"贪"是过分追求。孔子承认欲望存在的合理性，但是追求欲望要有度，到了贪得无厌的地步就无药可救了。要做到欲而不贪，只能靠加强个人修养。孔子倡导君子要用求仁之心克制那些乱七八糟的欲望。泰而不骄就是对待任何人都要满怀敬意，不能把人分成三六九等。为政者既不趋炎附势，也不盛气凌人，一视同仁保持不骄不躁的作风。威而不猛强调了执政者一定要立威，否则管理臣属、发号施令时就没有影响力。要想真正立威，首先要赢得他人尊重。官员们应该注意自己的形象，自己要行为端正。这些主张在今天看来仍是十分适用的：让百姓受益，这是为政的根本；爱惜民力，这是从政者应有的情操；一视同仁，这是为官者基本的工作准则和作风；形象就是口碑和名誉，这是从政者应该非常珍视的。

五种美德既讲了处事的原则与方法，又讲了处人自处的修养，对当今社会具有重要的启迪。在孔子时代，"君子"更多指统治阶级，如今"五美"思想不只适用于领导干部，对于普通人修身养性、为人处世也很有启发。作为个人，立足于当今复杂多变的社会环境之中，融合于不同人际关系之间，应对社会担负起一定的责任，对社会有所贡献，而不只是向社会索取，不懂得感恩。

（1）兼顾他人、因势利导，达成互利互惠的双赢局面

如今社会出现了一个标签，叫作"精致的利己主义者"。利己本无可厚非，这是一种基本的人性倾向，但精致的利己主义者屈从于人性中的利己本能，利用自己的高智商，通过圆滑、世俗、老到的精算、表演、配合、钻营，处心积虑地过度追逐外部利益，甚至将自身的利己行为包装成美德，以期实现个人利益的最大化。精致的利己主义者以自己利益为重，自私自利，忽视了共同的利益追求，这不是个体的最佳选择，更好的选择是兼顾他人利益，达成持久共赢。

从无私的方面讲，有这样一些词，如"吃亏是福""利他主义""集体主义"，在这种思维下做人做事常怀悲悯之心，不计个人利益与得失。百年前的旧中国满目疮痍，无数热血青年想要救民族于危亡，拯人民于水火。为此，他们抛头颅、洒热血，没有利害得失的考量，没有贪生怕死的犹豫。他们起来革命，加入中国共产党，不是为了个人，是为了社会，为了改变中国黑暗的面貌。为了这个信仰，他们宁愿献出自己的生命。生活在新时代的青年学子，要跳脱精致的利己主义，少一些以自我为中心的计算、少一些斤斤计较的敏感、少一些小肚鸡肠的狭隘，在问"值不值"的同时也应问一问"该不该"，在考量"性价比""回报率"的同时也应考量一下心灵之得、精神之获。互利互惠是给对方提供价值的同时自己也能得到好处。乐于助人并不一定非要好善乐施，顺手做的小事有时对别人而言帮助却很大。给别人好处的同时自己也收获了好处，双方都有益处，何乐而不为呢？

但行好事，莫问前程。生命之伟大，在于广，在于高，而非局限于方寸之间的利益天地。是故，把自己生命的意义裹足于小小的得失之中，就显得十分狭隘了。

（2）关爱社会、倡导任劳任怨的服务精神

青年学生日后会走向广阔的社会，不管身处哪个岗位，担任何种职务，都要多一些实干、少一些怨言，乐于吃苦、勇于担当、甘于奉献、任劳任怨，一步一个脚印走好人生之路。

在疫情防控期间，各行各业、千千万万个坚守在抗疫一线的奋斗者，勇于担当、甘于奉献，聚涓滴之力，护山河无恙。在这场"战疫"中，不论是医护人员还是民警辅警，不论是社区工作者还是志愿者，都用行动诠释着担当，用辛劳书写着奉献。常思奋不顾身，而殉国家之急。挺身而出的英雄和默默无闻、点滴奉献的好人都在这场没有硝烟的战场上，诠释了无畏无私无悔、大勇大仁大爱。

伟大的事业需要伟大的精神。在实现中华民族伟大复兴的征途上，无数事不避难、义不逃责的决心和以身许国、无私奉献的行动，化作穿越风雨的力量，支撑着我们向着一个又一个目标勇毅前行。

（3）节制私欲，加强自我约束与个人修养

儒家不反对欲望，而是主张有限的欲望，与其执持盈满，不如适时停止。有追求有欲望很正常，也是必要的，但要有度，不能过分，不能极端，要懂得把握分寸，适可而止。同时要追求正当的、正确的目标，树立正确的"三观"。孔子曾说"克己复礼为仁"①，要求人们自觉节制私欲。人的欲望需要一个闸门，不加控制，欲望就会像决堤的河水一样泛滥。节制并不是消灭欲望，更不是禁欲，而是将人们的情感和欲望控制在适当的"界"和"度"的范围之内，即经过节制而达到喜怒哀乐的适中与和谐，这是节制美德的高妙境界。孔子70岁时所体会到的那种"从心所欲，不逾矩"②的意境，恰是其历经一生的道德体悟所发出的自豪宣示。

诚然，人有七情六欲，正常的欲望无可厚非，但更需看到，人之为

① 杨伯峻（译注）.论语集注 ［M］. 北京：中华书局，2015：141.
② 杨伯峻（译注）.论语集注 ［M］. 北京：中华书局，2015：14.

人，不是一个欲望的洞窟，有理智、讲理性，做欲望的主人而不是奴隶，才是人的价值所在。面对纷繁复杂的社会，如果不节制自己的情感和欲望，思想上放松一寸，行动上就会滑坡一尺，最终会堕落到万丈深渊。[①]故此，人们在日常生活中注意提升自省修为的品德、自我约束的定力、抗拒诱惑的能力，就显得十分重要了。

（4）以谦虚平等之心待人接物

满招损，谦受益。要时时刻刻保持谦虚平等之心，心平气和、一视同仁地来对待所有的人与事，不因人数的多寡或者人物的大小、地位的高下而产生分别。无论人多人少，无论事大事小，都公正公平地处理。待人接物不怠慢、不骄傲，就能够心平气和；待人平等就能服众，就能够心中安泰。这样就能有条不紊，安然处世，不断长进。

要做到谦逊，就要认真审视自我，摆正自己的位置。解放战争时期，刘伯承同志成功指挥多次重大战役。当解放区各界代表抬来绣有"常胜将军"的横匾时，他却婉言谢绝，连连表示"不敢当"。任弼时同志功勋卓著，但他从不居功自傲，反而常把自己当作小学生。正因他虚心求教、勤勉工作，最终获得了"党和人民的骆驼"之美誉。只有真诚谦逊，注重涵养谦卑之心与进取之志，我们才能行稳致远，成为更好的自己。

（5）行为端正，举止大方得体，注重良好的个人形象

在日常社会交往中，人们总是以一定的仪表、装束、言谈、举止给他人留下第一印象。只有整洁大方的衣着、进退有度的举止、端庄的仪容、得体的言行、健康的精神面貌和真诚的谈吐，方可塑造出良好的个人形象。广大青年要以礼待人、知书达理、举止文明、谈吐得体，注重提升个人的道德修养、遵从约定俗成的礼仪规范，以文明的言行展现青年积极向上的精神风貌。

---

① 汤志，李箭飞.自我节制是道德修养的重要内容［N］.光明日报，2017-04-03.

1.1.4　教学案例三："己所不欲，勿施于人"

1）案例

【原文】

子贡问曰："有一言而可以终身行之者乎？"子曰："其恕乎！己所不欲，勿施于人。"①

【译文】子贡问道："有没有一句可以终身奉行的话呢？"孔子回答说："大概是恕吧！自己所不想要的，就不要施加于他人。"

2）案例释疑

（1）出处

出自《论语·卫灵公》。

（2）含义

春秋战国时期是中国处于分裂和动荡的一个时期，诸侯争霸，战乱不断，这种社会背景使得思想家们对于社会、伦理等问题产生了深刻的思考和见解。以孔子为代表的儒家强调仁爱、道德、人伦，主张"修身齐家治国平天下"，重道德教化和家族伦理，提倡人与人之间的和谐关系。

古汉语的"恕"写作上女下心，而"女"通"汝"，故"恕"的释义为：用自己的心推想别人的心。孔子将其精辟地概括为"己所不欲，勿施于人"，即自己不想要的东西，或者自己不希望别人对自己做的事情，不要将之施加于他人。孔子的"己所不欲，勿施于人"表现的是一种行仁之法，讲求"无私心"，可以培养人的行事规范。

孔子所言"己所不欲，勿施于人"，这句话所揭晓的正是处理人际关系的重要原则。人应当以对待自己的行为标准为参照物来对待他人。简单来讲，"恕"字是讲你不要强人所难，不要给别人造成伤害，应学会换位思考，多为他人着想。孔子强调人应该宽恕待人，应提倡"恕"道，唯有如此才是仁的表现。孔子所阐释的仁以"爱人"为中心，而爱人这种行为即包括着宽恕待人这一方面。

---

① 杨伯峻（译注）.论语集注［M］.北京：中华书局，2015：192.

曾子曰："夫子之道，忠恕而已矣。"①曾子认为忠恕是贯穿孔子全部思想的根本思想。恕就是"己所不欲，勿施于人"，推己及人。"恕"是"仁"的消极表现，而其积极表现便是"忠"，即"己欲立而立人，己欲达而达人"②。意思是说，自己所希望做到的，也能帮助他人做到；自己希望在社会上立足，办事很顺利通达，也能帮助他人立足、通达。

"己所不欲，勿施于人"和"己欲立而立人，己欲达而达人"，前一句是恕，后一句是忠，合而言之就是忠恕之道。一个是对自己的约束，一个是对他人的责任。对待他人，首先要尊重，不要妨碍他人；在此基础上，尽心尽力地帮助他人。其共同的精神，就是为人处世，心里要想到他人，替他人着想，践行仁需要推己及人、将心比心。

在长期的历史发展中，忠恕之道已经成为中国人代代相传的生活准则和中华民族精神的一部分。中国社会中广泛存在的助人为乐，一方有难、八方支援的互助精神；设身处地、将心比心的互谅精神等，都是忠恕之道的表现。

"恕"属于仁的范畴。推己之谓恕，恕的基本意思，是推己及人，即从自己的所欲所想，推及他人，理解他人的所欲所想。恕的精神，也包含着平等观念，体现出对他人的爱和尊重，是一种平等待人，对人表示尊重，表示关心和帮助的态度。"己所不欲，勿施于人"这个命题是从人的本性是善的这一人性假设出发的，要求用自己的仁心去推度别人的心，用自己的善心去处理人与人之间的情感关系和物质利益关系。

孔子认为"己所不欲，勿施于人"是处理人际关系的重要原则，是可以终身奉行的格言。就人们的日常行为规范来说，人应该有宽广的胸怀，待人处事之时切勿心胸狭窄，要宽以待人。倘若将自己所不欲的事情硬推给他人，不仅会破坏自己与他人的关系，也会使事情陷于僵持且不可收拾。人与人之间的交往确实应该坚持这种原则，这是尊重他人，平等待人的体现。

"己所不欲，勿施于人"是考虑他人的感受，约束自己不要伤害他

① 杨伯峻（译注）.论语集注［M］.北京：中华书局，2015：44.
② 杨伯峻（译注）.论语集注［M］.北京：中华书局，2015：75.

人。出发点和落脚点都是他人，这种推己及人的精神，也是完善社会公德，维护社会和谐的基础。如果人们做事之前能想一想自己的做法将对他人产生什么影响、他人会有怎样的感受，而不是只考虑自己的利益，很多问题就不会出现。反之，如果人们只是一意孤行，不顾他人的感受、想法与利益，那就会产生一些不和谐因素，造成一些矛盾。

"己所不欲，勿施于人"也是实行和平外交政策的历史和文化依据。习近平总书记在纪念孔子诞辰 2565 周年国际学术研讨会暨国际儒学联合会第五届会员大会开幕会上的讲话中明确指出："近代以后经历了长期苦难的中国人民最懂得和平的宝贵，最懂得发展的重要。中国人民深知，和平对人类就像阳光和空气一样重要，没有阳光和空气，万物就不能生存生长。""己所不欲，勿施于人。中国需要和平、爱好和平，也愿意尽最大努力维护世界和平，真诚帮助仍然遭受战争和贫困煎熬的人们。中国将坚定不移走和平发展道路，中国也希望世界各国都走和平发展道路，大家一起把和平发展的理念落实到自己的政策和行动之中。"①这一论述是从近代中国人的切身体会和中国传统文化的基本精神方面阐释了"己所不欲，勿施于人"的内涵，彰显了"己所不欲，勿施于人"的当代价值。

3）教学应用

（1）推己及人，将心比心，换位思考

孔子认为，如果一个人能站在他人的立场设身处地思考问题，那么他就走上了"仁"的道路。这启示我们，凡事要站在他人角度换位思考，要将心比心，设身处地地多替他人着想。自己所不想要、不想做、不想承受的，要感同身受、推己及人，想到别人也会不愿承受。

推己及人是由己及人与由人及己的统一，需要自我与他人的互动、理解、包容与共生，将心比心是其中的关键一环。将心比心的前一个"心"为自己之心，后一个"心"为他人之心，也就是将己心比人心，将人心比己心，是一种双向互动的心灵沟通。将心比心通过扪心自省、设身处地、换位思考，以自己之心推测他人之心，有助于人们在交往过

---

① 习近平在纪念孔子诞辰 2565 周年国际学术研讨会暨国际儒学联合会第五届会员大会开幕会上的讲话（2014-09-24）。

程中产生同频共振的情感共鸣，加深对彼此的理解与包容，在共情中营造出心心相印、心心呼应、心心感应的和谐氛围。[①]

总之，人与人之间相处，懂得换位思考，将心比心，是十分重要的。人生在世，各有各的生活，立场不同，所处的环境也不同，有时确实很难做到感同身受。但把私心强加给别人，得到的只有疏远；只有用善意去理解别人，得到的才是尊重。

（2）尊重他人，求同存异，坦诚相待

人与人之间有个性差异，喜好也不尽相同，要想人际和谐，就要尊重他人，求同存异，坦诚相待。个人应当以自己想要被对待的方式来对待他人，待人处事时应宽宏大量。人与人之间是平等的，不应用自己不喜欢的方式对待别人。在人际交往过程中坚持"己所不欲，勿施于人"的原则，是尊重他人、平等待人的体现。

尊重是一种平等，不俯望不仰望，不卑也不亢。"君子坦荡荡，小人长戚戚。"[②]做人要坦坦荡荡，把心放正、放宽，不以狭隘与片面的观点看待他人。尊重他人要懂得欣赏他人之美，尊重他人的选择与喜好，不论人非。君子和而不同、成人之美，而非越俎代庖、掠人之美。人与人之间彼此相亲相爱的相处之道，是文明之间彼此理解尊重的相安之法，这也与马克思的经典表述高度契合："这种共产主义，作为完成了的自然主义，等于人道主义，而作为完成了的人道主义，等于自然主义，它是人和自然界之间、人和人之间的矛盾的真正解决，是存在和本质、对象化和自我确证、自由和必然、个体和类之间斗争的真正解决。它是历史之谜的解答，而且知道自己就是这种解答。"[③]

（3）宽容大度，适度忍让，体谅他人

"己所欲"和"己所不欲"的辩证关系指的是人们都有追求自由、幸福的欲望和权利，但追求"己所欲"的过程中不能损害别人的权利。因为"我"若能损害别人，别人就能损害"我"，二者是对等的。"己所不欲，勿施于人"，主体是"己"，客体是"人"，主体和客体相互影响、

---

① 骆郁廷、赵方.新时代大学生推己及人的交往之道［J］.思想教育研究，2020（4）.
② 杨伯峻（译注）.论语集注［M］.北京：中华书局，2015：89.
③ 中共中央编译局.马克思恩格斯文集（卷1）［M］.北京：人民出版社，2009：185-186.

相互作用，只有良性循环才能有良性结果。

大海因能容纳所有江河，才能如此浩瀚；悬崖绝壁能够直立千丈，是因为它没有过分的欲望，不向其他地方倾倒。一个人，要在社会安身立命，一定要有宽广的胸怀。古今中外，凡能成大事者，无不具有宽广的胸怀。人们常常说"将军额上能跑马，宰相肚里能撑船"，讲的就是这个道理。

雨果曾说过："有一种比海洋更宏大的景象，那就是天空；还有一种比天空更宏大的景象，那就是人的内心世界。"①用宽大通达的眼光和广大无边的同情心来看待事物，不仅需要容忍，还要体贴别人的苦衷，并设身处地去想一下，就会产生真挚的怜悯与博大的宽容。

1.2　孟子

1.2.1　孟子基本情况简介

孟子（约公元前 372 年—公元前 289 年）②，姬姓，孟氏，名轲，字子舆，战国时期邹国（今山东邹城东南）人。战国时期著名思想家、政治家、哲学家、教育家，儒家学派的代表人物之一，地位仅次于孔子，与孔子并称"孔孟"。唐代韩愈认为孟子的功劳不在大禹之下，元朝追封孟子为"亚圣公·树宸"，尊称为"亚圣"。孟子思想博大宏深，《孟子》一书文风雄浑刚健，孟子人格高峻旷远，对中国社会产生了深远的影响。

1）生平事迹

孟子是鲁桓公的庶长子公子庆父的后代，公子庆父之子公孙敖另立

---

① 雨果.悲惨世界［M］.李玉民，译.北京：中国对外翻译出版有限公司，2012：197.
② 孟子生卒年月不详，古今有各种考证和推断。归纳起来，其代表性的说法大体有三种：其一，《孟氏谱》云，生于周定王三十七年，卒于周赧王二十六年，寿八十四岁。此谱作者不详。宋时包括朱熹在内未见有人引用，或为宋末元初人所作。此《谱》所说"定王"，春秋时周定王瑜，公元前 606 年至公元前 586 年在位时期与孟子不相值。战国时的周定王介，公元前 468 年至公元前 441 年在位，末年时孟子应未生。孔子卒于公元前 479 年，孟子晚于孔子不止三十八年。此谱定孟子寿八十四为人接受。其二，明程镐《阙里志》、清周广业《孟子四考》等认为在公元前 385 年至公元前 303 年前后。后梁启超、钱穆、侯外庐、杨伯峻、杨宽等皆从之。其三，元程复心《孟子年谱》、清焦循《孟子正义》、陈宝之《孟子时事考证》、狄子奇《孟子编年》等以为在公元前 372 年至公元前 289 年前后。今人冯友兰等人从之。此处亦采用其三（公元前 372 年至公元前 289 年前后）。

一族，为孟孙氏，或称仲孙氏、孟氏。齐宣公四十八年（公元前408年），齐国攻破了孟孙氏的食邑成城，孟孙氏子孙遂分散开来。孟子的祖先就从鲁国迁居到邹国（今山东省邹县），孟子自此成了邹国人。相传其父名为激，字公宜；其母亲的姓氏也有仉氏与李氏之说。据说，孟子三岁丧父，是在母亲的教育下成长的。"孟母三迁""断杼教子"等故事，史书上记载颇多，是后世母教之典范。

公元前358年，十五岁的孟子拜子思（孔伋，孔子之孙）的门人为师，学习诗书礼仪。孟子对孔子备极尊崇，曾说："出于其类，拔乎其萃，自生民以来，未有盛于孔子也。"①

公元前343年起，三十岁左右的孟子不但自己勤学孔子之道，还开始在家乡教徒讲学，宣传儒家思想。公元前332年，孟子约四十岁，在邹国有了一定的声望和影响。

公元前329年，四十四岁的孟子开始带着弟子周游列国，他们首先慕名来到齐国。然而，齐威王一心想争霸中原，用武力统一天下，这与孟子所主张的"以德服人、实行仁政"的思想背道而驰。孟子在齐国很不得志，连威王赠送的"兼金一百"镒，都没有接受，就离开齐国。公元前327年，孟子听闻宋君偃称王，欲行仁政，便率领弟子来到宋国，提出了仁者无敌的思想。但宋王左右贤人不多，不是能推行仁政的对象，孟子便于数月后离开了宋国，途经薛国并作短暂停留。

公元前325年，孟子返回邹国，因指责邹穆公不实行仁政而惹怒邹穆公，于是再次离开邹国。公元前324年，滕定公去世，滕文公即位。因滕文公曾与孟子在宋国交谈过两次，深受影响，所以即位以后派人到邹国接孟子去滕国，待为上宾。孟子在滕国时，提出了著名的"劳心者治人，劳力者治于人；治于人者食人，治人者食于人"②的著名论断。

公元前322年，齐人在滕国附近的薛地筑城，直接威胁到滕国。滕国是个小国，自身都难保，在这种情况下，孟子意识到要推行仁政于天下，仅靠滕国的力量是远远不够的，于是不久便离开滕国。公元前320年，孟子到了魏国。这时，孟子已经五十三岁。当时梁魏屡败于他国，

---

① 杨伯峻（译注）.孟子译注［M］.北京：中华书局，2010：58.
② 杨伯峻（译注）.孟子译注［M］.北京：中华书局，2010：113.

所以梁惠王见到孟子就问："叟，不远千里而来，亦将有以利吾国乎？"①孟子反对国君言利，对梁惠王讲了一套施仁政于民的办法，没有得到梁惠王的重视。孟子到魏国没几年，梁惠王就去世了，梁襄王嗣位。孟子见到梁襄王，发现襄王不像个国君，也没有威严，无所作为，很是失望，于是离开了魏国。

公元前318年，孟子再次来到齐国，这时，齐威王已死，宣王嗣位。孟子向齐宣王宣扬"仁、义、礼、智"等性善论观点，鼓励其效法"先王"，实行"仁政"，反对暴政。孟子打算依靠齐宣王来推行他的政治主张，但齐宣王只是把他当作一位德高望重的学者来尊重，其真实想法是效法齐桓公、晋文公图谋霸业，孟子的思想学说并不被采纳，最终孟子辞官离开了齐国。

孟子从齐国再次到了宋国，这时宋君偃早已自立为王。不久，孟子离开宋国到了鲁国。这时候正是鲁平公将要使孟子的弟子乐正子为政。鲁平公将要本想去拜访孟子，只是因为他所宠爱的小臣臧仓说了孟子的坏话，而又改变了主意。乐正子把这件事情的经过告诉了孟子。孟子很有感慨地说："吾之不遇鲁侯，天也。臧氏之子焉能使予不遇哉？"②

公元前311年，孟子结束了十几年的周游生活，回到故乡邹国。这时他已经六十二岁。从此，他不再远游，除继续讲学外，便专心著书立说。他与弟子公孙丑、万章等人一起整理《诗经》《书经》，阐发孔丘的思想学说，写成《孟子》一书。

公元前289年，孟子在邹国逝世，享年八十四岁。

2）主要思想

人性本善的哲学思想。"性善论"是孟子学说的基础与核心，孟子认为"人皆有不忍人之心"③。人皆有之的善性是先天固有的，它表现为"仁义礼智"四端，"恻隐之心，仁之端也；羞恶之心，义之端也；辞让之心，礼之端也；是非之心，智之端也。"④端就是发端、萌芽，"仁义礼智"四端只是道德的萌芽，一个人只有经过后天的扩充、修

---

① 杨伯峻（译注）.孟子译注 [M]. 北京：中华书局，2010：1.
② 杨伯峻（译注）.孟子译注 [M]. 北京：中华书局，2010：49.
③ 杨伯峻（译注）.孟子译注 [M]. 北京：中华书局，2010：72.
④ 杨伯峻（译注）.孟子译注 [M]. 北京：中华书局，2010：72-73.

养，才能发展成为有道德的君子。孟子的其他学说都是以此为基础展开的。

关爱民生的仁政思想。孟子说："尧舜之道，不以仁政，不能平治天下。"[1]意思是说，就是有尧舜之道，如果不行仁政，也不能管理好天下。孟子崇尚先王，崇尚仁政，其精髓在于关注百姓的生存权利，要求统治者施仁政于民，然后"谨庠序之教，申之以孝悌之义"[2]，让百姓懂得"父子有亲，君臣有义，夫妇有别，长幼有序，朋友有信"[3]的伦理。

保民而王的民本思想。孟子强调："民为贵，社稷次之，君为轻"[4]，"保民而王，莫之能御也。"[5]意思是说，一切为了使百姓的生活安定而努力，这样去统一天下，没有人能够阻挡。"得天下有道：得其民，斯得天下矣；得其民有道：得其心，斯得民矣；得其心有道：所欲与之聚之，所恶勿施，尔也。"[6]民心的向背决定着政权的存亡。孟子主张保民而王，他把那些残害百姓的统治者视为"独夫民贼"，予以猛烈抨击。

浩然正气的人格思想。孟子强调人，特别是士人的人格尊严。他说："我善养吾浩然之气"[7]，鼓励人们要做"富贵不能淫，贫贱不能移，威武不能屈"[8]的大丈夫，要有为了天下正义"舍我其谁"的责任意识和"舍生取义"的牺牲精神。

3）后世纪念

（1）孟府、孟庙、孟子林

山东又称为孔孟之乡，是儒家文化发源地，不仅有孔府、孔庙、孔林，还有孟府、孟庙、孟子林。

孟府，亦称亚圣府，位于孟庙西侧，是孟子嫡系后裔居住和生活的地方。孟府平面呈长方形，面积约2.1万平方米。其布局严谨，前后七

---

① 杨伯峻（译注）.孟子译注 [M]. 北京：中华书局，2010：148.
② 杨伯峻（译注）.孟子译注 [M]. 北京：中华书局，2010：5.
③ 杨伯峻（译注）.孟子译注 [M]. 北京：中华书局，2010：114.
④ 杨伯峻（译注）.孟子译注 [M]. 北京：中华书局，2010：304.
⑤ 杨伯峻（译注）.孟子译注 [M]. 北京：中华书局，2010：13.
⑥ 杨伯峻（译注）.孟子译注 [M]. 北京：中华书局，2010：156.
⑦ 杨伯峻（译注）.孟子译注 [M]. 北京：中华书局，2010：56.
⑧ 杨伯峻（译注）.孟子译注 [M]. 北京：中华书局，2010：128.

进院落，依次建有大门、礼门、仪门、大堂、世恩堂、赐书楼、上房院、延绿楼、后花园等，厅、堂、楼、房共计200余间，主体建筑分布在中路，前为官衙，后为内宅，是目前保存较为完整的官衙与内宅合一的明清古建筑群。

孟庙，又称亚圣庙，位于邹城市区南部，是历代祭祀孟子的庙宇。北宋景祐四年（1037年），孔子第四十五代孙孔道辅于邹城东北13公里的四基山之阳访得孟子墓，并在墓旁修建了孟子庙。宋元丰八年（1085年）左右迁建于县城东郭。宋宣和三年（1121年），邑士徐绂及乡人出资将孟庙迁于现址。经宋、元、明、清历代重修扩建，至清康熙五十四年（1715年）形成现在的规模。孟庙平面呈长方形，前后五进院落，以主体建筑亚圣殿为中心，南北作中轴对称式配列，前三进主要建筑有棂星门、亚圣庙坊、泰山气象门、省牲所、祭器库、康熙碑亭。自第三进院落起分为左、中、右三路布局：中为承圣门，有亚圣殿、寝殿、两庑、天震井、乾隆碑亭；东为启贤门，有启圣殿、启圣寝殿；西为致敬门，有致严堂、祧主祠、焚帛池。

孟子林亦称亚圣林，是葬埋孟子及其后裔的家族墓地，位于邹城市区东北13公里的四基山西麓。经元、明、清历代扩建增修，至清康熙年间形成730亩地的规模。孟子林前有狭长的神道，两侧古柏、白杨参天。神道中段有一座石拱桥（俗称御桥），桥旁竖有"亚圣林"行书巨碑，为著名书法家欧阳中石所书。自拱桥向北是一条石砌甬道，直通享殿。享殿重建于明嘉靖年间，是孟氏后裔祭祀孟子的场所。殿内有供案和孟子神位，还有宋、元、明、清碑刻9块，详细记载着历代皇帝祭祀孟子的祭文和孟子林修建的情况。享殿后即孟子墓，墓前有螭首龟趺巨碑，上书"亚圣孟子墓"，清道光十四年（1834年）重建。

（2）先师庙

"先师庙"也称"孟轲庙"，位于孟轲东村。据传孟子在游说各国期间，从齐国到魏国，途经干城（今河南省濮阳市华龙区孟轲乡孟轲村），被大雨所阻。当时孟子声望颇高，一时间村民奔走相告，轰动全村。孟子住处门庭若市，登门求教者络绎不绝，于是孟子决定留下讲学数日。干城人以此为荣，在孟子讲学的地方建"先师庙"，把村名改为孟轲村以示纪念。清嘉庆六年（1801 年），开州（今濮阳）知州张极重修孟轲庙，将孟轲村改为大贤店。1958 年庙毁。1981 年复名孟轲村至今。

（3）孟子博物馆

孟子博物馆位于山东省邹城市博物馆内，展陈面积 5 000 平方米，2017 年 4 月 26 日建成并面向公众免费开放。博物馆利用图版、文物、多媒体、场景复原等先进的展陈手段，全面展示孟子的生平事迹、主要思想及其对后世的影响，生动形象地诉说了孟子伟大的一生及其思想成就，阐述了孟子在中国传统历史文化中举足轻重的地位和孟子思想的博大精深。

1.2.2 教学案例一："富贵不能淫，贫贱不能移，威武不能屈，此之谓大丈夫"

1）案例

【原文】

景春曰："公孙衍、张仪岂不诚大丈夫哉？一怒而诸侯惧，安居而天下熄。"

孟子曰："是焉得为大丈夫乎？子未学礼乎？丈夫之冠也，父命之；女子之嫁也，母命之，往送之门，戒之曰：'往之女家，必敬必戒，无违夫子！'以顺为正者，妾妇之道也。居天下之广居，立天下之正位，行天下之大道；得志，与民由之；不得志，独行其道。富贵不能淫，贫贱不能移，威武不能屈，此之谓大丈夫。"[①]

【译文】

景春说："公孙衍、张仪难道不是真正的有志气、有作为的男子吗？他们一发怒，诸侯就害怕，他们安静下来，天下就太平无事。"

孟子说："这哪能算是有志气有作为的男子呢？你没有学过礼吗？男子行加冠礼时，父亲训导他；女子出嫁时，母亲训导她，送她到门

---

① 杨伯峻（译注）.孟子译注 [M]. 北京：中华书局，2010：128.

口，告诫她说：'到了你夫家，一定要恭敬，一定要谨慎，不要违背丈夫！'把顺从当作准则，是妇女之道。居住在天下最宽广的住宅'仁'里，站立在天下最正确的位置'礼'上，行走在天下最宽广的道路'义'上；能实现理想时，与百姓一同遵循正道而行；不能实现理想时，就独自行走自己的道路。富贵不能使他的思想迷惑，贫贱不能使他的操守动摇，威武不能使他的意志屈服，这才叫作有志气有作为的男子。"

2）案例释疑

（1）出处

出自《孟子·滕文公下》。

（2）含义

公孙衍是魏国纵横家，著名的军事家。战国时期，秦国实力逐渐增强，身在魏国的公孙衍提出"六国合纵"来对抗秦国。张仪是鬼谷子的弟子，最开始在秦国被重用，秦惠王时为秦相。张仪提出了"连横"，即秦国和任意一个国家横向联合结成同盟来应对公孙衍提出的"合纵"谋划。这就是历史上著名的"合纵连横"谋划之策。公孙衍的"合纵"谋划最终被张仪的"连横"策略搞得支离破碎。景春是楚国贵族，孟子的弟子，据传也是纵横家。

战国时期群雄争霸、诸侯并起，各诸侯国为了富国强兵，争夺土地、人口和利益，相互征伐与侵略，不顾百姓死活，百姓处于水深火热之中，天下处于一种失序的状态。

在战国时期的社会状态下，诸侯国将精力集中在"合纵连横"的战略布局中，纵横家盛行。纵横家们凭借口才和机智游走在诸侯之间，挑拨离间，朝秦暮楚，反复无常。作为臣子没有维护好君王，作为饱学之士没有匡扶天下，所图的仅仅是自己的高官厚禄。张仪之流迎合君王贪利之心，为自己的功名利禄，挑动战事，左右卖国，背信弃义，曾经重用他们的六国，并没有因此得以保全，百姓更是饱受战乱之苦。

景春作为纵横家，对公孙衍和张仪多有仰慕之心，甚至认为公孙衍、张仪能够左右诸侯，挑起国与国之间的战争，是了不起的男子汉大丈夫。由此，孟子提出了他的观点。

孟子认为公孙衍、张仪之流靠摇唇鼓舌、曲意顺从诸侯的意思往上爬,利欲熏心,没有仁义道德的原则和人格的尊严,奉行的是"妾妇之道",哪里谈得上是大丈夫?孟子提出了自己的大丈夫标准:"富贵不能淫,贫贱不能移,威武不能屈。"即:金钱富贵不能使他思想迷惑腐化,贫苦穷困不能使他改变志向、操守动摇,权势武力不能使他意志屈服变节。

在孟子的心目中,大丈夫是集义与勇于一身的一种人格。大丈夫不畏贫富、不畏权势,不向恶势力屈服,集正气于一身,始终行走在正道之中,是正义、智勇双全的代表。

孟子认为君子是存仁向善的一种人格,君子不仅需要内在的美,而且还要具备外在的浩然正气,表现出刚强的一面。圣人已经到达人格的最高层次,但是圣人不像孔子讲的那样是非常难以到达的,在孟子的心目中,人人都可成为尧舜这样的人。由此孟子在孔子的君子和圣人人格的基础上进行了深化,提出了更加具体、更加现实化、更加形象化的人格:"富贵不能淫,贫贱不能移,威武不能屈。"

孟子认为,真正的大丈夫不应该以权力和等级来衡量,而是能够把"道德之锚"放在心中,在面对财富、贫穷、权力等不同的生活环境时,坚持"仁义礼智"的原则,始终有仁义礼节、有志气、有节操、有作为。"富贵不能淫"表现出富贵之后的节俭、朴素、廉洁的精神。"贫贱不能移"表现出在贫困中毅然决然、刚正不阿的高尚精神。"威武不能屈"表现出不怕强权、勇敢无畏、不卑不亢、一往直前的精神。

孟子认为,大丈夫应当身处天底下最广阔的场所,立足于天底下最中正的位置上,本着大道的原则行为人处世之道。能完成志向就与民众一起前进,所谓的身外之物,即钱财、权力、地位都不能迷惑他的心智,动摇他的初心,改变他的志向。处于人生的不理想状态时先完善自己的人格,这才是大丈夫需要做到的。李泽厚在议论孟子这段话的时候说道:"孟子的这句话成为几千年来激励人心、经久不衰的千古名句。"①孟子的这段名言,闪耀着思想和人格力量的光辉,在历史上曾

---

① 李泽厚.中国古代思想史论 [M].天津:社会科学出版社,2008:42.

鼓励了众多志士仁人,成为他们不畏强暴、坚持正义的座右铭。

心中有信仰,就不会为五斗米折腰,不会为富贵变节,不会为名利低声下气。面对敌人的利诱,有多少革命先烈,坚守党的秘密,宁愿牺牲自己;又有多少革命战士,面对艰难困苦的环境,坚持革命志向,哪怕吃草根、啃树皮;有多少革命先烈,面对敌人的屠刀和枪口,他们面不改色心不跳,威风凛凛、顶天立地!杨靖宇、刘胡兰、周文雍、陈铁军、萧楚女……为了心中美好的信仰,为了天下的公平正义,为了人民群众的幸福,为了未来红火的日子,他们抛头颅、洒热血,舍生取义,他们就是当之无愧、顶天立地的大丈夫。

"富贵不能淫,贫贱不能移,威武不能屈",回到儒学倡导的仁义礼智上去理解,就是首先要"居天下之广居,立天下之正位,行天下之大道。"这样做了以后,再抱以"得志,与民由之,不得志,独行其道"的立身处世态度,也就是孔子所谓的"用之则行,舍之则藏"①。

在面对"穷"与"达"的问题上,孟子说:"士穷不失义,达不离道。穷不失义,故士得已焉;达不离道,故民不失望焉。古之人,得志,泽加于民;不得志,修身见于世。穷则独善其身,达则兼善天下。"②在面对人生中出现的各种境况时,穷与达通常表现为两种不同的人生处境。"穷"是理想还未实现,处于困顿之期,处境险恶;"达"是理想得到实现,处境顺利的状态。大丈夫在面对穷与达时应该保持一颗坦然平淡心,不能随意地被外界环境左右而改变自己的追求,或者放弃自己坚守的原则,这些都不是真正的大丈夫之所为。孟子强调在没有机遇的时候要修养自己,先提高自己的道德水平和能力,这样在以后遇到合适机遇时方能将自己的才能发挥出来,这就是所谓的"独身"和"见于世"。

大丈夫心里存着天下百姓的安危,其最终目标是为社会安定而服务的,在现代社会,就是要担当天下大任,为社会、人民贡献出自己的力量,发挥出自己的作用。

---

① 杨伯峻(译注).论语集注 [M]. 北京:中华书局,2015:79.
② 杨伯峻(译注).孟子译注 [M]. 北京:中华书局,2010:281.

3）教学应用

习近平总书记在中央党校建校80周年庆祝大会暨2013年春季学期开学典礼上的讲话中强调，在新时期，面对急难险重的任务和众多诱惑，领导干部要学习古人"富贵不能淫，贫贱不能移，威武不能屈"的内涵与精神，树立正确的世界观、人生观和价值观。①

（1）要有正确的财富观，不投机取巧，要节俭、朴素

孟子认为追求财富是人的本性，但强调人们在追求财富的时候要受伦理道德约束，先义后利，要求人们以追求高尚情操为己任，而不可贪图物质享受。

在市场经济大背景下，往往会滋生拜金主义倾向。在市场经济中，商品生产者和经营者的经济活动都是在价值规律的自发调节下追求自身的利益，人们往往不自觉地会被金钱吸引，对财富的获取急功近利。由此要树立正确的财富观：要以正当的方式获取财富，对不义之财的诱惑要不乱其心，不要妄想不劳而获，切勿成为金钱的奴隶，切勿为了追逐财富不择手段地做违背道义良心之事。

由俭入奢易，由奢入俭难。在对待财富问题上，共产党人要始终保持艰苦奋斗的优良作风。2021年3月1日，习近平总书记在中央党校（国家行政学院）中青年干部培训班开班式上的讲话中强调："节俭朴素，力戒奢靡，是我们党的传家宝。现在，我们生活条件好了，但艰苦奋斗的精神一点都不能少，必须坚持以俭修身、以俭兴业，坚持厉行节约、勤俭办一切事情。年轻干部要时刻警醒自己，培育积极健康的生活情趣，坚决抵制享乐主义、奢靡之风，永葆共产党人清正廉洁的政治本色。"②

俭以养德。老一辈无产阶级革命家毛泽东、周恩来、刘少奇等，他们虽身居高位，但从不讲排场，不摆阔气，始终保持勤俭的优良传统，为我们树立了革命领袖的光辉榜样。毛泽东同志掷地有声的一句话——"贪污和浪费是极大的犯罪"③——指引着几代人艰苦创业、自力更生。

---

① 习近平.习近平谈治国理政（第一卷）[M].北京：外文出版社，2014：405.
② 习近平在中央党校（国家行政学院）中青年干部培训班开班式上的讲话（2021-03-01）.
③ 毛泽东.毛泽东选集[M].北京：人民出版社，1991：134.

"谁知盘中餐，粒粒皆辛苦"，勤俭的传家宝不能丢，要代代相传。

（2）正确看待出身与地位，不阿谀奉承，要正直高洁、不卑不亢

要正确看待出身与地位，贫贱非贱，富贵非贵。安贫乐道或者发奋图强不是可耻的事，真正可耻的是在追名逐利中失去尊严的人。身处困境时和财贱位卑时，要坚定意志，不改初衷，经得起诱惑。

要学习贫穷困苦仍不改志向的精神。孔子的弟子颜回住在简陋的巷子里，过着一箪饭食、一瓢饮水的贫困生活，但他仍能在其中快乐地学习，这种"安贫乐道"的精神，是值得我们学习的。抗日战争胜利后，著名爱国人士朱自清担任清华大学系主任，每月收入不能维持全家生活。因无钱治病，他的胃病反复发作。面对美援平价面粉，朱自清坚决拒绝。最终，因无钱治病而去世。毛泽东同志评价朱自清"表现了我们民族的英雄气概"，说明"我们中国人是有骨气的"。[①]

（3）正确对待权势，不畏强权，要有气节、有骨气，保持人格独立

吴晗在《谈骨气》一文的开始是这样说的："我们中国人是有骨气的。"战国时代的孟子，有几句很好的话："富贵不能淫，贫贱不能移，威武不能屈，此之谓大丈夫。"[②]意思是说，高官厚禄收买不了，贫穷困苦折磨不了，强暴武力威胁不了，这就是所谓大丈夫。大丈夫的上述种种行为，表现出了英雄气概，我们今天就叫作有骨气。

人不可有傲气，但不可无傲骨。不管做人还是做事，都要有坚定不移的信念，任何压力都动摇不了它，这叫骨气，这就是我们中国人的气节。要在压力面前不卑不亢，不向邪恶势力摧眉折腰，在任何环境下保持自己的人格独立而高尚。宋朝末年，文天祥在富贵权势面前不动摇心性，面对敌人金钱物质的诱惑，拒不投降，他用血泪写下的"人生自古谁无死，留取丹心照汗青"，充满着对国家的忠诚，体现了富贵不能淫、贫贱不能移、威武不能屈的气概。

（4）要有崇高的志向和坚定的信念，做一个具有浩然正气的大丈夫

要想实现大丈夫的理想人格，首先应该树立坚定的志向，始终如一、初心不改、矢志不移。在孟子看来，持志是坚持自己的初心，失志

---

① 毛泽东.毛泽东选集［M］.北京：人民出版社，1991：1495.
② 吴晗.谈骨气［N］.中国青年报，1961-03-04.

是自暴自弃，偏离自己的初心。真正的大丈夫就是具有坚定的志向，将天下最宽广的地方作为自己的安身之处，行为举止时刻遵循礼的规范。大丈夫是不愿凭借着自己的权势地位而贪图享乐的，大丈夫品行端正、志向高远，始终践行居仁由义的品格。我们在日常生活中，要始终坚定自己的志向，不管身处何地、不管得志抑或失志，都不能动摇自己的目标，富贵、贫贱、威武都不能摧毁自己的志向，不按照别人的意愿行事，不做别人思想的顺从者，始终坚持道义的原则和方向。

"大丈夫人格"承载着万民的忧乐，忧心于天下百姓的安危，心系百姓的喜怒哀乐，他们心怀天下，将安定天下看作自己的责任和义务。恰如孟子所说："凡有四端于我者，知皆扩而充之矣，……苟能充之，足以保四海。"①大丈夫担当着维护天下稳定、保护人民安全之大任，他们通过自我的学习与修养，提高自己的能力，然后秉持着推己及人的观念，在飞黄腾达之时还不忘自己的初心，不因权势地位而改变自己的良好品德，不失去自己的志向，他们不贪图物质上的享受，不注重自身利益，这种高尚的行为值得所有人学习。我们应该向古人学习，培养自己的大丈夫人格，不局限于小我，不追求个人的富贵，而应该树立崇高理想，担当起维护社会安定的职责。

大丈夫的思想行为并不局限于特定情境下的壮举，不是说只有那些具有雄才大略、建立丰功伟绩的人才是真正的"男子汉"，也不是说只有那些具备崇高品德、拥有坚定心志的人才是真正的"大丈夫"。人间万象，可观大丈夫之思想行为处，多矣。热心助人的志愿者、戍守边疆的战士……都是平凡生活中的"大丈夫"。未来中国，是一群正知、正念、正能量的人的天下。真正的危机，不是金融危机，而是道德与信仰的危机。谁的福报越多，谁的能量越大。与智者为伍，与善良同行，心怀苍生，大爱无疆。②在实现中华民族伟大复兴的征途中，我们只要少些功利和斤斤计较，多些奉献和公而忘私，关心黎民百姓，胸怀天下，即便做不了圣人、哲人、英雄、名士，也能做一个堂堂正正的大丈夫。

---

① 杨伯峻（译注）.孟子译注［M］. 北京：中华书局，2010：73.
② 杨文学.信仰无价——一个共产党员的生死财富［J］. 时代文学，2016（4）：118.

1.2.3 教学案例二："生于忧患，死于安乐"

1）案例

【原文】

舜发于畎亩之中，傅说举于版筑之间，胶鬲举于鱼盐之中，管夷吾举于士，孙叔敖举于海，百里奚举于市。故天将降大任于是人也，必先苦其心志，劳其筋骨，饿其体肤，空乏其身，行拂乱其所为，所以动心忍性，曾益其所不能。

人恒过，然后能改；困于心，衡于虑，而后作；征于色，发于声，而后喻。入则无法家拂士，出则无敌国外患者，国恒亡。然后知生于忧患而死于安乐也。[①]

【译文】

舜从田野耕作之中被起用，傅说从筑墙的劳作之中被起用，胶鬲从贩鱼卖盐中被起用，管夷吾被从狱官手里救出来并受到任用，孙叔敖从海滨隐居的地方被起用，百里奚被从奴隶市场里赎买回来并起用。所以上天要把重任降临在某个人的身上，一定先要使他心意苦恼，使他筋骨劳累，使他忍饥挨饿，使他身处贫困之中，使他的每一行动都不如意，这样来激励他的心志，使他性情坚忍，增加他所不具备的能力。

一个人，往往会犯错误，然后才能改正；在内心里困惑，思虑阻塞，然后才能知道有所作为；愤怒表现在脸色上，怨恨吐发在言语中，然后才能被人所知晓。一个国家，如果在国内没有坚守法度的大臣和足以辅佐君王的贤士，在国外没有实力相当、足以抗衡的国家和来自国外的祸患，这样的国家就常常会走向灭亡。这样以后才知道忧虑祸患能使人（或国家）生存发展，而安逸享乐会使人（或国家）走向灭亡的道理了。

---

① 杨伯峻（译注）.孟子译注［M］.北京：中华书局，2010：276.

2）案例释疑

（1）出处

出自《孟子·告子下》。

（2）含义

战国时期，群雄四起，天下混战，封建土地所有制逐渐形成，贫富差距悬殊。基于"以天下为己任"的忧患意识，孟子从先秦的历史现实中总结出了一条社会规律，那就是他关于忧患意识的名言："生于忧患而死于安乐"，并以此批判那些"入则无法家拂士，出则无敌国外患"的国君诸侯，从而把忧患意识提升到了可以决定社稷成败、国家兴亡的新高度。

孟子致力于游说诸侯，聚徒授业，虽终其一生也没有实现自己的政治抱负，但是他充满奋斗精神和牺牲精神的忧患意识，逐渐演变成以"舍生取义"为自我理想的不懈追求，深化了孔子"无求生以害仁，有杀身以成仁"[1]的精神内涵。孟子强调说："是故君子有终身之忧，无一朝之患也。乃若所忧则有之：舜，人也；我，亦人也。舜为法于天下，可传于后世，我由未免为乡人也，是则可忧也。忧之如何？如舜而已矣。若夫君子所患则亡矣。非仁无为也，非礼无行也。如有一朝之患，则君子不患矣。"[2]他通过自己与舜的对照比较，从政治社会的角度阐述儒家的忧患意识，激励了中国古代知识分子的进取精神，也成为推动中华民族百折不挠、自强不息、发愤进取的精神动力。

未践行君主之位前，舜只是一个普通百姓，他在田间耕作时被尧发现；傅说在建筑城墙的时候被商王武丁发现；文王发现胶鬲时，胶鬲正在打鱼晒盐；孙叔敖是在海边被楚庄王发现的；管仲本是阶下囚，最终却能被推为国相。更有甚者，百里奚直到七十多岁才被秦穆公请为国相。纵观这些人的发展历程就会发现，他们都有着卑微的出身和坎坷的经历，在担当"大任"之前，都曾饱经磨难。正因为付出了非同寻常的代价，这些圣贤才能"动心忍性，曾益其所不能"，成就一番宏大的事

---

① 杨伯峻（译注）.论语集注 [M]. 北京：中华书局，2015：188.
② 杨伯峻（译注）.孟子译注 [M]. 北京：中华书局，2010：182.

业。动心，使心惊动；忍性，使本性（性格、性情）符合仁的要求。动心是一个自然反应，但是即使动心了，仍然要记住仁、义、礼、智、信，然后让已经倾斜的心再慢慢地扭过来。这个转念的过程叫作忍性。不断地动心忍性，自然使他们增加了做本来做不到的事的能力。命运的挫折，身心的磨难，不能使他们屈服，反而磨砺了他们的人格，增长了他们的才干，使他们变得更加成熟，最终成为历史上的杰出人物。由此推论，上天如果要把重大的使命放到一个人的肩上，就一定要先磨炼他的意志，锻炼他的筋骨，还要让他经受缺吃少穿、穷困潦倒之苦，这样，才能使他适应各种艰苦的生活，为将来的建功立业奠定坚实的基础。

"人恒过，然后能改；困于心，衡于虑，而后作；征于色，发于声，而后喻。"这是一个并列复句，每个分句前半写"忧"，后半写"生"。人在客观世界中，不可能无过，有过能改，就求得了"生"。能改是一种境界，这种境界是指人的主观世界在客观世界中取得了相对的自由。能改，不仅指人在道德品质上符合了仁义礼智信的要求，还指人对客观世界的认识水平、创造能力得到了提高与发挥。人的一生常常会因主观愿望与客观世界的巨大矛盾，主观学识品行才能与客观处境的矛盾而忧心忡忡，内心充满苦恼压抑与困惑，思虑阻塞不畅。但是人也正是在忧患困境中磨炼了意志，提高了认识，从而自我奋发而有所作为。人是有感情的动物，他们常常会被这些感情所困扰，表露在脸色上与语言中，然后得到别人的同情与理解。人就是在这种与忧患的斗争中，找到了"生"的方式与途径，获得了"生"的意义与价值，取得了"生"的信心与自由，这就是生于忧患的含义。

忧患可以使人发奋，安乐可以松懈斗志；逆境中求生，顺境中灭亡，体现了儒家奋发有为、积极入世的思想。这是人生的辩证法，是生活的哲理。

忧患意识一直都是君子实现自身价值、实现理想的内在的持久动力。生于忧患、死于安乐，常怀远虑、居安思危，内含一种自觉的压力和动力，孕育着清醒、警觉、奋进和坚韧。

一方面，对现实的紧迫感和对未知的危机感是忧患意识产生的来源，也是忧患意识的重要内容。

紧迫感是忧患意识的重要表现。人要时刻保持斗志，积极作为，要始终心存紧迫感，做好有危险发生的准备，要把努力奋斗和警惕并存，才能免除灾祸，顺利发展。忧患心理乃是当事者对吉凶成败的深思熟虑而来的远见。这种远见，主要是发现了吉凶成败与当事者行为之间的密切关系，及当事者在行为上所应负的责任。讲忧患首先就是忧现实之患，认识到现实的紧迫感，激发自己的"忧现实"之心。

未知的危机感与现实的紧迫感是紧密联系在一起的。现实之状是危机感产生之源，没有对现实的思考和忧虑，是不可能产生危机意识的。"生于忧患而死于安乐也"不仅是孟子对自己生活中的政治和社会现状的一种思考，也是对人生态度的自我思考，站在政治层面上，这句话既是对统治集团的一种教训总结，又是对广大平民百姓的一种忠告。毛泽东同志提出的"两个务必"思想和党的十八大以后中央对腐败零容忍和全面从严治党的思想，均反映出共产党人对未知的危机感；而为人，只要有忧患之德，心存忧患意识，始终保持对未知的危机感，才能戒躁、戒不良之欲，才能走好自己的人生路。

另一方面，忧患意识也展现了超前意识和积极的奋斗意识。有了忧患，就会防患于未然，就会思考怎样去降低忧和患。这既是对现实的积极作为，又是对忧患意识的践行。孟子的"乐以天下，忧以天下，然而不王者，未之有也"①说的就是超前意识，他告诫国家统治者和统治阶级，要以天下之乐为乐，与民同乐，以天下之忧为忧，与民共忧。怀有忧患意识就当积极奋斗，奋斗可使人心安。所以，君子应当自强不息。

孟子强调人要有坚定的意志，认为坚定的意志是成就一番事业的必要准备，人要承担重负，经过挫折、困苦才能有所长进，有所作为。成就大业者必须先在思想、生活和行为等方面经受一番艰苦的磨炼。只有具有坚定的意志，才能获得能力的提升。人处于困境才能奋发，国无忧患则往往遭遇灭亡。

要而言之，生于忧患，死于安乐实际上强调的是一种崇高的献身精

---

① 杨伯峻（译注）.孟子译注 [M]. 北京：中华书局，2010：30.

神，强调的是对生命痛苦的认同以及对通过艰苦奋斗而获致胜利的精神的弘扬。

3）教学应用

习近平总书记在2019年"牢记初心使命，推进自我革命"的讲话中说："今年是新中国成立70周年，我们党在全国执政也70年了。古人说：'生于忧患，死于安乐。'我们党作为世界第一大党，没有什么外力能够打倒我们，能够打倒我们的只有我们自己。"①

（1）要有忧患意识，居安思危，未雨绸缪

纵览中国历史，数千年王朝更迭，就是一部"生于忧患，死于安乐"的兴衰成败史。商纣王沉湎酒池肉林而罔顾危机四伏、万民咒骂，导致国灭身亡。越王勾践卧薪尝胆，十年生聚，终雪败辱之耻。唐太宗视魏征的呈文为逆耳忠言，虚心纳谏，成就"贞观之治"。清朝统治者闭关锁国、夜郎自大，屡屡错过世界科技革命浪潮和发展机遇，结果落后挨打、丧权辱国。类似例证，不胜枚举。历史反复证明，一个朝代如果有自觉的忧患意识，就往往在政治上清醒洞明、奋发有为；反之，则容易陷入骄奢淫逸、麻痹昏聩，离败亡也就不远了。一个国家要想立于不败之地，就需要居安思危，常有忧患意识，不能安于现状、不思进取。

忧患意识也已广泛渗入百姓日常生活，具有深厚的社会基础和绵长的生命力。很多耳熟能详的成语和民间谚语，像积谷防饥、曲突徙薪、未雨绸缪，"不怕一万，就怕万一"，"小洞不补，大洞吃苦"，"船到江心补漏迟"以及"小心驶得万年船"等，都蕴含劳动人民朴素的忧患意识，成为人们日用而不觉的思维习惯和行为方式。

（2）要正确看待磨难与挫折

孟子的"生于忧患而死于安乐"告诉我们：前路不是康庄大道，总是会遇到种种艰难曲折，要在不断经历失败和挫折，不断克服困难的奋斗中前进。中国共产党是"在内忧外患中诞生、在历经磨难中成长、在攻坚克难中壮大，为了人民、国家、民族，为了理想信念，无论敌人如

---

① 习近平.习近平谈治国理政（第三卷）[M].北京：外文出版社，2020：531.

何强大、道路如何艰险、挑战如何严峻，党总是绝不畏惧、绝不退缩、不怕牺牲、百折不挠"①。到如今，中国共产党拥有9 800多万党员，领导着14亿多人口的大国，已成为世界第一大执政党。

一个人要成就一番大事业，会经历许多艰难困苦的磨炼。只有经历艰难困苦，才能锻炼意志，增长才干，担当大任。在温室里安逸享乐是不能培养克服困难、摆脱逆境的能力的，反而只会在困难面前束手无策、消沉绝望。

我们要有乐观看待挫折困苦的豁达精神和积极态度。在灾难和挫折面前，不能意志消沉、怨天尤人。处于逆境之中，我们更应该保持积极的心态和向上的斗志，要斗志昂扬、激情满怀地勇往直前，直至生命的最后一息。就像逐日的夸父、填海的精卫、移山的愚公，就像埋头苦干的邓稼先、献身科学的居里夫人、探险南极的斯科特等，奔着自己的人生目标而义无反顾地大步向前。要克服困难，不能被一时的困难和挫折打败；要在困境中磨炼心性，而不要被困境磨灭心志；要在逆境中找到出路，增加我们的人生经验。

（3）要自强不息，不畏艰难，不断奋斗

忧患意识是人们克服困难、消除障碍、实现目标的动力，是一种奋发有为的精神力量。

"天将降大任于是人也，必先苦其心志，劳其筋骨，饿其体肤，空乏其身，行拂乱其所为，所以动心忍性，曾益其所不能"的名言激励了无数志士仁人在逆境中奋起，塑造了中华民族不畏艰险、自强不息的精神。如司马迁在蒙受宫刑奇耻大辱的情况下，发奋著述，完成了不朽巨著《史记》。他在致友人任安的信《报任安书》中，曾列举了许多先贤在逆境中奋起的事例。比如，周文王被拘禁，推演了《周易》；孔子受困厄，作了《春秋》；屈原被放逐，写了《离骚》；左丘明双目失明，著了《国语》；孙膑受了膑脚之刑，修了《兵法》。他说，所有这一切，都是先贤在困厄中发奋做出的业绩。司马迁正是以此激励自己，继承这种精神，完成了撰写《史记》的伟业。

---

① 中共中央关于党的百年奋斗重大成就和历史经验的决议（2021年11月11日）。

我们要牢记生于忧患，死于安乐的真理，提倡自觉磨炼的精神，自觉经受艰难困苦的磨炼，迎难而进，唯有如此，才能真正担当起实现中华民族伟大复兴的重任。

1.2.4　教学案例三："老吾老，以及人之老；幼吾幼，以及人之幼；天下可运于掌"

1）案例

【原文】

老吾老，以及人之老；幼吾幼，以及人之幼；天下可运于掌。①

【译文】

尊敬自己的长辈，进而尊敬别人的长辈；爱护自己的孩子，进而爱护别人的孩子。如果这样做了，治理天下就会像在手掌中转动东西那样容易。

2）案例释疑

（1）出处

出自《孟子·梁惠王上》。

（2）含义

战国时期，各诸侯国互相兼并、互相侵略，相互混战，社会极端不稳定。战争使百姓处于水深火热之中。孟子目睹了百姓遭遇："民有饥色，野有饿莩，此率兽而食人也。"② "仰不足以事父母，俯不足以畜妻子；乐岁终身苦，凶年不免于死亡。"③生活在这样一种乱世局面，孟子渴望平定天下，结束战争。他心中的理想社会是人们有自己的田地，可以耕种足够的食物，每个人都能够丰衣足食，人人都有时间和能力孝敬他们的父母，关心他们的孩子，再也没有因饥饿和战争而横尸遍野的场景，人人都能够陪伴自己的父母，年长的人可以享受天伦之乐，年少的人可以受到教育的熏陶，丰富自己的精神生活。为了实现自己的政治理想，改变人民的生活现状，带着对美好生活的向往，孟子先后游

---

① 杨伯峻（译注）.孟子译注 ［M］. 北京：中华书局，2010：15.
② 杨伯峻（译注）.孟子译注 ［M］. 北京：中华书局，2010：8.
③ 杨伯峻（译注）.孟子译注 ［M］. 北京：中华书局，2010：16.

说齐、梁、鲁、宋、魏等国，推行自己治理国家的思想学说，希望各国国君实行"仁政"。

《孟子·梁惠王上》里包含了孟子与梁惠王、梁襄王、齐宣王三位国君的谈话。"老吾老以及人之老，幼吾幼以及人之幼"这句名言，即出自孟子与齐宣王的谈话。齐宣王不像齐桓公、晋文公那样赫赫有名，但也称得上是一位有故事的君主。南郭先生"滥竽充数"，骗的就是齐宣王。齐宣王虽不是雄才大略的君主，但一直有称霸诸侯的野心。孟子与他见面时，正逢他趁燕国的内乱，发兵打败燕国的时候。正因为如此，齐宣王一见到孟子，第一句话就是"齐桓晋文之事，可得闻与？"①即春秋时期的霸主齐桓公、晋文公的事，你能给我说说？孟子想让当时的齐宣王放弃对国家和人民实施的霸道之术，改为更好更仁爱的王道治国，故而讲出了上面的话。

"老吾老，以及人之老；幼吾幼，以及人之幼；天下可运于掌。"孟子说这话的深层含义是劝告当时的统治者要以仁政德性治国，这样则可统领天下，让所有人都心服口服。国家治理起来，也就不会出现那么多问题了。

这里涉及儒家学说中经常强调的一对重要概念，就是"王道"和"霸道"。同样是征服天下，霸道靠的是武力；"王道"虽然也离不开实力，但更重要的还是依靠德行，施行仁政。作为一个君王，怎样才能施行德政，推行王道呢？关键一点，就是推己及人，"老吾老以及人之老，幼吾幼以及人之幼"，将敬爱自己老人的心推行到天下的老人，将喜爱自己子女的心推行到天下的子女，爱惜民力，轻徭薄赋，使百姓能够安居乐业，衣食无忧。做到这一点，天下也就在自己的掌握之中了。

从最初的语境来看，孟子这番话是讲给君主听的，但这绝不仅仅是给齐宣王上了一堂"仁政"课那么简单。无论对于个人还是社会，这句话都具有重大而深远的意义。

对个人来说，它是一条切实可行的品格提升之路。人类的常情，都是由认识而生情感的，人也只有为了自己所爱，才可能为之奋斗牺牲。

---

① 杨伯峻（译注）.孟子译注［M］.北京：中华书局，2010：13.

爱是情感，而为之奋斗牺牲，就上升到了道德的层面。孟子这句话所倡导的就是从实际情况出发，缘情入理，由自然感情而达于道德之境。"老吾老以及人之老，幼吾幼以及人之幼"植根于亲子之爱，"及"字表明了儒家所倡导的爱，并不是绝对平等之爱，而是有差别的爱。孟子并不是要求一个人像孝敬自己的父母那样去孝敬所有的老人，也并不要求一个人像关爱自己的孩子那样去关爱别人的孩子，而是运用一下同理心，将自己已有的感情向外扩大一点。

任何一个国家和民族，如果人人都自私自利，缺乏基本的伦理道德，那么这个国家和民族就一天也存在不下去。孟子从人类共同具有的感情出发，推衍出"老吾老以及人之老，幼吾幼以及人之幼"的"推己及人"精神，这是一套让绝大多数社会成员都能认同的基本伦理道德规范，是中国成为礼仪之邦的基本推动力。在人类越来越成为一个命运共同体的今天，这种精神也会推动整个人类文明向前迈进。

"老吾老以及人之老，幼吾幼以及人之幼"，与孔子对大同之世的理解是一脉相承的。它强调要用爱心和同理心去体恤他人，不仅对自己家的老人和孩子要关爱尊重，更要将心比心，对其他人家的老人和孩子以同样的爱心和尊重去对待。这正是孟子提出的仁政治国和大爱普及的核心所在。

在孟子看来，要使天下百姓奉行"老吾老以及人之老"的孝道，必须"谨庠序之教，申之以孝悌之义"[①]。强调关爱老者，必须注重孝道教育。但要使得"善养老者"成为一种社会风尚并使之落到实处，还必须加之以社会制度予以保障，"天下有善养老，则仁人以为己归矣。五亩之宅，树墙下以桑，匹妇蚕之，则老者足以衣帛矣。五母鸡，二母彘，无失其时，老者足以无失肉矣。……五十非帛不暖，七十非肉不饱。不暖不饱，谓之冻馁。文王之民无冻馁之老者，此之谓也。"[②]只有老者衣暖食肉，黎民不饥不寒，百姓享受安康，社会才能和谐稳定。

---

① 杨伯峻（译注）.孟子译注 [M]. 北京：中华书局，2010：16—17.
② 杨伯峻（译注）.孟子译注 [M]. 北京：中华书局，2010：287.

3）教学应用

习近平总书记在省部级主要领导干部学习贯彻党的十八届五中全会精神专题研讨班上讲话时曾引用了"老吾老以及人之老，幼吾幼以及人之幼"这句话，强调共同富裕是自古以来我国人民的一个基本理想。他要求中国共产党人坚持共享理念，坚持以人民为中心的发展思想，逐步实现共同富裕。

（1）要有兼济天下的责任担当

"老吾老以及人之老，幼吾幼以及人之幼。"孟子强调由爱护自己的父母、孩子、亲人扩大到爱护别人的父母、孩子、亲人，这种爱意延伸的行为就是推恩的行为，这种将仁爱施于天下的行为值得提倡和借鉴。

为人子女，在家里尽孝是小孝；为人父母，爱护自己的孩子是小爱。而对他人的关爱，为天下苍生谋福利则是大爱。老人和儿童是社会中的弱势群体，每一个社会公民都有责任和义务对他们多加照顾，这也是担当天下之责的具体表现。

由私而公的家国情怀和兼济天下的责任担当，一直是中华传统文化所倡导的价值理念。从仁爱、忠恕的立场上看，人、物、家、国并不是孤立的个体，它们之间也不存在利益冲突，它们是由共同的价值观念凝聚起来的统一整体。国家也并非由各个家庭简单累加而成，而是由人的仁爱情感层层外推所形成的一个民族的精神支柱和文化图腾。它使每个人、每个家庭都能相互支撑，使个人荣辱与家国兴衰紧密相连，使家庭幸福与国家繁荣密切相关。

（2）要尊老爱幼，和谐友善

尊老爱幼是中华民族的传统美德。孟子曾说过："人人亲其亲，长其长，而天下平。"[①]意思是说，只要人人各自爱自己的亲人，各自尊敬自己的长辈，那么天下自然就可以太平了。早在2 000多年之前，孟子就已经意识到了，尊老爱幼不仅仅只是每个人自己家庭的事，它还关系到千家万户，关系到社会大家庭当中的每一个人。

尊老爱幼一方面是社会的责任，应从制度建构和社会道德风气的完

---

① 杨伯峻（译注）.孟子译注［M］.北京：中华书局，2010：158.

善等方面来落实。与此同时，具体到个人，则要力所能及地善待身边的老人和孩子。如果我们对待身边的人都能够像孟子说的那样"亲其亲，长其长""老吾老以及人之老，幼吾幼以及人之幼"，那我们的家庭必定是和睦的，社会必定是和谐的。

第2章 经世致用的救世精神

　　"经世"与"致用"合为"经世致用"一词，广为使用是在晚明时期。但是，"经世致用"的思想内核，却由来已久，源远流长。习近平总书记指出："当代中国是历史中国的延续和发展。新时代坚持和发展中国特色社会主义，更加需要系统研究中国历史和文化，更加需要深刻把握人类发展历史规律，在对历史的深入思考中汲取智慧、走向未来。"①齐鲁优秀传统文化中经世致用思想丰富。本章选取管子、孙子、墨子、诸葛亮四位齐鲁传统名人，主要围绕他们经世致用的救世精神展开探究，旨在引导学生做到知行合一、道技合一，将个人的价值追求同对国家社会的责任统·起来。

---

　　① 习近平.立时代之潮头，通古今之变化，发思想之先声［N］. 人民日报，2019-01-04.

2.1 管子

2.1.1 管子基本情况简介

1）管子生平简介

管仲（？—公元前645年），春秋中期著名政治家、思想家、军事家、经济学家。春秋初颍上（今安徽颍水之滨）人，名夷吾，一称敬仲。齐桓公四十一年（公元前645年）病逝，后人尊称为"管子"，被誉为"法家先驱""圣人之师""华夏文明保护者""华夏第一相"。孔子评价管仲说："微管仲，吾其被发左衽矣。"①意思是说，假如没有管仲，我们都会沦为落后民族。

管仲的远祖曾是显赫的贵族，但至管仲时，贵族的荣耀已经远逝。青少年时期的管仲曾历经种种坎坷，之后，他凭借自己的远大政治理想和敏锐政治眼光、卓越的政治才能和运筹帷幄的深谋远虑，以及坚韧不拔的毅力和百折不挠的进取精神，辅佐齐桓公改革内政，发展经济，使齐国国富兵强，终至"九合诸侯，不以兵车"②。管仲起初与鲍叔牙在南阳经商，两人成为知己好友。齐襄公时，管仲到了鲁国。鲁庄公九年（公元前685年），助公子纠与公子小白（齐桓公）争位。失败后，经鲍叔牙推荐，被齐桓公任为卿，随即在齐进行改革，使军事组织与居民组织相结合。齐经改革，国力大增。后管仲又帮助齐桓公推行"尊王攘夷"政策，使其成为春秋时第一个霸主，建立了首霸中原的不朽功业，为当时中原诸国社会秩序的重新确定和抵抗少数民族的入侵做出了巨大贡献。管仲死后，齐国史官以及推崇管仲功业、智谋的世人，将管仲的言论记载下来，并将管仲的智谋、思想发扬光大，后经一代代不断完善，进而形成了《管子》一书。《管子》是中国古代的学术典籍之一，先秦诸子时代百科全书式的巨著。其中蕴含的"以人为本""富民思想""依法治国"思想对于当今时代传统文化的传承有着重要的指导意义。

---

① 杨伯峻（译注）.论语集注［M］.北京：中华书局，2015：174.
② 杨伯峻（译注）.论语集注［M］.北京：中华书局，2015：173.

2）管仲的主要思想

（1）富民强国的政治思想

管仲登上相位，挂印理政后，倾毕生精力建构起了一个富民强国的政治思想体系。一是创造了新的"国""鄙"二轨制，推行了一套以家为本位的社会编制组织。二是对民采取牧羊之策。三是选贤任能，强调"一年树谷，十年树木，百年树人"①。四是法德并用，强调必须采用强制性手段"禁奸邪""禁淫止暴""治国使众"②。

（2）善本起末的经济思想

以粮食生产为本，多种经营，有节制地发展工商业，是管仲治国宏伟规划中的基本经济思想。管仲强调以粮为本，认识到粮食既是人们生命的主宰，也是人君吸引民众的重要途径和成就大业的物质基础。管仲还积极扶持副业生产，充分利用自然条件，因地制宜，广开财路，以求国家强盛，人民富裕。

（3）爱民顺民的民本思想

管仲把以百姓为本，作为立国、治国的根本要求，并使之与齐国现实社会紧密结合起来，提出了许多精辟而深刻的论述。如顺民利民，强调统治者施政立法应当顺民心，从民所欲；爱民恤民，要求统治者要以民众为轴心，忧民众之所忧，急民众之所急。在爱民顺民的具体政策上，管仲提出了"兴德六策"，即"厚其生""输之以财""遗之以利""宽其政""匡其急""振其穷"。③

（4）重德教民的社会伦理道德思想

管仲继承和发展了前人施政重德的思想传统，形成了以"守国之度，在饰四维"④为核心的社会伦理道德思想。社会存在决定社会意识，物质生活决定伦理道德。管仲的突出贡献，就在于自觉地意识到物质生活条件对伦理道德形成的决定作用，提出了"仓廪实则知礼节，衣食足则知荣辱"⑤的著名命题。管仲不仅认识到伦理道德形成的社会物质原因是"仓廪实""衣食足"，而且还对伦理道德的社会作用也有深刻

---

① 李山（译注）.管子［M］.北京：中华书局，2016：32.
② 黎翔凤.管子校注［M］.北京：中华书局，2020：1133.
③ 李山（译注）.管子［M］.北京：中华书局，2016：71.
④ 李山（译注）.管子［M］.北京：中华书局，2016：2.
⑤ 李山（译注）.管子［M］.北京：中华书局，2016：2.

的理解。他指出："国有四维，一维绝则倾，二维绝则危，三维绝则覆，四维绝则灭。倾可正也，危可安也，覆可起也，灭不可复错也。"①也就是说维系国家命运的四大纲纪，缺了任何一条，国家就会不稳。

3）后世纪念

管仲去世后，葬于山东省临淄（今淄博市临淄区齐陵街道办事处北山西村）牛山北麓。管仲纪念馆以管仲墓为依托，以《管子》思想为基础，以管仲的生平为脉络，通过多种艺术手段，在展现天下第一相辉煌一生的同时，全面展示博大精深的《管子》思想并综合展示宰相文化及历代名相对社会的贡献。该馆于2004年建成并对外开放。

管仲纪念馆占地面积20万平方米，总投资近3 000万元，分为馆区和园区。馆区占地面积5万平方米，主要由中国宰相馆、管仲及《管子》思想陈列展厅、管仲祠、管仲墓等组成；园区占地面积15万平方米，主要有广场、绿地及配套设施等。

整个纪念馆展厅总面积539平方米，由五厅（管鲍之交、桓公拜相、管仲治齐、首霸春秋、光照千古）、一祠（管仲祠）、一馆（中国宰相馆）组成。整个展厅内装形式采用写真景观与汉风格展示构件相结合的手法，运用浮雕壁画等多种展示手段。

馆区青瓦、黄墙、红门、青石台阶。正门采用阙门式，16立柱，门柱上方采用覆斗形结构，覆斗上伸出5个棱翅，左右对称，极像振翅欲飞的鲲鹏。门阔6米，门楣书有"管仲纪念馆"的匾额。

2.1.2 教学案例一：《管子》

1）案例

根据学者的研究，《管子》一书的成书经历大致是这样的：由于管子的重要历史地位和影响，战国以及其后的学者，或记述管子的言行，或假托管子之名，阐发自己的思想主张，传抄积累，传承多年，最终汇集编成《管子》一书。一般认为，《管子》是管仲学派的集体创作，托

---

① 李山（译注）.管子［M］.北京：中华书局，2016：4.

名春秋时期齐国政治家管仲著。冯友兰先生说，《管子》一书是"稷下学术中心的一部论文总集"①。《管子》一书不是管子所著，却因管子而得名。南宋学者叶适言："《管子》非一人之笔，亦非一时之书。"②郭沫若说："《管子》一书乃战国、秦、汉文字总汇，秦、汉之际诸家学说尤多汇集于此。"③20世纪30年代，学者罗根泽出版了《管子探源》一书，书中对《管子》各卷本的著作年代和作者进行了逐篇考证，认为这些著作分别写于战国中期、战国末期、秦汉之间直到汉朝文景乃至武昭之时，其编著者或为政治思想家、或为法家、或为道家、或为儒家、或为阴阳家、或为杂家、或为医家、或为兵家，但其思想的主流是法家与黄老道家思想，其特点是将道家、法家思想有机地结合起来，既为法治找到了哲学基础，又将道家思想切实落实到社会人情世故当中。孙中山认为《管子》一书是中国经济学之"滥觞"，并指出其经济理论主要有富国富民论、重农论与国轨论等。总而言之，《管子》的书名来自管仲，内容涉及黄老道家，既提出依法治国的具体方案，又重视道德教育的基础作用；既强调以君主为核心的政治管理体制，又主张以人为本，促进农工商各业的均衡发展；既有雄奇的霸道之策，又有坚持正义仁慈的王道理想；既避免了三晋法家忽视道德人心的倾向，又补充了理想儒家缺乏实际政治经验的不足，在中国古代政治思想史上具有重要地位。

总的来看，《管子》凸显法家思想，兼容诸子百家，在中国思想文化史上有独特的学术价值，在中华优秀传统文化体系中有重要的历史地位。《管子》义理，对现代社会启示良多，有重要的当代价值和现实意义。

2）案例释疑

（1）背景

春秋早期，井田制濒临瓦解，周王室衰微，诸侯纷争激烈。新旧思想文化交织碰撞，天命、礼治观念受到冲击，人的价值与作用、法的功能与建设受到重视。管仲即于这个特定时代和社会条件下登上了齐国政

① 冯友兰.中国哲学史新编（上卷）[M]. 北京：人民出版社，2007：499.
② 张固也.《管子》研究[M]. 济南：齐鲁书社，2006：3.
③ 郭沫若.郭沫若全集·历史编（第八卷）[M]. 北京：人民出版社，1984：467.

治舞台。他为齐桓公重用而掌管了执政大权，其思想文化贡献与相齐执政思想，集中体现在《管子》一书之中。

在政治上，春秋以来，周王朝力量逐渐衰微，中原混乱，夷狄趁势侵袭，各诸侯国不再听命于周天子。齐国作为当时的诸侯国之一，自然也就加入了这场空前混乱的斗争之中。齐国当时的政治目标是"一匡天下"，作为当时齐国国相的管仲，其思想自然也受到这一政治目标的影响。

在经济上，齐国所在地为现在的山东半岛，物产丰富，交通便利。这样的环境对其经济结构产生了很大的影响。春秋时期因为半岛的原因，土地贫乏且盐碱化严重，齐国起初的经济并不发达，甚至可以说比较落后。但后来经过统治者的推广，大量的土地被开垦，并且又通过战争手段从其他国家手中夺取了大量土地。在这样的基础之上，管仲同时注重农、林、牧、渔以及工商业的共同发展，使齐国很快成为了经济发达的国家之一。管仲任齐相的四十年中，主持了一系列改革，推动齐国实力大增，最终协助齐桓公"九合诸侯，一匡天下"，成为春秋第一霸主。正是他的远见卓识，才把一个动乱、落后的齐国引向了强盛之路。

在文化上，齐文化对《管子》经济伦理思想影响较大。齐文化作为一种半岛型文化，具有变革性、开放性、多元性、务实性特点，它与其他先秦地域文化迥然不同。这样的特性当然在《管子》的经济伦理思想上会反映出来。齐国交通比较便利，同周围各诸侯国的经济交往比较频繁，人们对商品生产、商业活动以及商人都有较为正确的认识。这推动形成了《管子》中对商人、商品生产、交换、消费等方面较为理性的认识。概而言之，齐国的地理环境以及经济交往状态，为《管子》较为先进的经济思想打下了坚实的基础。

总的来说，一方面，由于周天子的权威逐渐旁落，只能依附于各诸侯国。各诸侯国为实现霸权统治，产生了不同的学派思想，其目的是要在动荡不安的局势中实现国家繁荣稳定的政治目标。另一方面，管仲四十岁以前大多时候生活在社会的最底层，对人民的疾苦和人民的重要性有深切的体会和认识。两方面的共同作用促成了《管子》的成书。

（2）含义

管仲因辅佐齐桓公成就富强霸业而使其精神纲领、生平经历、执政理念得以广为流传。《管子》虽非管仲亲著，但为"管仲学派"之作，因其内容通融百家、涉及广泛，是一部原创的、具有重要价值的中华文化经典著作，故受到后世人们的高度重视。

《管子》一书内容博大，按传统诸子分类，它兼有儒、道、阴阳、法、名、墨、兵、农诸家；按现代科学分类，它包括了政治、经济、哲学、法学、军事、农学、地理、历法、教育等各种思想，是先秦时期的一大思想宝库。《管子》一书的思想，是中国先秦时期政治家治国、平天下的大经大法。《管子》一书的特色是它的融通性，集百家之言，汇百家学说，最终追求是要达到富国强兵之目的。

《管子》一书充斥着浓厚的富国强兵的经世致用思想。管子其人、其书在先秦、汉代、唐代、晚清之所以受到人们的重视，主要原因在于其包含富国强兵的经世致用思想；管子其人、其书在汉代以后至清朝前中期之前的一些历史时期受冷落的原因之一，就是其富国强兵的功利色彩太浓，与儒家提倡的重义轻利思想有较大的差异。至近现代，《管子》思想受到人们的重视，也是与其强调富国强兵的经世致用思想有关。尤其是自梁启超之后，出于救亡图存、国富民强的政治追求，《管子》的经世致用思想大放异彩。

政治思想：主要包括以民为本，如"政之所兴，在顺民心；政之所废，在逆民心"[1]，即民心向背决定了政治的兴衰。强调法治的重要性，如"凡君国之重器，莫重于令"[2]。强调捍卫国家法令最有效的途径就是重视四维的养成，"守国之度，在饰四维"[3]。强调必须选贤用能，这是国之大事，否则会"百匿伤上威，奸吏伤官法"[4]。

军事思想：主要包括强军必先得军心，认为得军心乃强军之基，如"得众而不得其心，则与独行者同实"[5]。强调要加强军队威慑力，如

① 李山（译注）.管子［M］.北京：中华书局，2016：5.
② 李山（译注）.管子［M］.北京：中华书局，2016：109.
③ 李山（译注）.管子［M］.北京：中华书局，2016：2.
④ 李山（译注）.管子［M］.北京：中华书局，2016：64.
⑤ 李山（译注）.管子［M］.北京：中华书局，2016：168.

"三器成，游夫具，而天下无聚众"①。强调要重视谋略以守和平，如"谋得兵胜者霸"②。强调要胜于无形，以道义匡正天下，如"国修而邻国无道，霸王之资也"③。

外交思想：着重强调和谐共生是外交发展的规律，如"和乃生，不和不生"④。重视以仁义作为处理国际关系的原则，如"时者得天，义者得人"⑤"以天下之财，利天下之人"⑥。强调外交的发展是以本国自身发展为前提的，如"治者所道富也""富者所道强也""强者所道胜也""胜者所道制也"⑦等。

经济思想：《管子》始终将国家放在最重要的位置上，强调国家必须要富裕。在国家利益和个人利益之间，强调无论在生产的目的上还是在产品的分配上，国家利益至上。同时，认识到人民是国家富裕的根本，如"士农工商四民者，国之石民也"⑧，强调没有人民则国家不成立，人民不富裕国家也不可能富裕。

《管子》一书思想丰富，除了以上所述，书中还有大量的哲学思想、教育思想、生态思想等。这些思想为当时及后代，尤其是新时代中国文化软实力建设，提供了丰富的思想源泉。

3）教学应用

《管子》思想遍涉政治、经济、军事、文化等方方面面，在《管子》体系中，很多内容对广大青年朋友具有极大的启示作用和积极的借鉴意义。

（1）要有符合时代需要的奋斗目标

从齐国通过改革成功走向富国、强国的事实证明，《管子》的富国强兵思想准确把握住了当时社会变革下的治国需要，为齐国的变革明确了方向。《管子》的治国经验证明，确立一个符合时代需要的科学的奋斗目标是十分重要的。

---

① 李山（译注）.管子 [M]. 北京：中华书局，2016：169.
② 李山（译注）.管子 [M]. 北京：中华书局，2016：120.
③ 李山（译注）.管子 [M]. 北京：中华书局，2016：149.
④ 李山（译注）.管子 [M]. 北京：中华书局，2016：278.
⑤ 李山（译注）.管子 [M]. 北京：中华书局，2016：93.
⑥ 李山（译注）.管子 [M]. 北京：中华书局，2016：150.
⑦ 李山（译注）.管子 [M]. 北京：中华书局，2016：172.
⑧ 李山（译注）.管子 [M]. 北京：中华书局，2016：134.

当前，中国特色社会主义进入新时代，准确把握当今时代的主题、明确中国的发展方向，是党治国理政的必然要求。实现中华民族伟大复兴中国梦的提出体现了党和国家在新时代下对世界和中国形势做出的科学判断，符合了人民复兴中华的美好夙愿，为中国特色社会主义建设指明了新的发展方向。因此，在中国特色社会主义新时代，党和国家必须把实现中国梦贯穿于治国理政的实践当中，必须把国家富强、民族振兴、人民幸福作为实现中国梦的最大要求，努力实现中国从富起来到强起来的伟大飞跃。具体到个人，当代中国青年应与新时代同向同行、共同前进。广大青年生逢盛世，肩负重任，要爱国爱民，从中华优秀传统文化学习中激发信仰、获得启发、汲取力量，不断坚定"四个自信"，不断增强做中国人的志气、骨气、底气，树立为祖国为人民永久奋斗、赤诚奉献的坚定理想。要锤炼品德，自觉树立和践行社会主义核心价值观，自觉用中华优秀传统文化、革命文化、社会主义先进文化培根铸魂、启智润心，加强道德修养，明辨是非曲直，增强自我定力，矢志追求更有高度、更有境界、更有品位的人生。要勇于创新，深刻理解把握时代潮流和国家需要，敢为人先、敢于突破，以聪明才智贡献国家，以开拓进取服务社会。要实学实干，脚踏实地，在攀登知识高峰中追求卓越，在真刀真枪的实干中成就一番事业。广大青年要立大志、明大德、成大才、担大任，让青春绽放绚丽之花。

（2）加强爱国主义教育，筑牢理想信念

随着时代的发展，经济、政治、文化涵盖的内容都会发生重大变化，但无论世事怎样变迁，爱国主义是思想政治教育中永恒不变的主题。爱国主义是高校政治思想工作和思想教育的重点，是建设中国特色社会主义的不竭动力，是实现中华民族伟大复兴的力量源泉。《管子》在很多方面表现出了强烈的爱国主义思想。如强调要"以家为家，以乡为乡，以国为国，以天下为天下"[①]等。《管子》中强调的"家国"观念在今日中国仍然散发出灿烂的光辉。对于年轻一代特别是大学生来说，只有具备强烈的民族意识和爱国主义精神，才会有为国家发展而努

---

① 李山（译注）.管子［M］.北京：中华书局，2016：9.

力奋斗的强大动力。管子爱国思想正是爱国主义精神动力的源泉之一。

理想信念是人们对未来的向往和追求，反映了一个人的世界观、人生观和价值观，是大学生思想政治教育的核心。《管子》中"国之四维"的价值观念对大学生形成正确的价值观具有借鉴意义。管子的思想观点具有积极向上的精神特征，是一份珍贵的历史文化遗产，对大学生世界观、人生观、价值观的形成具有重要的参考价值，为大学生理想信念教育提供了丰富的教育资源。这些思想及其具备的精神特质，能满足大学生对于提高精神文化生活的需要，能帮助大学生解决思想中出现的各种问题，能帮助他们树立正确的思想信念，能抵御外部不良思潮的影响，能够把他们的力量凝聚在党和国家周围，从而能够确保中国特色社会主义事业兴旺发达、后继有人。

（3）坚持德法并重，加强道德规范教育

德治与法治从古至今都是相互呼应的治国手段。两者有着不同的角色和功能，法治的作用在于抑恶，是强制性的，而德治的作用在于扬善，是自律性的，两者相辅相成。《管子》以超前的智慧认识到两者的作用，强调要以"依法治国"为主，以"道德教化"为辅。诚然，《管子》的法治与德治思想其根本目的在于维护君主尊贵的等级地位，但这种"德法相依，德法并重"的治理思想在当代仍然具有启示，具有借鉴价值。

《管子·牧民》篇提出礼、义、廉、耻为国之"四维"，认为失去"一维"，国家就会产生动摇；失去"两维"，国家就会发生危险；失去"三维"，国家就会被颠覆；"四维"全部失去，国家就灭亡了。这种思想观点在当今社会仍然振聋发聩，具有重大的警醒作用。当前我国处于追求高质量发展时期，社会日趋多元化，面临的国际国内环境十分复杂，思想政治教育的任务更为艰巨。一些社会上的不良风气的诱惑，国内外敌对势力在意识形态领域的侵袭，国内外一些腐朽思想的影响等，导致个别同学漠视思想政治教育，丧失应有的道德规范，做出了一些当代大学生不应该做的事情。这些问题的出现是十分值得人们深思和警觉的。我们应充分吸收和借鉴以《管子》国之四维为代表的中华优秀传统文化中的德治思想，将其和现代的思想政治教育结合起来，提升思想政治教育工作的实效。

2.1.3 教学案例二："管鲍之交"

1）案例

《列子·力命》载："管仲尝叹曰：'吾少穷困时，尝与鲍叔贾，分财利多自与，鲍叔不以我为贪，知我贫也。吾尝为鲍叔谋事而大穷困，鲍叔不以我为愚，知时有利不利也。吾尝三仕三见逐于君，鲍叔不以我为不肖，知我不遇时也。吾尝三战三北，鲍叔不以我为怯，知我有老母也。公子纠败，召忽死之，吾幽囚受辱，鲍叔不以我为无耻，知我不羞小节而耻名不显于天下也。生我者父母，知我者鲍叔也。'"管仲和鲍叔牙之间深厚的友情，管仲出色的才能和鲍叔牙的理解与惜才，成为我国古代流传悠久的佳话。

衍生典故，《史记·管晏列传》载："管仲夷吾者，颍上人也。少时常与鲍叔牙游，鲍叔知其贤。管仲贫困，常欺鲍叔，鲍叔终善遇之，不以为言。已而鲍叔事齐公子小白，管仲事公子纠。及小白立为桓公，公子纠死，管仲囚焉。鲍叔遂进管仲。管仲既用，任政于齐。齐桓公以霸，九合诸侯，一匡天下，管仲之谋也。管仲曰：'吾始困时，尝与鲍叔贾，分财利多自与，鲍叔不以我为贪，知我贫也。吾尝为鲍叔谋事而更穷困，鲍叔不以我为愚，知时有利不利也。吾尝三仕三见逐于君，鲍叔不以我为不肖，知我不遭时也。吾尝三战三走，鲍叔不以我为怯，知我有老母也。公子纠败，召忽死之，吾幽囚受辱，鲍叔不以我为无耻，知我不羞小节而耻功名不显于天下也。生我者父母，知我者鲍子也。'鲍叔既进管仲，以身下之。子孙世禄于齐，有封邑者十余世，常为名大夫。天下不多管仲之贤而多鲍叔能知人也。"

后人根据以上典故概括出了"管鲍之交"这个成语。

2）案例释疑

（1）出处

出自《列子·力命》和《史记·管晏列传》。

（2）含义

管仲，名夷吾，字仲。据说管仲的祖先是周穆王的后代，与周王室同宗。其父管庄是齐国的大夫，后来家道中衰，导致管仲生活很贫困。为了谋生，管仲与好友鲍叔牙合伙做生意，不过生意失败了。还是为了谋生，管仲做过商人并且游历了许多地方，接触过各式各样的人，饱览世情，从而积累了丰富的社会经验。管仲曾经有过一段不如意的时光，作战的时候战败逃跑，做官也几次遭到罢免。后来齐国齐僖公去世，继承人矛盾爆发，鲍叔事齐公子小白，管仲事齐公子纠，最后公子小白取得胜利成为齐桓公，公子纠死，管仲被囚。鲍叔遂进管仲。管仲既用，任政于齐。齐桓公以霸，九合诸侯，一匡天下，管仲之谋也。

（3）本义内涵

管仲跟鲍叔牙（约公元前716年—公元前644年），相知最深，故事生动，情节离奇，跌宕起伏，传为佳话。"管鲍之交"的成语，历代文人，津津乐道。

管仲说自己有五个缺点：第一，早年贫困，跟鲍叔牙合伙经商，分财利想多得，鲍叔牙不认为管仲贪婪，反而体谅管仲贫穷。第二，管仲给鲍叔牙出谋划策，反而使事情办坏，鲍叔牙不认为管仲愚笨，认为是时机不利。第三，管仲多次做官，多次被斥退，鲍叔牙不认为管仲无能，而是体谅管仲机遇不好。第四，管仲多次带兵作战，多次败退逃跑，鲍叔牙不认为管仲胆怯，反而体谅管仲家有老母要供养。第五，管仲辅佐公子纠争位失败，召忽自杀，管仲被囚禁受辱，鲍叔不认为管仲无耻，反倒体谅管仲不为失小节而羞辱，是为功名不显于天下而羞耻。管仲从这五个方面归纳出一般结论：生我者是父母，知我者是鲍叔牙。管仲的这句肺腑之言，掷地有声，铿锵有力，成为富有教育意义的名言警句，广为传播。"管鲍之交"成为长期以来传统道德追求的人际交往的美好境界，时至今日，仍具有重要的启迪作用。特别是在商业经营、商业合作活动中，"管鲍之交"得到了更为充分的提倡和体现。

3）教学应用

（1）怀君子之行，遵友谊之道

古代交往分为两种：一种是君子之交，为友谊；一种是小人之交，为结党营私即"朋党"。自古"朋党"为世人所不齿，唯有友谊流芳于千古。友谊往往会在有高风亮节之行的君子之间产生。世人尊崇友谊，效仿君子之行，最终才成德化之风。管仲与鲍叔牙乃淡淡君子之义，但仍千古传颂。鲍叔牙举才让贤、宽容大度，而管仲励精图治，辅助齐桓公恩惠于天下。如果君子之行是"因"的话，那么友谊便是"果"，种因才能得果，无因不可能有果。没有君子之行的友谊就犹如无源之水，无本之木，友谊将荡然无存。我们倡导友谊，首先就应该倡导君子之行。君子之行如若盛行，友谊之花如若常在，社会定将稳定和谐。

（2）习君子之德，达和谐之道

一个社会要和谐美好，就需要这个社会的人民崇尚君子之行，伴之而来人与人之间的友爱，也将带来社会的稳定繁荣。管鲍之谊是交往的典范。透过管鲍二人的和谐关系，我们可以领悟到一些建立社会和谐关系的方法。要想构建社会和谐关系，就要实现社会各个层次、领域、环节和谐关系的建立。因此，无论是朋友、同学、未来工作岗位上的同事和生意场上的合作伙伴这些个人与个人间的关系，还是不同学校、不同学院、不同部门、不同地区这些团体与团体间的关系，都不能以一方的利益得失为建立双方关系的出发点。如果只考虑自己这一方是否获利了，是否吃亏了，并以此来决定如何处理双方之间的关系，双方是不会和谐相处的，双方的和谐关系是无法持续下去的，这样不仅不利于大局，更加不利于双方各自的发展。正确的做法是，从自身做起，从爱人做起，习君子之德，行君子之道。我们应当学君子，倡友谊，从身边做起，以达"友爱"构建和谐社会之目的。

（3）与友共包容、谅解、协助

常言道："人生得一知己足矣。"人的一生可能会有很多朋友，但是真正的知己却可遇而不可求。管仲和鲍叔牙就堪称知己，管鲍之父的故事被传为千古佳话。特别是管仲当年说的那句"生我者父母，知我者鲍叔也"，如雷贯耳，发人深思而又催人奋进，也带给人们恒久的启示。无论别人如何评论管仲，鲍叔牙都不为之所动，依然一如既往地给予其包容、谅解与协助。可以说，他们二人既能同甘，更能共苦，这是对友情的最好诠释。他们之间的友谊经得起时间的考验，也经得起空间的考验，更经得起名利的考验。作为朋友，不能过分计较两人之间的利益关系，应该相互理解，了解对方的难处，想朋友之所难，在朋友困难时帮助他，当你有困难时朋友自然也会帮助你的。管鲍之间的和谐关系能够建立和保持的最根本原因是双方都能本着互相了解、互相信任、互相配合、互相协作的态度来维持这种和谐的关系。管鲍之间的和谐关系为我国社会主义和谐社会的建立提供了有价值的经验。

2.1.4　教学案例三："以人为本"

1）案例

《管子·霸言》篇说："夫霸王之所始也，以人为本。本理则国固，本乱则国危。"①这里的"以人为本"的"人"包括"天下之贤"和"天下之众"。《管子》认为，国之治否的关键在于是否以人为本。管仲为相四十载，使齐国由一个偏居一方的诸侯国一跃而为"九合诸侯，一匡天下"的政治军事强国，与其倡导的"以人为本"的重民思想是密不可分的。

2）案例释疑

（1）出处

"以人为本"一语最早出自《管子·霸言》。

（2）含义

诸侯争霸的社会背景，铁器农耕的生产力发展，社会转型的现实需要，客观上都促进了民本思想的形成。权威逐渐旁落的周王朝，相互征战的诸侯国，以及日趋发展的社会生产力，都为《管子》民本思想的产生奠定了社会基础。

《管子》"以人为本"思想一方面继承并发扬了周公及姜太公等的治国理念；另一方面，又是稷下学派在不断的思想碰撞中汲取有益思想，兼容并包，逐步壮大的结果。另外，《管子》民本思想的形成还深受齐文化的影响。

《管子》所谓的"以人为本"的含义与今天我们提倡的"以人为本"有着本质的不同，但却能给我们以启示。《管子》提出的以人为本，是因为看到了老百姓的力量，而不是从根本上为老百姓着想，其根本目的

---

① 黎翔凤.管子校注［M］.北京：中华书局，2020：442.

是维护以君主为代表的剥削阶级的利益。如《管子·法法》中即谓"计上之所以爱民者，为用之爱之也"①。"爱之"是为了"用之"，"用之"才是目的。如不爱民，统治阶级的统治是很难维护的，对老百姓的力量，《管子》是有着清醒认识的。

综观《管子》全书，其"以人为本"的含义，一是"人本"。即在将人与宇宙中其他事物做衡量时，将人作为对象和尺度，认为人之事比其他一切事都重要。这里的"人"指的是集合意义上的人、群体意义上的人，尤指人才或者是贤能官吏。强调的是要充分看到人的作用和价值，并要收罗人才，经营人心。

二是"民本"。这里的"民"是相对于君主而言的，通常指百姓群体。据《管子·霸形》记载，管仲告诫齐桓公如果想成就王霸之事必从其本事。齐桓公问何谓其本？管仲说："齐国百姓，公之本也。"②在管仲看来，百姓是君主之本，而百姓的主体则是四民。《管子·小匡》云："士农工商四民者，国之石民也。"③石民，就是如柱石之民，用今天的话来说就是可靠的基本群众。所以，《管子》"以人为本"含义之二就是说民是治国之本，得民则在于得民心。《管子》"以人为本"思想的着重点还是在于第二层含义的"民本"观点。

综上所述，《管子》的"以人为本"思想，从根本上来说是一种"民本"观念。尽管它是以君主的利益为根本前提的，但从这一目的出发，却鲜明地提出了"爱民""富民""惠民"等一系列思想，丰富了中国传统的治国理政经验。

第一，《管子》认为"以人为本"应从爱民开始。《形势解》里指出："人主，天下之有威者也。得民则威立，失民则威废。蛟龙待得水而后立其神，人主待得民而后成其威。"④因此，"欲为其国者，必重用其民"⑤。这就决定了君主必须重视和关心老百姓。作为一代君主，必须对民众具有一颗爱心，只有爱民，民才能亲近他。如果人民敬畏君主而不是从内心亲近他，祸患就会降临到君主头上。

① 黎翔凤.管子校注［M］.北京：中华书局，2020：285.
② 黎翔凤.管子校注［M］.北京：中华书局，2020：425.
③ 黎翔凤.管子校注［M］.北京：中华书局，2020：376.
④ 黎翔凤.管子校注［M］.北京：中华书局，2020：1088.
⑤ 李山（译注）.管子［M］.北京：中华书局，2016：24.

第二，要藏富于民。《治国》篇中云："凡治国之道，必先富民。民富则易治也，民贫则难治也……故治国常富，而乱国常贫。是以善为国者，必先富民，然后治之。"①对老百姓来说，只有"足其所欲，瞻其所愿"，才能"用之"，如果老百姓饥寒交迫，"衣皮而冠角，食野草，饮野水，孰能用之？"②

第三，要以德惠民。《管子》首先将惠民内化为"六德"，强调德有六兴，即厚其生、输之以财、遗之以利、宽其政、匡其急、振其穷。③其次，《管子》主张行九惠之教，即所谓的"老老""慈幼""恤孤""养疾""合独""问病""通穷""振困""接绝"。④《管子》要求国家设立专门的机构，对老人、新生幼儿、孤儿、残疾人士、鳏寡之人、疾病中人、贫困人口等给予相应的关照。《管子》倡"九惠之教"的目的是要营造一个具有良好道德风尚的生产和生活环境，充分体现了其"以人为本"的精神以及对人与人之间和谐关系的渴望。

3）教学应用

（1）切实增强青年人的责任和使命

《管子》的"以人为本"思想对大学生思想政治教育有积极的启发意义。在阐述以人为本的目的、措施时，《管子》中流露出了一种强烈的社会责任感，一种富民兴国的神圣使命感。这是值得当代青年学习和借鉴的。青年是时代责任的担当者。一代人担负一代人的责任，这是国家、民族发展的动力所在，也是历史得以延续的基础。

（2）聚焦学生实际需求，扎实调查研究

《管子》特别重视调查研究，其中有一篇名为《问》的文章，列出了六十六项调查细目，其中若干体现了对民情的关怀，而且提出了若干解决问题的措施，包括国家直接救助、扶助生产、减免民间债务等。这篇文章实际上是站在执政者的立场，从建立国之常法、推行霸王之术的角度出发，提出的一个详细的施政调查报告。这种调查研究的态度值得现代人学习和效仿。高校思想政治教育工作亦是如此。高校对学生进行

① 李山（译注）.管子［M］.北京：中华书局，2016：263.
② 李山（译注）.管子［M］.北京：中华书局，2016：192.
③ 李山（译注）.管子［M］.北京：中华书局，2016：71.
④ 李山（译注）.管子［M］.北京：中华书局，2016：316.

思想政治教育必须切实贯彻以人为本原则，切实为学生着想，维护学生的根本利益。同时要大兴调查之风，切实了解每个学生的生活实际、学习实际、思想实际，提高思想政治教育工作的针对性和说服力。总之，对大学生进行思想政治教育工作，要做到既教育人、引导人、鼓励人，又尊重人、理解人、关心人，而后者又是前者能否有效实现的重要前提。

（3）汲取中华优秀传统文化营养，不断完善现代治国理政思想

在《管子》中，以民为本是讲述维护统治者治国利益需要的一种术略，是为统治阶级称王称霸服务的。这与中国共产党强调的以人为本、以人民为中心是有本质区别的。中国共产党作为领导我们事业的核心力量，它来自人民群众，植根于人民群众，服务于人民群众，是广大人民群众根本利益的忠实代表。党同人民群众之间领导与被领导的关系，完全不同于旧中国君同民之间统治与被统治的关系，中国共产党的价值理念已经完全超越了《管子》的"民本"治国智慧。

然而，《管子》中提出的众多推动以人为本的具体治国理政举措，却于当代的治国理政具有重要的启发意义。我们要挖掘和研究这些资源，剔除糟粕，保留精华，从而形成具有时代价值又有深厚文化底蕴的现代治国思想。在实现中华民族伟大复兴的征途中，中国共产党的使命不仅是要改善民生、促进人民幸福、实现共同富裕，而且是要把人民的根本利益确立为党一切工作的导向。因此，党和国家必须继续坚持人民的主体地位，坚持立党为公、执政为民，全心全意为人民服务，把人民群众路线贯彻到治国理政的全部活动当中。

2.2 孙子

2.2.1 孙子基本情况简介

1）孙子生平简介

孙子，亦称孙武（约公元前545年—约公元前470年），字长卿，春秋末期齐国乐安人（今山东惠民人）。中国春秋时期著名的军事家、政

治家，尊称兵圣或孙子（孙武子），又称"兵家至圣"，被誉为"百世兵家之师""东方兵学的鼻祖"。

孙武出身于一个封建领主贵族家庭，他的曾祖父、祖父都是善于带兵作战的将领，并有本宗族的私属军队。春秋末年，晋、鲁、齐等黄河流域的中原国家，都出现了卿大夫之间武装兼并，进而谋图夺取诸侯君位的战乱。齐国的卿大夫之间出现了几乎无休无止的倾轧斗争，孙武不愿在其中纠缠，萌发了投奔他国另谋出路的想法。

约在齐景公三十一年（公元前517年），孙武离开家乡，准备投奔吴国。在路上，他结识了同样从楚奔吴，立志兴吴兵以伐楚，为父兄报仇的伍员（即伍子胥），并与其一见如故。当时吴公子光预备杀吴王僚而自立，局势尚未明朗，因此伍员只是向公子光推荐了一位刺客，便隐居山野。孙武也同样隐居在罗浮山之东，等待局势的变化。

吴王僚十二年（公元前515年）四月，公子光成功刺杀吴王僚，号为吴王阖闾。阖闾举用伍员为"行人"，参与谋划兴国的大计。阖闾即位三年（公元前512年），与伍员商议，准备向西进兵。这时，伍员"七荐孙子"，使得阖闾同意了接见孙武。

在隐居时，孙武已经写成《孙子兵法》。他带着自己所著的兵法来见吴王，阖闾暗自赞叹，但仍不确定此人是否真能在战争实践中发挥作用。于是唤出宫中女子，让孙武试着训练。

孙武把宫女引到园林中，分为二队，以吴王的宠姬二人作队长。发令要求"击鼓令前，则视心；令左，视左手；令右，视右手；令后，即视背。"然而在击鼓时，宫女不从令而大笑，孙武自责说："约束不明，申令不熟，这是将的罪过。"便又重复了几遍军令，但宫女还是捧腹大笑。这时，孙武便命令军吏斩左右队长，吴王急忙阻止，而孙武却说："将在军中，君命有所不受。"随即斩二队长以严肃军纪。他再下令时，宫女便能够严肃整齐。①

此后，吴王任命孙武为吴将，并常常与孙武探讨各种各样的军事及政治问题，都能获得满意的答案。

---

① 陈曦，骈宇骞（译注）.孙子兵法三十六计 [M]. 北京：中华书局，2016：4.

阖闾三年（公元前512年），吴国开始伐楚。根据伍员的建议，吴国抽出三个师对楚国进行轮番攻击，使楚国难以应对。到阖闾七年（公元前508年），吴国采用孙子"伐交"的战略，策动桐国，使其叛楚。两年后，吴国的力量更加强大。吴军乘舟溯淮水而上，然后舍舟而行，通过汉东之隘道，直向楚都行进，只用了十几天工夫，就攻入了楚都郢。

在西破强楚的同时，吴国与南方邻国越国也屡有征战。吴王伐楚的第三年（公元前510年），阖闾即以越国不派军队从吴伐楚为由，出兵向南进攻越国。从此吴越的怨仇越结越深，互相攻伐。越军还曾趁吴军伐楚的机会攻入吴国境内，直到吴军归来才撤兵。

阖闾晚年时，渐渐不图进取，贪求安逸享乐，过着一种终日游宴、尽情享受的生活。阖闾十九年（公元前496年），阖闾听说越王允常刚去世，新即位的越王勾践年轻稚弱，便乘机出兵，想要击败越国。结果，吴军大败，阖闾也因伤而亡。

阖闾去世后，夫差继位，他立志要报仇雪恨。孙武、伍员等大臣继续辅佐夫差，努力积蓄钱粮，充实府库，制造武器，扩充军队，经过三年，吴国国力得到恢复。

越王勾践先发制人，在勾践三年（公元前494年）调集军队，向吴国进发。吴王夫差马上调集全国精兵前往抵御。吴军由伍员、孙武策划，打败了越军。勾践只得向吴屈辱求和。此后，在相当长的一段时间内，越国成了吴的属国。

在孙武的晚年，他的至交好友伍员被夫差赐死。当时，夫差不听伍员消灭越国的忠告，而同意与越国讲和。伍员几次进谏均被夫差忽视，他眼看越国力量越发增强，而吴国危在旦夕，便乘出使的机会把儿子托付给齐国的鲍氏抚养。夫差听说此事，又受佞臣挑拨，就赐伍员以属镂之剑，令他自尽。

伍员被杀时，孙武已经五十多岁，他不再为吴国的对外战争谋划出力，转而隐居乡间，修订其兵法著作。伍员被杀后不久，孙武可能也因忧国忧民和郁郁不得志而谢世了，他的卒年当在公元前470年左右。从退隐到寿终，孙武一直没有离开吴国，死后则葬于吴都郊外。也有史书记载说他是被杀而死，可能是因与伍员一起进谏，激怒了夫差而惨遭杀害，或者是由于作为伍员的好友，被夫差迁怒而被杀害。

2) 重要思想

孙子著有巨作《孙子兵法》十三篇，为后世兵法家所推崇，被誉为"兵学圣典"，置于《武经七书》之首。他撰著的《孙子兵法》在中国乃至世界军事史、军事学术史和哲学思想史上都占有极为重要的地位，并在政治、经济、军事、文化、哲学等领域被广泛运用。该书被译为日文、法文、德文、英文，成为国际上最著名的兵学典范之书。

孙子的主要思想见之于《孙子兵法》中。《孙子兵法》是中国古代兵书的奠基之作。孙武在这部军事学圣典中，系统地揭示了战争的客观规律，提出了一套十分完备的军事思想体系和战略战术原则。

首先，孙子对于战争胜负有着十分科学的、整体的认识。他认为战争是"国之大事"，关系到国家的存亡与人民的安危，因此，必须慎重地对待。孙子认为，进行战争要从政治、经济、军事、自然条件、气候条件等各个方面出发，立足于国家的全局，认真地分析战争的利弊，"合于利而动，不合于利而止。"①可见，孙子对决定战争胜负多方面因素的影响有较深刻而全面的认识。

其次，孙子对于战争与经济的关系有较深刻的理解。孙子认识到，战争必须以国家的经济实力为基础，没有强大的经济力量做后盾，战争是无法取胜的；同时，战争还会给国家的经济造成破坏，给人民增加沉重负担。基于这种认识，孙子提出了三个重要观点：一是兵贵胜，不贵久。战争需要"驰车千驷，革车千乘，带甲十万，千里馈粮"，其"内外之费，宾客之用，胶漆之材，车甲之奉，日费千金，然后十万之师举矣"。②因此，为了尽量减轻战争对国家经济造成的负担，就应当争取速战速决。二是因粮于敌。孙子指出，国家在战争中会因为远道运输而导致贫困。因此，战争中应当就地征粮，以解决粮食的补给问题。三是车杂而乘之，卒善而养之。孙子指出，为弥补战争中物资供应以及兵源的不足，可以将缴获的敌方战车和己方车辆掺杂在一起使用，对俘虏的

---

① 陈曦，骈宇骞（译注）.孙子兵法三十六计 [M]．北京：中华书局，2016：309.
② 陈曦，骈宇骞（译注）.孙子兵法三十六计 [M]．北京：中华书局，2016：41.

敌军士卒给予优待，让他们为己所用，以补充自己兵源的不足。从以上三点可以看出，孙子对于战争与经济的关系有相当的认识。

再次，孙子对战争与政治的关系也有独到的见解。战争的胜利能实现政治目的，可以弥补国家土地与资源的不足，能够暂时解决国家与国家、民族与民族、政治集团与政治集团之间的矛盾。总之，战争的最终取胜与政治的关系十分密切。孙子在兵法中将"道"列在"五事"的首位，指出国君要想取得战争的胜利，需要"令民与上同意"①。

在《孙子兵法》中，孙子还以朴素的辩证法观点，论述了战争的胜负与主观、客观条件之间的关系。孙子一方面指出，战争的胜负受客观条件的限制，是不以人的意志为转移的。因此，在战争中必须尊重客观规律。孙子指出，战胜敌人的关键之处在于客观条件，在于敌人是不是有隙可乘，我方能做的事只是使自己立于不败之地，等待、捕捉有利的战机。另一方面，孙子指出，在战争中如果充分发挥了人的主观能动作用，做到了"致人而不致于人"②，那么，客观条件也是可以改变的，不利的条件也可以变为有利的条件。孙子总结出了胜败之间诸因素的相互影响、相互转化的辩证关系，因此，毫不夸张地说，孙子的军事思想时时处处闪烁着哲学的智慧与光辉。

3）后世纪念

为了弘扬孙子文化，山东省东营市广饶县规划建设了孙子文化旅游区。孙子文化旅游区位于广饶县城东新区，规划总面积42平方公里，以孙武湖综合开发为基础，重点建设孙子文化园、马鸣寺、乐安古城、孙子学院、乡村俱乐部、孙子故园等几十个旅游休闲项目，配套林场、湿地、绿道等基础设施。通过旅游项目组团开发，旅游区已被评为国家AAAA级旅游景区、国家级水利风景区、国家级水土保持科技示范园区。

其中，孙子文化园是孙子文化旅游区的核心部分，是"文化之旅"与"体验之旅"的精品板块，也是传承和弘扬孙子文化的基地。园区按照"一轴、两带、六分区"规划布局，重点建设兵圣宫、水上交战区、

---

① 陈曦，骈宇骞（译注）.孙子兵法三十六计［M］.北京：中华书局，2016：18.
② 陈曦，骈宇骞（译注）.孙子兵法三十六计［M］.北京：中华书局，2016：134.

兵器展示区、攻城体验区、儿童游乐区等分区，集军事、文化、休闲、体验、娱乐和教育功能于一体，在注重孙子文化展示和传播的同时，配套多项量身定做的高科技项目和国际高端的游乐项目，以寓教于乐的方式向游客展示东方兵学的无穷魅力，是历史与现代文化相融合的孙子文化集中展示窗口与特色旅游品牌。

2.2.2　教学案例一：《孙子兵法》的国防教育价值

1）案例

《孙子兵法》，又称《孙武兵法》或《吴孙子兵法》，是中国现存最早的兵书，也是世界上最早的军事著作，早于克劳塞维茨《战争论》约2 300年，被誉为"兵学圣典"。现存共有六千字左右，一共十三篇。作者为春秋时祖籍齐国乐安的吴国将军孙武。

2）案例释疑

《孙子兵法》是中国古代军事文化遗产中的璀璨瑰宝，是中华优秀传统文化的重要组成部分，其内容博大精深，思想精邃富赡，逻辑缜密严谨，是古代军事思想精华的集中体现。

《孙子兵法》被奉为兵家经典。诞生已有2 500多年历史，历代都有研究。兵法是谋略，谋略不是小花招，而是大战略、大智慧。如今，《孙子兵法》已经走向世界。它也被翻译成多种语言，在世界军事史上也具有重要的地位。

孙子兵法在开篇之首的《计篇》中，就开宗明义地指出："兵者，国之大事，死生之地，存亡之道，不可不察也。"①这句话是孙子重战思想与慎战思想的体现。战争是关系到国家存亡与民族生死的大事，必须缜密计划，认真考虑。这既是孙子对古代战争目的所做出的高度概括，同时也指出了"兵学"流传于世的意义所在。

孙子对于战争的认识在我国历史上产生过重要的影响，举凡注重武备的朝代，大多能在较长时间段内维持相对稳定的建设与发展，创造较为开放性的文明形态，国家兴旺，人民富足。而武备废弛，有国无防的

---

① 陈曦，骈宇骞（译注）.孙子兵法三十六计［M］.北京：中华书局，2016：17.

朝代，不仅海边不靖，大多也持较为闭塞的心态，难以在文明水平上达到一定的高度。这充分说明，就国家与民族而言，发展与生存是互为表里，互相依存，缺一不可的。就现实而言，随着科技文化的不断发展，人类文明安全与战争形态也呈现出新的要求和变化，但战争的意义和目的与 2 000 多年前的孙子时代相比，并没有发生根本性的改变。国家的安全利益仍然是高于一切的。而失去国家安全的保证，就谈不上国家的建设和发展，更谈不上人民福祉的提高和满足。虽然战争对人类文明造成了巨大伤害，和平发展也一直是人类全体孜孜以求的目标，但在人类依然并将长期面临战争威胁的现实基础上，在国防教育中强调孙子对于战争"死生之地，存亡之道"的认识，仍然有着积极的意义。只有深刻认识到国防建设关系到国计民生，国防安全是国家的根本利益，才能将国防建设当作"国之大事"，才能将国防教育提高到其应有的位置之上。

孙子在《形篇》中指出，"胜兵先胜而后求战，败兵先战而后求胜"①。这句话对于指导国防安全建设有着非常重要的意义。国家安全的最重要保障是国防而不是"发动战争"。国防同时具有威慑与战争两大功能，没有强大的实力支撑，将国家安全寄托在战争发动后的谋略与计巧之上，是非常幼稚的。孙子强调："故用兵之法，无恃其不来，恃吾有以待也；无恃其不攻，恃吾有所不可攻也"②，"百战百胜，非善之善者也；不战而屈人之兵，善之善者也"③。这正是对国防建设与国防威慑在国家安全领域中重要意义的阐述。在国防教育中，增强国民国防观念中居安思危的意识，在坚定国际环境与人类文明进步必将舍弃战争的信念的同时，也不能将国防安全全部寄托在不存在威胁的想象之上。只有增强国民的忧患意识，才能动员全社会的力量更多地投入国防建设，只有强大的国防建设，才能保证安定团结的局面，才能为社会主义现代化建设提供必要的基础。

对于战争的胜败，孙子将其形象地比喻成"若决积水于千仞之谿"④的态势。在战争开始之前"形"就已经决定了战争的最后命运。

---

① 陈曦，骈宇骞（译注）.孙子兵法三十六计 [M]．北京：中华书局，2016：98.
② 陈曦，骈宇骞（译注）.孙子兵法三十六计 [M]．北京：中华书局，2016：205.
③ 陈曦，骈宇骞（译注）.孙子兵法三十六计 [M]．北京：中华书局，2016：63.
④ 陈曦，骈宇骞（译注）.孙子兵法三十六计 [M]．北京：中华书局，2016：107.

就国防而言，分为战争与非战争两个时期，国防建设与威慑是非战争状态下的对于"形"的积蓄。"形"是国家力量的综合体，既决定于政治力量的统一与稳定，也有赖于经济力量的支撑与保障。只有在强大的国防建设前提之下，才有可能做到"吾有以待之"，才有可能做到"吾有所不可攻也"。①也只有在这样的基础之上，才有"不战而屈人之兵"②的可能。在军事行为领域里，孙子强调"上兵伐谋，其次伐交，其次伐兵，其下攻城"③。这包括两个范畴，"伐谋"与"伐交"属于"不战"思维，就是指通过谋略的运用，通过政治、经济、文化、外交等多种手段，在"伐兵"与"攻城"之前制造优势与制衡的态势，达到不诉诸武力而解决矛盾冲突的战略目的。在国防教育中，应该强调战争是解决矛盾与争端的必要手段，但并非唯一手段。孙子提出"非利不动，非得不用，非危不战"④的三大原则，这是慎战思想的体现。在新时期，我国的国防思路是始终不渝地奉行独立自主的和平外交政策和防御性国防政策，反对各种形式的霸权主义和强权政治，不干涉别国内政，永远不争霸，永远不称霸，永远不搞军事扩张。这是孙子"非危不战"思想的现代表达。

3）教学应用

（1）国防教育是重中之重

首先，《孙子兵法》开宗明义，首言"兵者，国之大事，死生之地，存亡之道，不可不察也"⑤。孙子把战争与国家的命运、人民的生死紧密联系起来，明确指出战争在国家事务中的重要性和地位，强调战争对于国家的生存和发展至关重要，战争是国家头等大事。"兵者，国之大事"，道理非常浅显，但并不见得为所有的治国者所深知。我们必须充分认识国防教育的重要性，加强对公民的国防教育。

其次，孙子在《作战篇》中指出，深知用兵之法的将帅，是民众命运的掌握者，是国家安危的主宰者。同样，在《谋攻篇》中，孙子提到"故善用兵者，屈人之兵而非战也，拔人之城而非攻也，毁人之国而非

---

① 陈曦，骈宇骞（译注）.孙子兵法三十六计 [M]. 北京：中华书局，2016：205.
② 陈曦，骈宇骞（译注）.孙子兵法三十六计 [M]. 北京：中华书局，2016：63.
③ 陈曦，骈宇骞（译注）.孙子兵法三十六计 [M]. 北京：中华书局，2016：68.
④ 陈曦，骈宇骞（译注）.孙子兵法三十六计 [M]. 北京：中华书局，2016：309.
⑤ 陈曦，骈宇骞（译注）.孙子兵法三十六计 [M]. 北京：中华书局，2016：17.

久也，必以全争于天下，故兵不顿而利可全，此谋攻之法也。"①意思是说，将帅对兵法的熟悉程度直接关系到国家安危、民族命运。推而广之，在青少年中通过国防教育，培养他们时刻心系国家安危，也是一件利国利民、关乎国家长治久安的大事。

（2）以利为动，重战慎战

《火攻篇》告诫人们："非利不动，非得不用，非危不战。主不可以怒而兴师，将不可以愠而致战；合于利而动，不合于利而止。怒可以复喜，愠可以复悦，亡国不可以复存，死者不可以复生。故明君慎之，良将警之，此安国全军之道也。"②以利为动，是孙子重战慎战思想的核心，是《孙子》对待战争问题的基本观点和思想。这种思想对于我国应对当前面临西方打压的复杂形势具有十分重要的启示作用。中国要保持战略定力，通过冷静的思考，制定高瞻远瞩的政策，展现出超越历史和现实局限的大智慧，才能施展真正具有战略性的国际领导力。学校国防教育建设亦是如此，学校必须时刻保持清醒的认识，不要因追求眼前的利益，而舍弃国防教育这一重要历史使命，要始终把国防教育作为学校发展的重大任务来抓。

2.2.3 教学案例二："知彼知己，百战不殆"

1）案例

"知彼知己，百战不殆"，意思是对敌人的情况和自己的情况都有透彻的了解，作战就不会失败。这句话出自《孙子兵法·谋攻篇》，原文是："知彼知己者，百战不殆；不知彼而知己，一胜一负；不知彼不知己，每战必败。"③

2）案例释疑

"知彼知己，百战不殆"作为贯穿《孙子兵法》全书的认知原则，其主要内容包括：

一是强调知是战的前提和基础。打仗不能糊涂、莽撞、不明敌情。

① 陈曦，骈宇骞（译注）.孙子兵法三十六计［M］.北京：中华书局，2016：71.
② 陈曦，骈宇骞（译注）.孙子兵法三十六计［M］.北京：中华书局，2016：309.
③ 陈曦，骈宇骞（译注）.孙子兵法三十六计［M］.北京：中华书局，2016：83.

"明君贤将，所以动而胜人，成功出于众者，先知也。"[1]只有了解影响战争的诸要素情况，才能做出正确的战争决策，奠定胜利的基础，将帅也才能真正成为"成功出于众者"的贤明之将。

二是强调要"全知""详知"。从狭义上说，"知彼知己"，包括知我军和知敌军。但从广义上去理解，它应当包括一切与战争有关的信息，如敌军我军、天象气候、自然地理、诸侯盟友等。其中了解敌情是第一位的，但对其他情况的掌握也不可或缺。对战争信息不仅要知全，也要知详。因为在战略决策时，要用"五事七计"来详细分析比较敌我双方政治、经济、军队建设、将领才能、治军训练以及地形地貌等各方面的情况。具体作战时，还要以用间、策之、作之、形之、角之等手段，了解敌人的作战企图和军队部署。对自己的军队来说，将帅更要对部下能力、军心士气等情况烂熟于心，这样打起仗来才能"动而不迷，举而不穷"[2]。甚至在攻击敌人之前，还必须先知其守将、左右、谒者、门者、舍人之姓名，以便实施用间和反间活动。

三是强调既要知敌我天地之情，又要知克敌制胜之道。除了了解敌我情况和天候地理状况外，也要知道战争活动的必然规律，了解"致人而不致于人""示形动敌""我专敌分""以众击寡""避实击虚""因敌制胜"等用兵的基本原则。对这些原则的运用，当然要以先知为条件，但它们本身也是人们的认识对象。只有了解战争规律，掌握和正确运用用兵原则，按照规律制订自己的作战方案，才足以战胜敌人。"知彼知己，百战不殆"的思想深刻地阐明了战争活动中知与行、认识与实践的关系问题，具有普遍的军事方法论意义。正如毛泽东所指出的："孙子的规律，'知彼知己，百战不殆'，仍是科学的真理。"[3]

3）教学应用

（1）朴素的唯物辩证法哲学价值

第一，"知彼知己，百战不殆"体现了孙子朴素唯物主义的思想。"敌情""我情"都是客观存在的，是现实问题，任何条件都是当时各种因素综合形成的结果。解决问题、制定正确决策，首先要尊重客观事

① 陈曦，骈宇骞（译注）.孙子兵法三十六计 [M]. 北京：中华书局，2016：317.
② 陈曦，骈宇骞（译注）.孙子兵法三十六计 [M]. 北京：中华书局，2016：259.
③ 毛泽东.毛泽东选集 [M]. 北京：人民出版社，1991：490.

实，而不是主观臆断。在唯君命是从的古代，孙武能够提出"君命有所不受"①；"不战而屈人之兵"②；"兵者，诡道也。故能而示之不能"③；"故兵贵胜，不贵久"④等观点，都取决于他对当时实际情况的及时、准确把握。要设计好我方的谋略，首先一定要十分清楚对方的"形"和"势"等客观情况，再"庙算"，制定决策，而不是祈求神灵的保佑。《孙子兵法》通篇都是强调从客观现实出发来谋略、制胜。正是因为对敌我双方情况的准确了解，才做到了"夫未战而庙算胜者，得算多也"⑤。

第二，"知彼知己，百战不殆"是孙子的方法论。"故善战者，求之于势，不责于人"⑥，"致人而不致于人"⑦，"形人而我无形"⑧，"故知战之地、知战之日，则可千里而会战"⑨，"避实而击虚"⑩等，讲的都是"知彼"的重要性。没有调查就没有发言权，最了解实际情况即"知彼"的人是最有发言权的，"知彼"的人可以有随时决断权。"知彼"是为了达到不战而屈人之兵，或以最小的代价达到全胜的目标而采取的最优方法的关键，因此知彼知己是夺取战争胜利的必要条件。《孙子兵法》十三篇是一个完整、有机的方法论体系。每篇都是一个独立的整体，篇与篇之间又相互保持密切的关联，层层递进、首尾呼应、浑然一体，对战争的平时准备、战略计划的制订、战役程序的组织、战术手段的运用，以及行军、保障、各种地形条件下的作战行动和特殊战法都做了层次分明、前后贯通的阐述。这些无一不是建立在"知彼知己"基础上的求得完胜的最根本的方法。

第三，"知彼知己，百战不殆"是对立统一规律的具体体现。解决任何问题，都是在矛盾的对立统一当中来运作的。任何事物都存在两个方面，即使在"彼"和"此"中也无处不有各个对立的方面。比如孙武

① 陈曦，骈宇骞（译注）.孙子兵法三十六计 [M]. 北京：中华书局，2016：196.
② 陈曦，骈宇骞（译注）.孙子兵法三十六计 [M]. 北京：中华书局，2016：63.
③ 陈曦，骈宇骞（译注）.孙子兵法三十六计 [M]. 北京：中华书局，2016：27.
④ 陈曦，骈宇骞（译注）.孙子兵法三十六计 [M]. 北京：中华书局，2016：58.
⑤ 陈曦，骈宇骞（译注）.孙子兵法三十六计 [M]. 北京：中华书局，2016：35.
⑥ 陈曦，骈宇骞（译注）.孙子兵法三十六计 [M]. 北京：中华书局，2016：125.
⑦ 陈曦，骈宇骞（译注）.孙子兵法三十六计 [M]. 北京：中华书局，2016：134.
⑧ 陈曦，骈宇骞（译注）.孙子兵法三十六计 [M]. 北京：中华书局，2016：147.
⑨ 陈曦，骈宇骞（译注）.孙子兵法三十六计 [M]. 北京：中华书局，2016：152.
⑩ 陈曦，骈宇骞（译注）.孙子兵法三十六计 [M]. 北京：中华书局，2016：159.

在《计篇》中的"五事""七计"等，表面看起来是为了了解自己这一面，其实质还是强调在自己整个体系中要充分考虑事情的另外一面。波兰科学院政治学研究所研究员、著名孙子研究学者高利科夫斯基评价说，《孙子兵法》所阐述的行为原则可用于涉及利害冲突的各种社会行为，因而，孙子是行为学的先驱。

第四，"知彼知己，百战不殆"体现了孙子的辩证法思想。战争是最高、最残酷的竞争形式。"知彼知己，百战不殆"可以说是《孙子兵法》中立大要、贯始终的警句。先"知彼"是孙子认识和把握战争胜败的主要法则。战争是双方斗智斗勇的结果。在生与死的战争面前，孙子当然清楚首先应该明确的第一要务是"知彼"，不先"知彼"，不了解清楚敌人的情况，如何能知道敌人强不强？如何能够做到与我方比较？又如何能做到"知胜"和灵活用兵、争夺先机？又如何能创造因敌变化而"制胜"的各种条件？除"知彼"外，孙子还强调"势者，因利而制权也"，不仅我方要知道彼方，而且要做到"能而示之不能，用而示之不用，近而示之远，远而示之近；利而诱之，乱而取之，实而备之，强而避之，怒而挠之，卑而骄之，佚而劳之，亲而离之"，就是让对方了解我方时产生错觉，我方才能达到"攻其不备，出其不意"效果①；他认为"不知军之不可以进而谓之进，不知军之不可以退而谓之退，是谓縻军；不知三军之事，而同三军之政者，则军士惑矣；不知三军之权，而同三军之任，则军士疑矣"②，说明不彻底了解"彼"，后果很严重；"先为不可胜，以待敌之可胜。不可胜在己，可胜在敌"③，说明夺取胜利关键在于敌人是否出现可乘之隙；"故形人而我无形，则我专而敌分"④，以假象示敌而我不露真情；"故知兵者，动而不迷，举而不穷。故曰：知彼知己，胜乃不殆；知天知地，胜乃可全"⑤。孙子在《用间篇》更明确讲到"故明君贤将，所以动而胜人，成功出于众者，先知也。先知者，不可取于鬼神，不可象于事，不可验于度，必取于人，知

① 陈曦，骈宇骞（译注）.孙子兵法三十六计 [M]. 北京：中华书局，2016：27.
② 陈曦，骈宇骞（译注）.孙子兵法三十六计 [M]. 北京：中华书局，2016：80.
③ 陈曦，骈宇骞（译注）.孙子兵法三十六计 [M]. 北京：中华书局，2016：89.
④ 陈曦，骈宇骞（译注）.孙子兵法三十六计 [M]. 北京：中华书局，2016：147.
⑤ 陈曦，骈宇骞（译注）.孙子兵法三十六计 [M]. 北京：中华书局，2016：259.

敌之情者也"①，聪明的统帅之所以每次都能打胜仗在于他们事先了解敌情。

（2）深刻的思想政治教育价值

想要取得战争的胜利，"知己知彼"是必不可少的前提。知己知彼的活的灵魂就在于"知"，了解自己和了解受教育者是教育工作者最重要的职责。只有做到真正的"知己知彼"，才能取得具有现实意义的思想政治教育成效。

伴随着国内外变幻莫测的形势变化，在对大学生进行思想政治教育的过程中，我们既迎来了机遇，也不可避免地面临着严峻的挑战。当前青年学生思想政治状况的主流是积极、健康、向上的。然而，享乐主义、本位主义、功利主义也时有出现，在思想道德层面阻碍了学生世界观、人生观、价值观的正确形成。对教育工作者来说，要做好教育工作，首先要"知己"，要提高对自身的认识，这不仅是必不可少的前提，也是提高教育水平的重要因素；其次要"知彼"，要充分考虑到包括全球化、信息化、多元化、多样化等在内的各种社会因素的影响，要坚持长期不懈地深入到学生群体之中，了解学生，及时关心学生的学习与生活，培养学生热爱党、热爱祖国、热爱社会主义的坚定信念，引导他们坚决贯彻和执行党在不同时期所制定的各项路线方针政策，高举中国特色社会主义伟大旗帜，坚定不移走中国特色社会主义道路，为中华民族伟大复兴贡献力量。

2.2.4 教学案例三："不战而屈人之兵"

1）案例

【原文】孙子曰："凡用兵之法：全国为上，破国次之；全军为上，破军次之；全旅为上，破旅次之；全卒为上，破卒次之；全伍为上，破伍次之。是故百战百胜，非善之善者也；不战而屈人之兵，善之善者也。"②

【译文】孙子说："大凡用兵的原则：使敌举国不战而降是上策，击

---

① 陈曦，骈宇骞（译注）.孙子兵法三十六计［M］.北京：中华书局，2016：317.
② 陈曦，骈宇骞（译注）.孙子兵法三十六计［M］.北京：中华书局，2016：63.

破敌国使之降服是次一等用兵策略；使敌全军不战而降是上策，击破而取胜是次一等用兵策略；使敌全旅不战而降是上策，击破敌旅而取胜是次一等用兵策略；使敌全卒不战而降是上策，击破敌卒使之降服是次一等策略；使敌全伍不战而降是上策，击破敌伍而取胜是次一等策略。因此，百战百胜，并非好的用兵策略中最好的，不交战而使敌屈服，才是用兵策略中最好的。"

2）案例释疑

（1）出处

出自《孙子兵法·谋攻》。

（2）含义

"不战而屈人之兵"，原意为让敌人的军队丧失战斗能力，从而使己方达到完胜的目的。现多指不通过双方军队的兵刃的交锋，便能使敌军屈服。它是孙武战争"全胜"观的重要内容，反映了中国古代追求不战而胜的战略思想。

"不战而屈人之兵"思想产生于诸侯争霸的春秋时期。面对当时诸侯争霸、战争频仍的局面，一些诸侯国采取联合中小诸侯方法，营造政治或战略上的优势，用避免直接交战的方式迫使敌国退让或屈服。《孙子》一书对此做了全面论述，主张通过政治、外交等多种手段达成不战而屈人之兵的目的，并将非直接交战作为谋求战略全胜的最高目标。后世兵家将这一观点发展为"不战而胜"的思想。其基本内容主要包括两个方面：一是以"全胜"为达成战争目的的最高目标。《孙子》认为："善用兵者，屈人之兵而非战也，拔人之城而非攻也，毁人之国而非久也。"[①]也就是说，武力并非是实现预定目标的唯一途径，最好的方法是采用非暴力手段达成预期目的，而条件是要以强大的军事实力为后盾。不战而胜为"全"，战而胜之为"破"，无论国、军、旅、卒、伍，"全"是第一位的，"破"是必要的辅助手段。在力量对比上要形成绝对优势，使敌慑于巨大的威力而屈服，这才是上策。二是以伐谋、伐交为达成目的的重要手段。《孙子》说，要以"全"争于天下，做到兵不顿

---

① 陈曦，骈宇骞（译注）.孙子兵法三十六计［M］.北京：中华书局，2016：71.

而利可全，法在谋攻。谋攻的上策是破坏敌人的计谋，通过外交手段争取有利的态势，即"上兵伐谋，其次伐交"。伐兵、攻城只是下策和不得已的选择。同时，伐谋、伐交、伐兵并不是相互孤立的，通过伐谋、伐交、伐兵，使三者环环相扣，最终才能形成有利于己的局面。不战而屈人之兵反映了中国古代以强大的军事实力为后盾，通过伐谋、伐交斗争，用全胜计谋争胜于天下的思想。它是《孙子》用兵之道的理想追求和最高境界，是对中国古代军事思想的重大贡献，在中国和世界上产生了广泛而深远的影响。

3）教学应用

（1）至善的人本主义思想

《孙子兵法·谋攻篇》中"不战而屈人之兵，善之善者也"的著名论断，并不仅仅是征服敌人的一种战略战术，而且是人本思想的集中体现。事实上，人本思想贯穿于《孙子兵法》从"计"至"间"所有十三篇内容中。如果仅仅把"不战而屈人之兵"作为一种战略战术，而看不到其中蕴含着的深刻的人本思想，就不能全面读懂甚至曲解《孙子兵法》的思想内涵。《孙子兵法》虽然旨在探索战争中的制胜之道，但它所体现的基本理念却是重战而不好战。《孙子兵法》的开篇《计篇》的第一句话即向人类警示："兵者，国之大事，死生之地，存亡之道，不可不察也。"[①]这一观点恰好可以与当时作为显学的儒、道、墨的反战思想互补，而且比之更现实，更与历史的变迁相契合。或者从另一个角度来看，《孙子兵法》的重战并不是提倡打大战、恶战，而是以战制战，用战争消灭战争，寻求和平与安宁，这就是"不战而屈人之兵"的真谛。《孙子兵法》的战争观与德国的军事学家克劳塞维茨《战争论》的战争观不同，克劳塞维茨主张硬战，用战争压服对手，为新兴的资产阶级掠夺更多的财富；而孙子主张软战，以智谋取胜，为新兴的地主阶级营造"利可全"的环境。

（2）"无为"的哲学智慧

孙子"不战而屈人之兵"的战略思想中，"不战"是出发点，是指

---

① 陈曦，骈宇骞（译注）.孙子兵法三十六计［M］.北京：中华书局，2016：17.

导原则；而"不战"的哲学基础，则是孙子内心深处的慎战思想，是孙子"无为而无不为"思想的客观反映。可以这样说，孙子世界观中的"无为"，衍生出了"不战"思想；孙子哲学层面的"不战"思想，又衍生出了战争战略上的"不战而屈人之兵"思想。

孙子将用兵的艺术进行高度凝练和概括，并将自己世界观中的"无为"思想即哲学层面的"无为"观，巧妙融合进军事艺术之中，从而提出了战争战略上的一种全新的观点："不战而屈人之兵"。"不战"是这部经典兵书的灵魂，而"无为"则是支撑其军事谋略大厦的哲学基础。

基于"无为"上的哲学高度，孙子提出了哲学层面的"不战"思想，创立了一种全新的军事哲学。"不战"是一种理想与现实、战争与和平相结合的战略思想，是一种超越常规军事斗争的大思路、大谋略、大智慧，是涵盖古今所有战争规律的军事哲学。孙子的"不战"不是理想主义，不是空中楼阁，它是建立在自己的哲学基础之上的，有牢固的哲学根基，因而是完全可以实现的。正如道家推崇的"无为而治"，"无为"不是"不作为"，不是什么也不做，不是无所事事，而是顺应天道，遵循自然规律办事。孙子力主的"不战"，也不是逃避战争，害怕战争，一味屈从求和，而是顺应"战道"即战争的规律，主动借助一切可以借助的力量，从政治、经济、外交等各方面进行充分的战争准备，再配合必要的军事活动和军事打击，是胜于先胜，是"自保而全胜"[①]。

《孙子兵法·谋攻篇》曰："故善用兵者，屈人之兵而非战也，拔人之城而非攻也，毁人之国而非久也，必以全争于天下，故兵不顿而利可全，此谋攻之法也。"[②]"谋攻"的最高法则是"必以全争于天下"，这就是孙子的"全胜"战略思想，也被称为"全胜略"。"全胜略"是孙子"无为"观、"不战"思想得以实现的途径和方式。试想，能够在政治、经济、外交以及军事上做好了充分的准备，达到了主客观意义上的"全胜"，营造出一种足以使敌人屈服的无比强大的"势"，"不战"自然可以达成，"无为"自然可以实现。

① 陈曦，骈宇骞（译注）.孙子兵法三十六计［M］.北京：中华书局，2016：93.
② 陈曦，骈宇骞（译注）.孙子兵法三十六计［M］.北京：中华书局，2016：71.

2.3 墨子

2.3.1 墨子基本情况简介

1）墨子生平简介

墨子（约公元前468年—公元前376年），名翟，相传原为宋国人，后长期居住在鲁国。春秋战国之际思想家、政治家，墨家的创始人。曾学习儒术，后另立新说，聚徒讲学，成为儒家的主要反对派。主张"非命""兼爱""非攻""节用""尚贤"等。墨子学说对当时思想界影响很大，与儒家并称"显学"。现存《墨子》五十三篇，是研究墨子和墨子学说的基本材料。

墨子先祖是殷商王室，是宋国君主宋襄公的哥哥目夷的后代，目夷是宋襄公的大司马，后来他的后代因故从贵族降为平民，后简略为墨姓。虽然其先祖是贵族，但墨子却是先秦时期第一个出身于小生产阶层、代表劳动人民政治愿望和要求的思想家。他始终保持着劳动者的本色，是一个同情"农与工肆之人"的士人。他甘于清贫，乐于奉献，不辞劳苦，热心救世，提出了一系列具有鲜明阶级立场的思想学说。他主张改善劳动者的地位，强调"必使饥者得食，寒者得衣，劳者得息，乱则得治。"①

面对王权衰落、群雄争霸、攻伐迭起的社会现状，诸子百家纷纷提出救世良方。墨子作为"农与工肆之人"的代表，对人民的痛苦感受至深，故而求治之心也最为深切，他一生都在不遗余力地宣扬自己的思想主张。据《墨子》书中所记，他曾游楚，或止楚攻宋，或交游鲁阳文公，或献书惠王；曾使卫，意欲说卫主；曾仕宋，为大夫，子罕谗而囚之；曾往齐，见齐大王。又先后使弟子耕柱子仕于楚，使弟子高石子仕于卫，使弟子公尚过仕于越，使弟子曹公子仕于宋，使弟子胜绰仕于齐。

---

① 方勇（译注）.墨子［M］. 北京：中华书局，2015：303-304.

2）墨家学派与《墨子》

墨子创立了墨家学说，墨家在先秦时期影响很大，在百家争鸣的当时，有"非儒即墨"之称。墨子起初学习儒家学说，后另立新说，聚徒讲学，徒属满天下，形成墨家学派。在代表新型地主阶级利益的法家崛起以前，墨家是和儒家相对立的最大的一个学派，并称"儒墨显学"。墨子死后，墨家分为相里氏之墨、相夫氏之墨、邓陵氏之墨三个学派。其弟子根据墨子生平事迹史料，收集其语录，完成了《墨子》一书传世。汉代以后，墨子思想逐渐湮没。

《墨子》是阐述墨子与墨家思想的著作，原有71篇，现存53篇，一般认为是墨子的弟子及后学记录、整理、编纂而成。《墨子》分两大部分：一部分记载墨子言行，阐述墨子思想，主要反映的是前期墨家的思想；另一部分包括《经上》《经下》《经说上》《经说下》《大取》《小取》等6篇，一般称作墨辩或墨经，着重阐述墨家的认识论和逻辑思想。

任继愈先生评价说："《墨子》这一部书，和其他先秦诸子一样，在中国流传了几千年。其中有墨子的弟子们记录的墨子的学说，也有些篇章是后期墨家的学说，它是一部墨学丛书。尽管不是墨子手写的，但是不能因此说《墨子》这部书不可靠。正如郭沫若先生所说：'《论语》虽然不是孔子的手笔，《墨子》虽然不是墨子的手笔，但其中的主要思想我们不能说不是孔子和墨子的东西。'"[①]

3）总体思想

墨子注重实践，具有吃苦精神和经世致用的救世精神。一说《墨子》中《天志》《明鬼》两篇是其学说基础，一说《兼爱》《尚贤》是其学说中心。其学主旨是"兼相爱，交相利"。认为"天下兼相爱则治，交相恶则乱。"[②]主张人与人之间应"有力者疾以助人，有财者勉以分人，有道者劝以教人。若此则饥者得食，寒者得衣，乱者得治。"[③]提出"非攻"的主张，抨击"攻伐无罪之国"的掠夺战争。曾阻止鲁阳文君攻郑，折服公输般而阻止楚攻宋。反对"无故富贵"的世卿世禄制

① 任继愈.墨子与墨家［M］.北京：商务印书馆，1998：12.
② 方勇（译注）.墨子［M］.北京：中华书局，2015：122.
③ 方勇（译注）.墨子［M］.北京：中华书局，2015：79.

度，主张"虽在农与工肆之人，有能则举之"，提出"官无常贵，而民无终贱"①的命题。墨子反对浪费，主张"去无用之费"②，强调"赖其力者生，不赖其力者不生。"③但是，《天志》《明鬼》两篇仍保留鬼神思想，说明其思想未能脱离殷周传统神权思想的外壳。

关于社会政治与伦理思想。墨子提出了"兼爱""非攻""尚贤""尚同""天志""明鬼""非命""非乐""节葬""节用"等观点。他认为，要根据不同国家的不同情况，有针对性地选择十大主张中最适合的方案。如国家"昏乱"，就选用"尚贤""尚同"；国家贫弱，就选用"节用""节葬"等。"兼以易别"④是他的社会政治思想的核心，"非攻"是其具体的行动纲领。他认为只要大家"兼相爱，交相利"⑤，社会上就没有强凌弱、贵傲贱、智诈愚和各国之间互相攻伐的现象了。他对统治者发动战争带来的祸害以及平常礼俗上的奢侈逸乐，都进行了尖锐的揭露和批判。在用人原则上，墨子主张任人唯贤，反对任人唯亲。他还主张从天子、诸侯国君到各级正长，都要"选择天下之贤可者"⑥来充当；而人民与天子国君，则都要服从天志。

关于哲学思想。墨子哲学思想的主要贡献是在认识论方面。他以直接感觉经验为认识的唯一来源，认为判断事物的有与无，不能凭个人的臆想，而要以大家所看到的和所听到的为依据。墨子从这一朴素唯物主义经验论出发，提出了检验认识真伪的标准，即三表："上本之于古者圣王之事"，"下原察百姓耳目之实"，"废（发）以为刑政，观其中国家百姓人民之利"。⑦墨子把"事""实""利"综合起来，以间接经验、直接经验和社会效果为准绳，努力排除个人的主观成见。在名实关系上，他主张以实正名，名副其实。当然，墨子的认识论也存在很大的局限性，他忽视理性认识的作用，片面强调感觉经验的真实性。

墨子也是中国古代逻辑思想的重要开拓者之一。他比较自觉地、大量地运用了逻辑推论的方法，以建立或论证自己的政治、伦理思想。他

① 方勇（译注）.墨子［M］.北京：中华书局，2015：52.
② 方勇（译注）.墨子［M］.北京：中华书局，2015：184.
③ 方勇（译注）.墨子［M］.北京：中华书局，2015：279.
④ 方勇（译注）.墨子［M］.北京：中华书局，2015：136.
⑤ 方勇（译注）.墨子［M］.北京：中华书局，2015：126.
⑥ 方勇（译注）.墨子［M］.北京：中华书局，2015：85.
⑦ 方勇（译注）.墨子［M］.北京：中华书局，2015：286.

还在中国逻辑史上第一次提出了辩、类、故等逻辑概念，并要求将辩作为一种专门知识来学习。墨子的"辩"虽然统指辩论技术，却是建立在知类（事物之类）明故（根据、理由）基础上的，因而属于逻辑类推或论证的范畴。墨子所说的"三表"既是言谈的思想标准，也包含推理论证的因素。墨子还善于运用类推的方法揭露论敌的自相矛盾。由于墨子的倡导和启蒙，墨家养成了重逻辑的传统，并由后期墨家建立了第一个中国古代逻辑学的体系。此外，墨子还总结出了假言、直言、选言、演绎、归纳等多种推理方法，从而使墨子的辩学形成一个有条不紊、系统分明的体系。

关于教育思想。墨子的教育思想是强调"艰苦实践、服从纪律"，并且提出"兴天下之利，除天下之害"①的教育目的。人类历史上第一个设有文、理、军、工等学科门类的综合性平民学校，就是墨子在三十岁前创办的。与此同时，墨子还创立了以几何学、物理学、光学为突出成就的一整套科学理论。

4）后世纪念

2016年8月16日，"墨子号"量子科学实验卫星在甘肃酒泉卫星发射中心成功发射升空。该量子卫星被命名"墨子号"，是为了纪念墨子在科学领域所做出的伟大成就，尤其是在光学方面所取得的突出成就。中国科学技术大学潘建伟教授强调，给这颗卫星取"墨子号"这个名字，是因为墨子是中国历史上的第一位科圣。我们将世界上首颗量子科学实验卫星取名为"墨子号"，一方面是为了纪念墨子在我国科学方面所做出的一些重大贡献，同时也为了纪念他在光学研究方面所取得的一些成就。另一方面，取名"墨子"也是为了展现我国的科研自信。

墨子的不可再分理论与光子的不可分割具有一致性，与其他通信手段相比，量子通信的安全性是基于单光子的不可分割性和量子的不可复制性，这就有效保证了信息的不可窃听和不可破解，从而解决了信息的安全问题；墨子最早提出光线沿直线传播的理论，并通过小孔成像的实验进行验证，这一理论奠定了现代光通信、量子通信的基础。由此可以

---

① 方勇（译注）.墨子［M］.北京：中华书局，2015：124.

看出，墨子提出的科学理论不仅在当时领先世界，也是今天科技研究的理论基础，以墨子命名全球首颗量子卫星实至名归。

2.3.2　教学案例一："兼爱"

1）案例

【原文】故天下兼相爱则治，交相恶则乱。故子墨子曰：不可以不劝爱人者，此也。①

【译文】意思是说，天下人彼此相爱就会得到治理，相互厌恶就会变得混乱。所以子墨子说：不能不劝人彼此相爱，就是这个道理。

2）案例释疑

（1）出处

"兼爱"思想主要出自《墨子·兼爱》三篇中，虽然《墨子》一书中并没有给"兼爱"下过明确的定义，但是对"兼爱"的内容进行了具体的阐释。

（2）背景

墨家学说是根据春秋战国的社会现状而提出的一系列治世、救民主张，"兼爱"思想是墨子的核心思想。要正确理解墨子的"兼爱"思想，需从产生渊源、政治、经济、社会文化和墨子个人等层面展开综合考虑。

春秋战国时期，诸侯互相侵略，长期混战，灭国破家不计其数，百姓死亡丧乱，流离失所。贫富极不平均，民族矛盾、阶级矛盾严重，政治黑暗腐败。自然灾害频发，民众流亡，社会动荡不安。

在经济上，春秋后期，铁器的使用和牛耕的推广使得农业生产进一步发展。同时，由于坚固而锐利的铁制工具的应用，手工业也得到了进一步的发展，加之交换关系的进步，手工业逐渐由分工而走向专业化。当时已有木工、皮革工、冶金工、陶工、缝工和织工等，总称为"百工"。随着生产力的发展和社会分工的扩大，商品经济的比重日益增加，货币流通也日益广泛，并出现了金属货币。这时，商业资本已较发

---

① 方勇（译注）.墨子 [M]. 北京：中华书局，2015：122.

达，各地的物产大量交流。贵族以外的大商人也出现了，如弦高、范蠡、端木赐（子贡）等人都是。井田制逐渐被封建土地私有制所取代。

在政治上，周天子势力衰微，诸侯、卿大夫势力崛起，家臣活跃，民的地位提高。周天子统治地位的衰微，导致了若干个大小不同的政治中心的形成，它们之间相互对立、争夺。诸侯争霸战争破坏了奴隶制的旧秩序，给人民带来了沉重灾难和痛苦。与此同时，战争加快了统一进程，促进了民族融合，也加快了变革的步伐。新兴地主阶级力量壮大，他们在各诸侯国先后开展了变法运动，以血缘关系为基础的世袭贵族制度逐渐瓦解，新的封建制度终于建立起来。

在社会文化上，春秋战国时期在中国古代学术发展史上出现了闪光的一页，即著名的"百家争鸣"的历史局面。相应地在文化学术界出现了九流（儒、墨、道、法、名、阴阳、农、纵横、杂家）、十家（九流加小说家）。他们分别站在不同的立场，从各个方面提出了不同的建国方略和完成统一的办法。如孔子认为春秋是"无道之世"，孟子则以春秋"五霸"为"三王之罪人"①。与他们的看法相似，墨子也认为当时人与人相贼、家（指大夫之家，即封邑）与家相乱、国与国相攻，是一个动乱、腐败的时代。但墨家与儒家看问题的出发点不同，所以解决问题的方式和目的也不同。儒家对现实的评价是以政治文化为出发点的。孔子是以西周政治文化的继承者和捍卫者自居的，他对现实的批判不是着眼于当时的社会矛盾及乱治，民生疾苦不是他所关心的焦点，而只有当时那种"礼崩乐坏"，即古代政治文化日益瓦解的状况才是真正使他忧心忡忡的事情。所以他提出"仁""礼"学说，目的在于恢复西周初年以来形成的宗法制的政治文化，重新实现社会和谐。

在个人层面上，墨子出身微贱，对下层人民的疾苦和要求有更深切的了解和体会。班固追寻了墨家思想产生的具体文化渊源，他指出："墨家者流，盖出于清庙之守。茅屋采椽，是以贵俭；养三老五更，是以兼爱；选士大射，是以上贤；宗祀严父，是以右鬼；顺四时而行，是以非命；以孝视天下，是以上同：此其所长也。及蔽者为之，见俭之

---

① 杨伯峻（译注）.孟子译注［M］.北京：中华书局，2010：265.

利，因以非礼；推兼爱之意，而不知别亲疏。"①墨子吸收先秦时期的大禹精神、周天子文化等，在批判儒家文化的同时，站在社会的中下层，为统治者提出了以兼爱为核心的治理天下的理论。

"兼爱"思想是特定历史条件的产物，是墨子试图用以改造社会现实的一种道德武器。墨子为消弭战争，推行兼爱主张，四处奔走呼号，备受劳苦。正像《墨子·鲁问》所云："子墨子游，魏越曰：'既得见四方之君，子则将先语？'子墨子曰：'凡入国，必择务而从事焉。国家昏乱，则语之尚贤、尚同；国家贫，则语之节用、节葬；国家熹（喜）音湛（沉）湎，则语之非乐、非命；国家淫僻无礼，则语之尊天、事鬼；国家务夺侵凌，即语之兼爱、非攻。'"②墨子积极参加社会生产实践，与平民接触广泛。在社会实践活动中，他站在小生产劳动者立场上来衡量、判断、肯定或否定当时的社会生活现象，宣传自己的学说和主张，因而此期间形成的思想既代表了庶民的呼声，也使其有了来自社会生产实践的物质基础。诚如吕振羽先生所说："当时封建统治阶级的代言人，无论其理论表现的形式如何，但在维护封建等级制这个根本的立场上是完全同一的。只有代表农民阶级的思想家，从农民阶级现实的生活礼仪上，便表现其反对这种等级制的坚决主张。所以代表农民阶级的思想家墨翟，在政治学的见解上，便明显标出'兼爱'的社会原理"。③

1939年4月24日，毛泽东在"抗大"生产运动初步总结大会上的讲话中指出："历史上的禹王，他是做官的，但也耕田，墨子是一个劳动者，他不做官，但他是一个比孔子高明的圣人。孔子不耕田，墨子自己动手做桌子椅子。"他称墨子为古代辩证唯物论大家。④可以说，墨子的身体力行为后人实现兼爱树立了良好的典范。

（3）含义

墨子主张的兼爱思想是中国古代人道主义的典型学说之一。可以说，《墨子》一书中提出的"若使天下兼相爱，爱人若爱其身"⑤，"视

---

① 班固.汉书［M］.北京：中华书局，1962：1738.
② 方勇（译注）.墨子［M］.北京：中华书局，2015：459.
③ 吕振羽.中国政治思想史［M］.上海：上海书店，1992：99.
④ 朱传棨.墨学在中华优秀传统文化中的地位［J］.中国社会科学评价，2022（2）：137-142；160.
⑤ 方勇（译注）.墨子［M］.北京：中华书局，2015：122.

人之国若视其国，视人之家若视其家，视人之身若视其身"①，"必为其友之身，若为其身；为其友之亲，若为其亲"②，就是墨子对"兼爱"的充分表达。

墨子首先强调：治理天下，必知天下乱之何起。他认为作为一个治理天下的圣人，知道天下何以会乱的原因以后才能够治理它；不知道天下何以会乱的原因就治理不好它。所以"圣人以治天下为事者也，不可不察乱之所自起。"③

接着，墨子表明了观点：天下之乱起于人与人之间的不相爱。他说："子自爱不爱父，故亏父而自利；弟自爱不爱兄，故亏兄而自利；臣自爱不爱君，故亏君而自利，此所谓乱也。虽父之不慈子，兄之不慈弟，君之不慈臣，此亦天下之所谓乱也。"为什么会乱？"皆起不相爱"。④墨子从两个方面摆出了自己的论据：第一，天下为什么会有盗贼呢？因为"盗爱其室，不爱其异室，故窃异室以利其室；贼爱其身不爱人，故贼人以利其身。"第二，诸侯大夫为什么竞相争夺土地侵夺封邑呢，因为"大夫各爱其家不爱异家，故乱异家以利其家；诸侯各爱其国不爱异国，故攻异国以利其国。"⑤

那么，怎样做才是天下兼相爱呢？墨子认为，"爱人若爱其身""视父兄与君若其身""视弟子与臣若其身""视人之室若其室""视人身若其身""视人家若其家""视人国若其国"，⑥即是"兼爱"。

天下兼相爱的结果是什么？墨子描绘了天下兼相爱之后的美好蓝图："若使天下兼相爱，国与国不相攻，家与家不相乱，盗贼无有，君臣父子皆能孝慈，若此则天下治。"⑦

最后，墨子对兼爱思想进行了总结，强调"兼者，圣王之道也，王公大人之所以安也，万民之食之所以足也。"意思是说，"兼"是圣明君王的道术，是王公大人得以安宁、广大百姓衣服食物得以满足的方法。所以君王应努力实行它，这样"为人君必惠，为人臣必忠，为人父必

① 方勇（译注）.墨子［M］.北京：中华书局，2015：126.
② 方勇（译注）.墨子［M］.北京：中华书局，2015：139.
③ 方勇（译注）.墨子［M］.北京：中华书局，2015：120.
④ 方勇（译注）.墨子［M］.北京：中华书局，2015：120.
⑤ 方勇（译注）.墨子［M］.北京：中华书局，2015：120—121.
⑥ 方勇（译注）.墨子［M］.北京：中华书局，2015：122.
⑦ 方勇（译注）.墨子［M］.北京：中华书局，2015：122.

慈，为人子必孝，为人兄必友，为人弟必悌"。天下间都行兼爱了，便是各自在各自的角色上做到了"惠君、忠臣、慈父、孝子、友兄、悌弟"，这便能生万民之大利。①

"兼爱"作为墨子思想的精华，其主要包括没有差别的爱即爱无等差、精神层面的爱与物质层面的利相融合即相爱交利、对普天之下所有人民的爱与关怀即爱利万民三个方面。兼爱，就是人与人要相爱、家与家要相爱、国与国要相爱，并且要爱别人如同爱自己、爱人之亲如同爱己之亲、爱人之国如同爱己之国。这里的爱是无差等的，人与人、家与家、国与国都是平等的、同一的。但是，爱没有差等，并不等于说爱没有差别。在这里，墨子强调首先要爱自己、爱自己的亲人、爱自己的家、爱自己的国家，然后才能如同爱自己，爱自己的亲人、家、国一样，爱别人、爱别人的亲人、爱别人的家、爱别人的国。所以说，墨子的兼爱思想在本质上是爱无差等的，但在逻辑和时间点上，兼爱的前提就是先会爱自己，爱自己的亲人、家、国。②

墨子指出："若使天下兼相爱，爱人若爱其身，犹有不孝者乎？视父兄与君若其身，恶施不孝？犹有不慈者乎？视弟子与臣若其身，恶施不慈？故不孝不慈亡有。犹有盗贼乎？故视人之室若其室，谁窃？视人身若其身，谁贼？故盗贼亡有。犹有大夫之相乱家、诸侯之相攻国者乎？视人家若其家，谁乱？视人国若其国，谁攻？故大夫之相乱家、诸侯之相攻国者亡有。若使天下兼相爱，国与国不相攻，家与家不相乱，盗贼亡有，君臣父子皆能孝慈，若此则天下治。故圣人以治天下为事者，恶得不禁恶而劝爱？故天下兼相爱则治，交相恶则乱。故子墨子曰：不可以不劝爱人者，此也。"③在这里，墨子明确指出：国家、君臣、家庭、父子之间相恶会导致混乱状态，只有兼相爱，才能实现父慈子孝、天下太平的和谐友好状态。

同时，墨子强调：在"兼爱"思想施行过程中，没有国别、家庭间的局限，也没有君臣、贵贱、上下、尊卑等身份地位的区别，更没有强

---

① 方勇（译注）.墨子［M］.北京：中华书局，2015：150.
② 胡鑫敏.墨子兼爱思想及其现代意义分析［D］.北京：中共中央党校（国家行政学院），2014：27.
③ 方勇（译注）.墨子［M］.北京：中华书局，2015：122.

弱、父子、众寡、智愚的差异，这种爱是一种无等级差别的爱。因为"人无幼长贵贱，皆天之臣也"①，所以"爱臧之爱人也，乃爱获之爱人也。"②这体现了人们对平等观念的追求，对爱无差等的渴望。

墨子兼爱思想还强调"兼相爱，交相利"③，要爱利结合。"夫爱人者，人亦从而爱之；利人者，人亦从而利之"④。墨子认为爱自己也要爱别人，与人交往要彼此有利，即要爱利结合。墨子的"兼爱"与"交利"是紧密联系的一个整体。"爱"是人们行为的出发点，"利"是由爱而生期待得到的实际效果。在墨子看来，爱人不能仅限于口头表达，而是要通过人们的实际行动来体现。没有使被爱者得到实际利益的爱是无意义的。所以，"兼相爱"是人们理想行为方式的出发点，"交相利"则是人们理想行为方式追求的目标。"兼相爱"的结果就是"交相利"，"交相利"的起点源于"兼相爱"，两者是爱人利人的因果结合。

墨子极力推行"兼爱"思想，目的是要人们丢掉自私自利之心，要求人们以天下一体的理智克服狭隘的个人情感，视人身犹如己身，视人亲犹如己亲，视人利犹如己利，在爱与利的相互协调中，人人都能感受到爱，享受到利，从而实现最广泛的爱利于民。

总的来看，墨子的"兼爱"是站在广大平民的立场上提出来的，是大爱，这种大爱的特点是无等级、无差序、万物同一、不分厚薄，是普遍地平等地爱每一个人，是平等性、交互性、为民性的统一。

3）教学应用

在中国特色社会主义新时代，在实现中华民族伟大复兴的征途中，墨子的"兼爱"思想仍具有重要的导向价值，我们应继承之、弘扬之。2015年11月7日，习近平总书记在新加坡国立大学的演讲中引用《墨子·兼爱中》的"强不执弱，富不侮贫"⑤，强调和平发展思想是中华文化的内在基因，中国坚持走和平发展道路，坚持独立自主的和平外交政策，不是权宜之计，而是我们的战略选择和郑重承诺。实际上，墨子的"兼爱"思想对当前我国的经济、政治、文化、生态、对外关系等各

---

① 方勇（译注）.墨子［M］.北京：中华书局，2015：23.
② 方勇（译注）.墨子［M］.北京：中华书局，2015：381.
③ 方勇（译注）.墨子［M］.北京：中华书局，2015：149.
④ 方勇（译注）.墨子［M］.北京：中华书局，2015：149.
⑤ 习近平总书记在新加坡国立大学的演讲（2015年11月7日）.

个方面都具有重要的启示作用。

（1）有利于增强文化自信

文化自信是一个民族、一个国家以及一个政党对自身文化价值的充分肯定和积极践行，并对其文化的生命力持有的坚定信心。"要增强对中国特色社会主义道路、理论、制度的民族自信，抵御各种错误思潮的影响、诱惑和侵蚀，就必须为道路自信、理论自信、制度自信打上一层亮丽而坚固的底色。这个底色，就是对中华民族优秀历史传统的文化自信。"①我们有博大精深的优秀传统文化，有鲜明独特、奋发向上的革命文化，还有承前启后、继往开来的社会主义先进文化，它们夯实了我们文化建设的根基，奠定了我们文化自信的强大底气。

中华优秀传统文化是我们坚定文化自信的"根"与"魂"。墨子思想作为中华优秀传统文化的重要组成部分，积淀了中华民族深沉的精神追求，是中华民族治国理政的思想渊源之一。尤其是作为其核心的"兼爱"思想，对于中国特色社会主义和谐社会的建设，对于人类命运共同体的推进，具有重要的启迪作用。墨子"兼爱互利"思想体现的是劳动人民质朴、纯真、善良的品性，在调和世界文化差异、局部战争上也有相当的借鉴意义。毕竟都是劳动人民创造的优秀文化，只要"兼爱"，最终就会实现多样文化的共存互鉴，只要"兼爱"，"和谐世界"的构建就有了实现的可能。从这个意义上来讲，在百年未有之大变局的今天，墨子"兼爱"思想在调和各国文化之间相互学习、相互借鉴上是能够发挥重要作用的。

（2）有利于提升个人道德修养和精神境界

建设和谐社会关键在于人，在于人的素质。人与人之间的和谐是建设和谐社会的根本。因而，"兼爱"思想在当前仍具有旺盛的生命力。提倡"兼爱"，即是提倡和谐，提倡每个人都能在建设和谐社会过程中做出贡献。《墨子·修身》言："见不修行，见毁，而反之身者也，此以怨省而行修矣。谮慝之言，无入之耳；批扞之声，无出之口……是故君子力事日强，愿欲日逾，设壮日盛。"②发现自己的品行修得不够好而

---

① 李捷.文化自信是"三个自信"的坚固底色［N］.光明日报，2015-12-08.
② 方勇（译注）.墨子［M］.北京：中华书局，2015：8-9.

受人诋毁，那就应当自我反省，这样就会怨少而品德日修。谗害诽谤之言不入于耳，攻击他人之语不出于口，伤害人的念头不存于心，这样，即使遇有好诋毁、攻击的人，也就无从施展了。所以君子本身的力量一天比一天加强，志向一天比一天远大，庄敬的品行一天比一天完善。可见，墨子要求人们重视对自身品行的完善，不听谗害他人的话，不说恶毒的话，自觉提升个人的道德修养和精神境界。要养成"贫则见廉，富则见义，生则见爱，死则见哀"①的"君子四行"，即贫穷时表现出廉洁，富足时表现出好义，对生者表现出慈爱，对死者表现出哀痛。所有这些，都是人们在建设和谐社会中应该具备的修养。以古鉴今，我们要提高人民群众的思想道德修养，坚定其理想信念，消弭矛盾，推动人人争做时代建设的参与者。

（3）有利于构筑良好的社会秩序

政治理想是政治主体依据当前的政治现状和政治理性对于未来的政治生活所构建的政治蓝图，也是对现实的超越和对未来的憧憬。墨子的"兼爱"思想从大禹、商汤和文王处取法，强调"无言而不雠，无德而不报，投我以桃，报之以李"②，即强调人与人交往过程中要相互关爱注重品德。这种思想对于良好家风和社会秩序的建立，进而推动和谐社会的建构具有重要的启迪。

实现社会和谐，建设美好社会，始终是人类孜孜以求的一个社会理想，也是包括中国共产党在内的马克思主义政党不懈追求的一个社会理想。然而，随着改革开放的深入，我国进入了经济体制深刻变革、社会结构深刻变动、利益格局深刻调整、思想观念深刻变化的重大转折时期。这一时期，也是矛盾的凸显期，一些影响社会和谐的矛盾和问题凸显，诸如：城乡、区域、经济社会发展很不平衡，人口资源环境压力加大；就业、社会保障、收入分配、教育、医疗、住房、安全生产、社会治安等关系群众切身利益的问题比较突出；体制机制尚不完善，民主法制还不健全；一些社会成员诚信缺失、道德失范等。这些矛盾不解决，社会主义和谐社会就无从建立，中华民族伟大复兴的目标就难以实现。

---

① 方勇（译注）.墨子［M］.北京：中华书局，2015：10.
② 方勇（译注）.墨子［M］.北京：中华书局，2015：147.

墨子的"兼爱"思想恰好为上述矛盾的解决，构建一个和谐的社会秩序提供了一个很好的思路。

（4）有利于加快构建人类命运共同体

当今世界面临百年未有之大变局，政治多极化、经济全球化、文化多样化和社会信息化潮流不可逆转，各国间的联系和依存日益加深，但也面临诸多共同挑战。粮食安全、资源短缺、气候变化、网络攻击、人口爆炸、环境污染、疾病流行、跨国犯罪等全球非传统安全问题层出不穷，对国际秩序和人类生存都构成了严峻挑战。不论人们身处何国、信仰如何、是否愿意，实际上已经处在一个命运共同体中。与此同时，一种以应对人类共同挑战为目的的全球价值观已开始形成，并逐步获得国际共识，即推动构建人类命运共同体。

墨子"兼爱"思想主张爱人及人、爱家及家、爱国及国，反对战争，尤其是反对非正义战争，崇尚和平。"兼爱"思想要求的不是某个国家内部人民之间的相亲相爱，它倡导的爱是全人类的整体之爱，这对人类命运共同体的构建具有重要的启示作用。人类命运共同体的实现并不是通过某个国家、某个民族以及某个人的单独努力就能够实现的，它需要世界上每一个国家、民族以及全人类共同的努力。只有全人类都把自己作为实现人类命运共同体整体之爱的一部分，才能实现人类命运共同体这一伟大目标。墨子的反对战争，提倡兼爱思想，从理论上为人类命运共同体的构建提供了思想源泉。

在人类命运共同体的构建过程中，借鉴墨子"兼爱"思想的平等之爱，既有利于各国树立睦邻、爱邻、友善的交往观，建立持久稳定、和平的政治共同体，又有利于各国树立包容开放、平等尊重的文化观，建立和而不同、包容互鉴的文化共同体；借鉴墨子"兼爱"思想的互利之爱，有利于各国树立合作共赢、互利互惠的发展观，建立互利共赢、持久发展的经济共同体；借鉴墨子"兼爱"思想的"非攻"，有利于各国树立合作、共同、可持续的新型国家安全观，建立和合共生、持久和平的安全共同体。

（5）有利于维持健康的生态环境

当今时代，社会经济迅猛发展，人们生活水平显著提高。与此同时，人类面临的能源短缺、生态恶化、全球变暖、环境污染以及自然灾害等生态问题也日益突出，这些问题严重制约着人类社会的进步，成为社会进步的绊脚石，并对社会的可持续发展敲响了警钟。借鉴墨子"兼爱"思想的"节用、节葬、非乐"，有利于树立人与自然共生、共存、和谐的生态观，有利于推动绿色节约、和谐共生的生态共同体的建设。

墨子"兼爱"思想不仅倡导人与人、人与社会的互利之爱，也包含人与自然的互利之爱。人与自然的和谐是建立在人与人之间、人与社会之间平等相爱的基础之上。它是一种去自我中心主义思想，有利于人与自然的和谐，推动生态和谐发展。墨子强调通过"节用"实现自然资源以及社会的人力、财力的节制使用；通过"节葬"更好地利用人力、物力资源，实现生产力的再利用以及再发展；通过"非乐"抑制奢靡享乐的风气，实现人与自然的和谐共生。这为社会主义生态文明建设提供了借鉴。

2.3.3 教学案例二："止楚攻宋"

1）案例

【原文】

公输盘为楚造云梯之械，成，将以攻宋。子墨子闻之，起于鲁，行十日十夜而至于郢，见公输盘。

公输盘曰："夫子何命焉为？"

子墨子曰："北方有侮臣者，愿藉子杀之。"公输盘不说。

子墨子曰："请献十金。"

公输盘曰："吾义固不杀人。"

子墨子起，再拜，曰："请说之。吾从北方闻子为梯，将以攻宋。宋何罪之有？荆国有余于地，而不足于民，杀所不足而争所有余，不可谓智；宋无罪而攻之，不可谓仁；知而不争，不可谓忠。争而不得，不可谓强。义不杀少而杀众，不可谓知类。"

公输盘服。

子墨子曰："然胡不已乎？"

公输盘曰："不可，吾既已言之王矣。"

子墨子曰:"胡不见我于王?"

公输盘曰:"诺。"

子墨子见王,曰:"今有人于此,舍其文轩,邻有敝舆而欲窃之;舍其锦绣,邻有短褐而欲窃之;舍其粱肉,邻有糠糟而欲窃之——此为何若人?"

王曰:"必为有窃疾矣。"

子墨子曰:"荆之地方五千里,宋之地方五百里,此犹文轩之与敝舆也。荆有云梦,犀兕麋鹿满之,江汉之鱼鳖鼋鼍为天下富,宋所谓无雉兔鲋鱼者也,此犹粱肉之与糠糟也。荆有长松文梓梗楠豫章,宋无长木,此犹锦绣之与短褐也。臣以王吏之攻宋也,为与此同类。"

王曰:"善哉!虽然,公输盘为我为云梯,必取宋。"

于是见公输盘。子墨子解带为城,以牒为械,公输盘九设攻城之机变,子墨子九距之。公输盘之攻械尽,子墨子之守圉有余。

公输盘诎,而曰:"吾知所以距子矣,吾不言。"

子墨子亦曰:"吾知子之所以距我,吾不言。"

楚王问其故。

子墨子曰:"公输子之意不过欲杀臣。杀臣,宋莫能守,乃可攻也。然臣之弟子禽滑厘等三百人,已持臣守圉之器,在宋城上而待楚寇矣。虽杀臣,不能绝也。"

楚王曰:"善哉!吾请无攻宋矣。"

子墨子归,过宋。天雨,庇其闾中,守闾者不内也。故曰:治于神者,众人不知其功。争于明者,众人知之。

【大意】

墨子听说"公输盘为楚造云梯之械,成,将以攻宋"的消息后,从鲁国出发,疾行十日十夜到达楚国的都城郢,劝说公输盘和楚王放弃攻宋的打算。在劝说的过程中,墨子没有徒然从"天下之利"出发展开劝说,而是针对两人的不同特点采取了巧妙务实的说服策略。两人都被墨子驳得理屈词穷,但是楚王认为公输盘已造出云梯,势必攻下宋国。墨子表示,自己可以通过和公输盘进行战争模拟证明云梯不能成功攻宋:子墨子解带为城,以牒为械,公输盘九设攻城之机变,子墨子九距之;

公输盘之攻械尽，子墨子之守圉有余。公输盘见状，准备建议楚王杀掉墨子，以防墨子助宋守城。墨子识破了公输盘的心理，并告诉他，即使杀掉自己也于事无补，因为他已提前将自己的学生派往宋国帮助守城。于是，楚国只得放弃攻宋。

2）案例释疑

（1）出处

出自《墨子·公输》。该篇描述墨子为了阻止楚国侵略宋国，千里迢迢前往说服的故事。先使公输盘折服，再面见楚王，在楚王面前与公输盘做实战攻防推演，一方面以理服人，另一方面展示守御实力以遏阻，终于制止了这一场不义之战。

（2）含义

公元前440年前后，楚国准备攻打宋国，请著名工匠鲁班制造攻城的云梯等器械。墨子听说后，先派出墨家三百弟子在宋国严阵以待，自己日夜兼程十天十夜到达楚国都城，与公输盘在楚王面前演习攻与守的战阵，破解了公输盘的种种攻城之法，最终迫使楚王放弃攻宋。

春秋战国时期，各国之间和各国内部贵族之间不断爆发攻伐兼并战争。战争是当时社会的一个普遍现象。战争使人民的正常生活被打断，也造成了巨大的物质财产损失和人员伤亡。墨子描述说："今王公大臣、天下诸侯……皆列其舟车之卒伍，于此为坚甲利兵，以往攻伐无罪之国。入其国家边境，芟刈其禾稼，斩其树木，堕其城廓，以湮其沟池，攘杀其牲牷，燔溃其祖庙，劲杀其万民，覆其老弱，迁其重器。"[①]普通民众遭掠夺，被杀戮，惨不忍睹之状跃然纸上。

战争中，受害最大的就是普通百姓。墨子作为下层人民的代表，其行为表达了普通民众反战的心声。墨子较早地提出了战争正义性的问题，他将战争分为两类：一类是"攻"，即恃强凌弱、扩张黩武的掠夺性、侵略性战争。墨子认为这种战争是非正义的，是必须制止和反对的。另一类战争是"诛"，即为人民兴利除害的正义性战争、抵抗强权侵略的战争。这类战争是要坚决支持的。基于此，他提出了以"非攻"

---

① 方勇（译注）.墨子［M］.北京：中华书局，2015：168–169.

为核心的战争观，明确地反对给民众带来巨大灾难的争霸兼并战争。

墨子止楚攻宋从以下几个方面展现了墨子的胸怀和思想：

一是墨子怀仁行义、兴利除害的写照。墨子以实现人人"兼相爱，交相利"为其天下理想，秉持一种以"天下之利"为本位的功利主义立场。对墨子而言，凡是战争都伴随着争斗和仇杀，所以一切战争都直接和"兼相爱"的要求相违背。况且，战争会严重损害到天下人的利益：由于气候原因，战争一般在春、秋两个季节进行，而春季百姓要耕种，秋季百姓要收获，如果因为战争耽误了农业生产，将会造成大量百姓冻饿而死。而且，战争要消耗许多军需用品，靡费牛马、粮食等大量关系百姓生计的物资，还会直接造成大量士兵和百姓的伤亡。这些都是"天下之利"的重大损失。墨子指出，虽然个别国家通过攻伐战争获得了利益，但是整个天下的利益却因此受到严重损害。应该以整个"天下之利"而非个别国家的利益为标准判定攻伐战争的不义属性。因此，墨子认为，当时的攻伐战争是"天下之巨害"①。

二是墨子游说思想与军事防御思想的集中展现。"止楚攻宋"的事例表明，对于墨子来说，通过游说谈判的和平方式制止攻伐是最符合"天下之利"的，因此，墨子优先考虑的是游说战争发动者。但是，说服战争发动者难度很大，甚至有如楚王和公输盘这种即使理屈词穷仍然不肯放弃战争计划者。这时候墨子选择的是通过沙盘推演模拟战争的方式，让对方认识到战争难以取胜而主动放弃战争。但是公输盘仍想杀掉墨子以继续攻打宋国，墨子预料到了这种情况，并提前派学生前往宋国协助做好防守准备。如果墨子被杀或被困，抑或楚国仍执意攻打宋国，帮助宋国打赢自卫防守战争将是墨子及其弟子的最终选择。可以发现，墨子千方百计想要制止战争发生，自卫战争乃是和平无望之时墨子不得已而采取的做法。这是因为，如不进行自卫防守而任由对方进攻的话，将会造成"天下之利"的更大损失。

可以想见，通过游说的方式制止攻伐的难度非常之大。因此，墨子有理由更加重视通过军事防御制止攻伐战争。因此，在通过游说阻止战

---

① 方勇（译注）.墨子［M］.北京：中华书局，2015：179.

争之外，墨子更加重视通过军事防御打败对方的进攻。墨子的军事防御思想可分为战前备战和战时防守两个部分。在《七患》篇中，墨子告诫人们没有战争时也不应掉以轻心，而应做到仓有备粟，库有备兵，城有备守，心有备虑，时刻做好应战防守准备。而在《备城门》等七篇备御文章中，从战略的设计到战术的运用，从工程设施的建造到防御武器的配备，从守城兵力的部署到军需物资的配置，从严明如山的军令到赏罚必信的军纪，墨子都做出了系统性论述。春秋战国时期，墨子及其弟子后学以善于守城名闻天下。"非攻"的立场决定了墨子不会主张率先进攻，重视军事防御并认同自卫防守战争的正义性是墨子战争伦理思想的重要内容。自卫防守战争之所以是正义的，乃因它是在和平无望之际，对"天下之利"损害最小的一种方式。

三是墨子"躬行"实践思想的展现。墨子止楚攻宋是他"躬行"实践思想的重要展现。公输盘为楚国造云梯之械，成，将以攻宋。子墨子闻之，起于鲁，行十日十夜而至郢。就凭这十天十夜，就让墨子与其他诸子画出了明显的界限。其他诸子也走长路，但大多骑马、骑牛或坐车，而且到了晚上总得找地方睡觉。哪像他，光靠自己的脚一路走去，一次次从白天走入黑夜。概言之，墨子实践其"兼爱"思想是在躬行，不是空谈，而是在脚踏实地做。墨子所忧虑和关注的是"衣食住行"等事关民生的重要问题，他当然希望"饥者得食，寒者得衣"。解决这些问题的根本就是实践，不劳动是无法解决吃饭穿衣等问题的。因此，整个社会的各个阶层都应该为吃饭问题殚精竭虑，这就需要劳动实践。实际上说的是人要想解决基本的物质生活，必须付出一定的努力参加社会生产实践活动，而不是靠天吃饭。

墨子止楚攻宋事件至少体现出以下三个特点：

一是正义性。在止楚攻宋事件中，墨子并不是向侵略者乞求和平。他除了用正义的言辞跟侵略者抗辩以外，还充分认识到，要有保卫和平的力量。墨子将战争分为"攻无罪"和"诛无道"两种。在墨子看来，当时攻伐无罪之国的战争，是不正义的；而像"禹征有苗，汤伐桀，武王伐纣"等，则是"诛无道"的战争，是为维护"天下之利"而发动的正义性战争。[①]墨子强调自卫防守型战争的正义性，且承认"诛无道"式战争的正义性，这表明墨子的战争伦理思想在守望和平主义道德理想的同时，兼顾了正义战争的现实考量。

二是奉献性。墨子为实现自己的理想，不辞艰辛，长途跋涉，甚至冒着生命危险去扑灭即将燃起的侵略战争的火焰。墨子这一伟大的行动，充分体现了中华民族一贯具有反对侵略战争的优良传统，值得我们每一个爱祖国、爱和平的人铭记。

三是防御性。墨子反对非正义的战争，但绝不消极地对待战争。相反，墨家对待战争采取积极防御的态度。墨子支持弱小国家的反侵略战争，不惜身体力行，以战止战。墨子在这方面的功绩堪称奇迹，止楚攻宋、阻齐伐鲁、多次劝说鲁阳文君放弃攻伐邻国的计划。在具体的战役战术上，强调为了更好地防守，可以对敌人发动主动的进攻，达到以攻为守的目的。"凡守城者以急伤敌为上。其延日持久，以待救之至，不明于守者也。能此，乃能守城。"[②]说的就是这个道理，强调要不失时机，主动出击，出其不意给敌以重创，尽量消灭敌人的有生力量。

3）教学应用

（1）积极防御，以武止戈

为了"兴天下之利，除天下之害"，墨子提倡"非攻"，强调必须制止攻伐战争。墨子及其弟子们经常奔走于各诸侯国之间，为制止战争、实现"非攻"做出各种努力。《墨子》中记载了"止齐攻鲁""止鲁阳文君攻郑""止楚攻宋"等数则墨子通过游说成功制止战争的事例。这几则事例之中，"止楚攻宋"最具有代表性，可谓墨子怀仁行义、制止攻伐战争的写照。

墨子朴素的积极防御思想是在帮助小国弱国抵御大国强国的斗争实践中形成的，对于弱小国家抵御大国侵略一直具有积极的实践价值。积极防御根本在防御，要义在积极，要从"积极"二字上做文章，增强军事战略指导的积极性和主动性。能战方能止战，准备打才可能不必打。墨家军事学说全方位的防御战略、非攻止战的战争目的、以备战为主要

① 方勇（译注）.墨子 [M]. 北京：中华书局，2015：173-174.
② 方勇（译注）.墨子 [M]. 北京：中华书局，2015：543.

手段的战斗力生成模式和军事管理制度，对于新时代中国国防和军队建设的理论创新有着重要的启示作用，对于提高中国军队应对多种安全威胁，完成多样化军事任务的能力有着重要的借鉴意义。

（2）热爱和平，反对霸权

墨子是一个和平主义者，墨家是一个反战的"国际"组织，为了帮助小国抵抗侵略和进攻，他们可以赴汤蹈火，在所不辞。这种反对霸权主义和强权政治、反抗侵略欺侮的传统一直延续到今天。习近平总书记在抗战胜利70周年纪念大会上强调，"中国始终坚持走和平发展道路，无论发展到哪一步，中国都永远不称霸、永远不搞扩张，永远不会把自身曾经经历过的悲惨遭遇强加给其他民族。"[1]同时，在领土和主权等原则问题上，中国也决不承诺放弃使用武力。对于霸权主义和强权政治，中国给予坚决的反击，对于亚非拉等弱小民族，中国也向来给予最大限度的支持和帮助。可以说，这些与墨子"非攻"思想都是一脉相承的。

（3）言行一致，讲求实效

我们读《墨子》，不仅要了解墨子的思想，更应学习他知行合一的境界和不怕牺牲的精神。墨子改革现实、尚贤使能、重视生产、强调节俭、讲求实效的治国方略，一直到今天，都继续发挥着进步的作用；维护和平、反对侵略的"非攻"也仍然是今天国际关系的一个基本准则。墨子的道德思想充满劳动人民的气息，其本人的人格，大公无私、言行一致、劳身苦心、强力从事、热诚救世、见义勇为的精神，至今仍闪烁着不朽的光芒。墨子足以代表中华民族的优秀传统和劳动人民的伟大品格，墨子的精神和品格是值得每一个现代中国人所敬仰和学习的。

2.3.4　教学案例三：墨子的科技思想

1）案例

【原文】

治徒娱、县子硕问于子墨子曰："为义孰为大务？"子墨子曰："譬

---

① 习近平.习近平谈治国理政（第二卷）[M].北京：外文出版社，2017：446-447.

若筑墙然，能筑者筑，能实壤者实壤，能欣者欣，然后墙成也。为义犹是也，能谈辩者谈辩，能说书者说书，能从事者从事，然后义事成也。"

夫辩者将以明是非之分，审治乱之纪，明同异之处，察名实之理，处利害，决嫌疑焉。摹略万物之然，论求群言之比。

【译文】

治徒娱、县子硕两个人问墨子说："行义，什么是最重要的事呢？"墨子答道："就像筑墙一样，能筑的人筑，能填土的人填土，能挖土的人挖土，这样墙就可以筑成。行义就是这样，能演说的人演说，能解说典籍的人解说典籍，能做事的人做事，这样就可以做成义事。"

论辩这门学问的目的，是用来判明真理与谬误的分别，审察治理和混乱的规律，判明同一与差异的所在，考察概念和实际的原理，权衡处置利益与祸害，洞察决断迷惑和可疑的痕迹。于是能反映概括万事万物的面目与根源，讨论探求各种言论的利弊和得失。

2）案例释疑

（1）出处

第一段文字出自《墨子·耕柱篇》；第二段文字出自《墨子·小取篇》。

（2）含义

第一段文字中的"从事"，应包含守御之器的制造和自然科学的研究。第二段文字中的"摹略万物之然"即是探索研讨自然界的实际情况，"论求群言之比"即是研究思想言论的格式规律。前者即自然科学的研究，后者即形式逻辑的研究。墨子所谓的"谈辩""从事"应包含自然研究与逻辑研究的内容。

在墨子的时代，奴隶制已经崩溃，进步的封建制取而代之，以铁器为标志的新的生产力迅速发展，社会财富增多，从而为墨子科技思想的生成奠定了物质基础；其时，虽仍有以周天子为代表的东周政权，但王室早已衰微，名存实亡。天下已为各诸侯国分而治之，如此政治格局，客观上为人们的思想解放提供了一个宽松的氛围，当然也有利于人们科技思想的生成与发展；列国争雄，战争频仍，于是，防敌、取胜就不能不成为人们时刻予以关注的迫切问题，随之，军事领域的科技理论与创造发明也就应运而生。

墨子好学、博学，他不仅在人文思想领域造诣非凡，而且在自然科学研究领域也领先于世界。与先秦诸子普遍轻视底层体力劳动者不同，墨子始终不脱离生产劳动和科学实验，在数学、几何学、力学、物理学、光学等科技领域取得的成就令其他诸子百家望尘莫及。墨子的科技成就与发明主要有以下十项：一是今日"原子论"的先驱；二是关于"量"的发现；三是天文学中日、月对恒星位置之退行运动；四是对数学中"零"的发现与"位置"观念的提出；五是在物理学方面，提出了波与粒子之宇宙开创论；六是在度衡学方面，是军用四轮车和云梯制作之先知；七是在动力学上，是"弹道"与"风筝"研制之开创者；八是在光学方面，发现了万花筒之谜与摄影原理小孔成像；九是在声学上，发明了地话器、罌听器；十是在机械工程学上，发明了活塞风箱和弩机。另外，他的研究还涉及生理学、心理学等诸多领域。

墨子在自然科学方面的成就远远高于其他诸子。鉴于其博学多才，技压群芳，人们将其称为"科圣"。遗憾的是，由于墨子的科学思想未能迎合封建统治者的需要，最终遭到无情封杀，其科学传统没有得到有效传承，这不能不说是中国科学史的不幸。

墨子科技思想中坚持"义利统一"的价值理念。墨子重视"义"的重要性，即"万事莫贵于义"①。墨子认为："义者，正也。何以知义之为正也？天下有义则治，无义则乱。"②这里的"义"与"正"在含义上是一致的。在《墨子·经上》中，墨子进一步说："义，利也"③，即二者是一回事。在实践中，墨子主张只有利民的事物才是有价值的。墨子认为"义"和"利"是统一的，彼此并不矛盾，统一于利民、利人的事务中。墨子认为，实现"义利统一"的目标是一项长期而艰巨的任务，只有付出艰辛的代价才能实现。为此，他呼吁人们要勇于过艰苦的生活，倡导"生产""节用"，即便付出较高代价也在所不惜。正是在"义利统一"思想的驱动下，墨子及其弟子们冥思苦想"改善民生"的方法。

① 方勇（译注）.墨子 [M].北京：中华书局，2015：411.
② 方勇（译注）.墨子 [M].北京：中华书局，2015：237-238.
③ 方勇（译注）.墨子 [M].北京：中华书局，2015：326.

坚持"重利贵用"的科技追求。对于墨子科技思想的科技追求,张岱年教授曾经指出:"墨家的自然科学研究从属于墨子的'为天下兴利除害'的最高宗旨。"[1]这一论断指出了墨子科技思想的真谛是"重利贵用"。墨子的科技贡献主要集中在数学、几何学、力学、物理学、光学等方面,原因即在于这些领域与生产实践的联系较为密切。特别重要的是,墨子在将制造技术传授给他人的同时,还著书立说,使之传至后世,意义非凡。

墨子科技思想坚持"道技合一"的研究方法。所谓"道技合一",就是思想理论与科学技术的统一。相对于儒家和道家而言,墨家对物的重视程度是儒家和道家学派不能比的,因而对科学技术的探索也较为深入。这一差异绝不是偶然的,它是墨子兼爱、非攻的必然结果。以"非攻"为例,墨子不光重视"非攻"的理论宣传,更注重研究如何防止侵略的实际办法,制造守城的器械,由此才有了墨子对科学技术的大力探索。针对墨家学派的上述特点,朱亚宗先生曾指出:"墨家集团成功地实现了人类社会早期难以具备的两个结合,一是学者与工匠的结合,二是辩术与技术的结合。"[2]学者和辩术体现了墨家"道"的层面,工匠和技术则体现了"技"的层面,道和技在墨家的学说和实践中融而为一。

3)教学应用

(1)增强中国科技自信

诸子百家中,墨家是唯一拥有领先世界的科技成就和丰富科学精神的学派。墨子在数学、几何学、力学、光学、军事学等众多领域都有精深造诣,使当时的中国科技处于世界领先地位,成为名副其实的科技高地。进入封建社会,在统治阶级与儒家的联手打压下,墨学逐渐衰微,由显入潜,流传于民间,为中华民族保留了宝贵的科技火种。至近代,适应科技救国的需要,学术界出现研墨热潮,同时人们发现了墨学与马克思主义的相通之处,以墨学为中介接引马克思主义,墨学实现复兴。在当代,"墨子号"量子卫星的成功发射既是对墨子科技成果的时代传

---

[1] 张岱年.论墨子的救世精神与"摩物论言"之学 [J]. 文史哲,1991 (5):9-11.
[2] 邵长杰.墨子科技思想中的人文关怀 [N]. 中国文化报,2012-12-04.

承，又是对墨家科技思想的时代弘扬，激发了中国人民的科技自信，有力驳斥了中华文化没有科技传统的谬论。在新时代，我们有必要不断挖掘墨家科技思想，对其进行创造性转化和创新性发展，使其成为实现中华民族伟大复兴和建设世界科技强国的助力。

（2）科学研究应大力弘扬批判精神

墨子之所以在科技领域取得常人难以达到的成就，一个重要原因在于他具有"不唯书、不唯上、只唯实"的批判精神。墨子强调务实的重要性，他说："慧者心辩而不繁说，多力而不伐功，此以名誉扬天下。言无务为多而务为智，无务为文而务为察。"[1]意思是说，聪明的人心里明白却不多说，出力多却不自我夸耀，因此才能够名扬天下。说话不在多而在于有道理，不追求有文采而求能明察是非。在和公孟子对话时，墨子又提出了"不唯书"的观点，"吾以为古之善者则诛之，今之善者则作之，欲善之益多也。"[2]这种"不唯上""不唯书"的批判精神，恰恰是科技进步发展所需要的。只有养成独立思考和独立判断的习惯，敢于崇尚真理，敢于质疑传统权威，人们才能在科学研究中有所建树。

（3）为人才培养提供有益启示

墨子科技思想对我国人才培养的启示主要体现在三个方面：其一，人才培养要注重实践练习。墨子之所以在科技领域取得突出成就，一个重要原因在于多观察、勤动手、多积累。为此，我国的学校教育和企事业单位应重视专业实习或技能培训，提高学生和员工的专业水平和劳动技能，以适应社会的需要。其二，人才培养要全面发展。墨子在人文科学和自然科学的高深造诣再次说明，人文科学和自然科学是相通的、互相联系的。从这个角度来说，中国教育不再文理分科的决策与墨子的科技思想是一致的。其三，职业教育要面向市场。墨子"重利贵用"的伦理思想告诉我们，科技发明要注重实效，能为人类造福。为此，职业教育要关注市场需求，及时调整专业设置和培养计划，培养社会急需的人才，这对学生个人、学校和社会都是有利的。

---

① 方勇（译注）.墨子［M］.北京：中华书局，2015：11.
② 方勇（译注）.墨子［M］.北京：中华书局，2015：405.

（4）培育工匠精神，厚植工匠文化

墨子本人是匠人出身，他精通机械原理，对光学有独到的研究。尽管中国人把鲁班视为工匠的鼻祖，但实际上，跟鲁班同样重视技术的墨子，在技术的研究方面，不亚于鲁班，在思想方面则更胜鲁班一筹。墨子工匠精神始终闪耀着科技创新的时代光芒。我们要传承墨子的工匠精神，将创新发展理念落实落细。工匠精神的培养要从娃娃抓起，从观念抓起，从细节抓起，要贯穿到义务教育、基础教育、高等教育、职业教育和成人教育等各层次各阶段教育之中。要培养学生专注耐心、精益求精、追求卓越的精神，以此重塑并强化工匠精神的民族基因。同时要求教师在课堂教学、实习实践课环节要突出墨子的工匠精神教育，培养学生继承和发扬墨子工匠精神。

2.4 诸葛亮

2.4.1 诸葛亮基本情况简介

诸葛亮（公元181年—公元234年），字孔明，号卧龙，琅琊阳都（今山东省临沂市沂南县）人，三国时期蜀汉丞相，中国古代杰出的政治家、军事家、发明家、文学家。

1）诸葛亮生平简介

诸葛亮，是汉朝司隶校尉诸葛丰的后代。他于汉灵帝光和四年（公元181年）出生于琅邪阳都的一个官吏之家。

诸葛氏是琅邪的望族，先祖诸葛丰曾在西汉元帝时做过司隶校尉（卫戍京师的长官）。诸葛亮父亲诸葛圭，字君贡，东汉末年做过泰山郡丞。诸葛亮早年丧父，与弟弟一起跟随由袁术任命为豫章太守的叔父诸葛玄到豫章赴任。建安二年（公元197年），诸葛玄病逝。诸葛亮和弟妹失去了生活依靠，便移居隆中（今襄阳县之西二十里，一说隐居地是南阳），隐居乡间耕种，维持生计。

隆中是个小山村，四周被隆山环抱。隆山松柏参天，鸟啼幽谷，景色宜人。诸葛亮在隆中期间，除参加田间劳动之外，余下的时间多数用于读书学习。为了把少年时期损失的时间补回来，他如饥似渴地阅读大量书籍，潜心钻研经史和诸子百家著作，特别是先秦法家的代表作。他与石广元、崔州平、徐庶等"俱游学，三人务于精熟，而亮独观其大略。"①所谓"务于精熟"即朝夕诵读，揣摩讲求经书的章句。这种读书方式是沿袭东汉时期皓首穷经的老办法培养出询询如也的儒生。然而孔明独观其大略的治学方法则是为了争取时间博览群书，不拘泥于个别字句。因为人生的时间是有限的。故诸葛亮说"不爱尺壁而爱寸阴者，时难遭而易失也。"②只有讲求读书方法才能抓紧时间研习诸子百家之书，领会其精神实质，潜心思考，有所进益。孔明读书不是为了做一个哗众取宠的"通人"，而是为了"学以广才""学以致用"，以实现自己的高远之志。

针对当时社会动荡和国家分裂给百姓带来的深重灾难，孔明出于匡世济民的目的，更多地涉猎了法家方面有关治国用兵之书。同时他也读道家之书，既以之修身，也用以明志。至于兵家、纵横家之言等，靡不毕览。而其基本宗旨则是为了撷取各家之长来充实自己，学为世用，才为世出。

建安十二年（公元207年），诸葛亮二十七岁时，刘备"三顾茅庐"，会见诸葛亮，问以统一天下大计，诸葛亮精辟地分析了当时的形势，提出了首先夺取荆、益作为根据地，对内改革政治，对外联合孙权，南抚夷越，西和诸戎，等待时机，两路出兵北伐，从而统一全国的战略思想。这次谈话即是历史上著名的"隆中对"。

刘备听了诸葛亮这一番精辟透彻的分析，思想豁然开朗。他觉得诸葛亮人才难得，于是恳请诸葛亮出山，帮助他完成兴复汉室的大业。诸葛亮遂出山辅佐刘备，形成三国鼎足之势。

诸葛亮于危难之际出而辅佐刘备，联孙抗曹。大败曹军于赤壁，夺占荆州。建安十六年（公元211年），攻取益州。继又击败曹军，夺得汉中。建安二十六年（公元221年），刘备在成都建立蜀汉政权，诸葛亮被任命为丞相，主持朝政。章武三年（公元223年），刘备病危，以后事相托。刘禅继位，诸葛亮被封为武乡侯，领益州牧。勤勉谨慎，大

① 陈寿.三国志·蜀志·诸葛亮传［M］. 长沙：岳麓书社，2002：612.
② 诸葛亮.诸葛亮文集·兵要［M］. 贵阳：贵州人民出版社，1997：154.

小政事必亲自处理，赏罚严明，与东吴联盟，改善和西南各族的关系，实行屯田，加强战备。建兴五年（公元227年），上疏《出师表》于刘禅，率军出驻汉中，前后五次北伐中原，多以粮尽无功。建兴十二年（公元234年），终因积劳成疾，病逝于五丈原军中。

2）诸葛亮的主要思想

（1）政治思想

"兴复汉室"是蜀汉建国的政治纲领，更是诸葛亮为之奋斗终身的政治理想。诸葛亮在第一次北伐时，给后主刘禅的表文中明确强调："兴复汉室，还于旧都，此臣所以报先帝，而忠陛下之职分也。"①当李严劝诸葛亮接受"九锡"，进爵称王时，诸葛亮回信说："若灭魏斩睿，帝还故居，与诸子并升，虽十命可受，况于九邪。"②可见诸葛亮念念不忘"兴复汉室""帝还故居"。这一口号的提出不是偶然的，而是一定时空条件下的产物。诸葛亮的计划是把"兴复汉室"作为最高纲领来看待的。而要实现这一纲领必须分两步走：第一步"跨有荆、益"，成就割据一方进可攻退可守的霸业；第二步是以荆、益为基地，分兵两路北伐曹魏，完成中兴汉室，统一天下的大业。自从隆中决策之后，刘备集团在这一纲领的指引下，循序前进取得了很大的发展。

（2）经济思想

在中国古代封建社会，农业是一个关键性的生产部门，也是封建统治者统治国家的经济基础。所谓"民惟邦本，本固邦宁"。严格地说就是农民为国家之本。只有农民安居乐业，才能使政权巩固、国家安宁。诸葛亮强调："今诸侯好利，利兴民争，灾害并起，强弱相侵，躬耕者少，末作者多，民如浮云，手足不安。"③故治国之道，必须务民之本，使百姓归于农桑。为此，他提出了"务农殖谷""以阜民财"的主张。

商业方面，提出了盐铁专卖的政策。蜀汉建国后，诸葛亮就积极发展经济，着手增强国力，而对盐铁之利尤为关注。他设立司隶校尉，通过设立机构，加强管理；利用火井，改进生产；增设新矿，改进技术等方法使得盐赋收入逐渐成为支持蜀汉政府军政开支的一项重要来源。诸

---

① 陈寿.三国志·诸葛亮传 [M]．长沙：岳麓书社，2022：618.
② 诸葛亮.诸葛亮集·文集 [M]．北京：中华书局，2020：20.
③ 诸葛亮.诸葛亮集·文集 [M]．北京：中华书局，2020：63.

葛亮实行榷铁政策，并积极讲求冶炼技术。一方面是为了增加财源，充实国库，另一方面是为了铸造优良的铁器以发展生产，制造犀利的兵器以克敌制胜。

（3）军事思想

诸葛亮于《隆中对》中为刘备筹划进取之策，精警深刻，谋略周至，绘就了一幅充满希望和令人鼓舞的"兴复汉室"统一天下的蓝图。从此，《隆中对》成为传诵千古的名文，而诸葛亮也赢得了后世无数英雄志士的仰慕与赞颂。刘备基本上按照隆中决策实现了第一步战略计划，攻取汉中，即位汉中王，这是他一生事业的顶峰，同时也证明了诸葛亮战略决策思想的预见性与正确性。

3）后世纪念

诸葛亮故居纪念馆位于山东省临沂市沂南县砖埠镇孙家黄疃村，占地2 700平方米。这里是诸葛亮出生和少年居住的地方，秦、汉、三国以至两晋时期称阳都县，也是大书法家颜真卿的祖居地和后裔居住地。

1992年，沂南县人民政府投资40万元人民币，在沂南县砖埠乡孙家黄疃村修建了"诸葛亮故里纪念馆"，占地面积2 700平方米，为仿古式建筑。纪念馆左侧竖立的三块穿孔汉画像石碑，是汉代遗物，均是诸葛亮故里出土的。院内有千年银杏树一株，高23米，树围3.6米，树冠覆盖达360多平方米。大殿高7米，宽9米，长12.4米，建筑面积111.6平方米。大殿坐北朝南，青砖灰瓦、古朴壮观。正门上悬挂"诸葛亮故里纪念馆"匾额。左侧竖立着三块汉代遗物——穿孔汉画像石碑，均是诸葛亮故里出土的，古雅庄重，令人肃然起敬。大殿正门两边，雕梁画栋，明柱花窗，规模恢宏。大殿正中安放着诸葛亮塑像，上悬有"一代贤相""名垂宇宙"两块金字匾额。四周是全面反映诸葛亮一生壮丽辉煌业绩的14幅壁画。

2.4.2　教学案例一：《隆中对》

1）案例

【原文】

亮躬耕陇亩，好为《梁父吟》。身长八尺，每自比于管仲、乐毅，时人莫之许也。惟博陵崔州平、颍川徐庶元直与亮友善，谓为信然。

时先主屯新野。徐庶见先主，先主器之，谓先主曰："诸葛孔明者，卧龙也，将军岂愿见之乎？"先主曰："君与俱来。"庶曰："此人可就见，不可屈致也。将军宜枉驾顾之。"

由是先主遂诣亮，凡三往，乃见。因屏人曰："汉室倾颓，奸臣窃命，主上蒙尘。孤不度德量力，欲信大义于天下；而智术浅短，遂用猖蹶，至于今日。然志犹未已，君谓计将安出？"

亮答曰："自董卓以来，豪杰并起，跨州连郡者不可胜数。曹操比于袁绍，则名微而众寡。然操遂能克绍，以弱为强者，非惟天时，抑亦人谋也。今操已拥百万之众，挟天子而令诸侯，此诚不可与争锋。孙权据有江东，已历三世，国险而民附，贤能为之用，此可以为援而不可图也。荆州北据汉、沔，利尽南海，东连吴会，西通巴、蜀，此用武之国，而其主不能守，此殆天所以资将军，将军岂有意乎？益州险塞，沃野千里，天府之土，高祖因之以成帝业。刘璋暗弱，张鲁在北，民殷国富而不知存恤，智能之士思得明君。将军既帝室之胄，信义著于四海，总揽英雄，思贤如渴，若跨有荆、益，保其岩阻，西和诸戎，南抚夷越，外结好孙权，内修政理；天下有变，则命一上将将荆州之军以向宛、洛，将军身率益州之众出于秦川，百姓孰敢不箪食壶浆以迎将军者乎？诚如是，则霸业可成，汉室可兴矣。"

先主曰："善！"于是与亮情好日密。

关羽、张飞等不悦，先主解之曰："孤之有孔明，犹鱼之有水也。愿诸君勿复言。"羽、飞乃止。

【译文】

诸葛亮亲自在田地中耕种，喜爱吟唱《梁父吟》，他身高八尺，常常把自己和管仲、乐毅相比，当时人们都不承认这件事。只有博陵的崔州平，颍川（河南禹州）的徐庶与诸葛亮关系甚好，说确实是这样。

适逢先帝刘备驻扎在新野。徐庶拜见刘备，刘备很器重他，徐庶对刘备说："诸葛孔明这个人，是人间卧伏着的龙啊，将军可愿意见他？"刘备说："您和他一起来吧。"徐庶说："这个人只能你去他那里拜访，不可以委屈他，召他上门来，将军你应该屈尊亲自去拜访他"。

因此先帝就去隆中拜访诸葛亮，总共去了三次，才见到诸葛亮。于是刘备叫旁边的人退下，说："汉室的统治崩溃，奸邪的臣子盗用政令，皇上遭难出奔。我不能衡量自己的德行能否服人，估计自己的力量能否胜任，想要为天下人伸张大义，然而我才智与谋略短浅，就因此失败，弄到今天这个局面。但是我的志向到现在还没有罢休，您认为该采取怎样的办法呢？"

诸葛亮回答道："自董卓独掌大权以来，各地豪杰同时起兵，占据州、郡的人数不胜数。曹操与袁绍相比，声望少之又少，然而曹操最终之所以能打败袁绍，凭借弱小的力量战胜强大，不仅依靠的是天时好，而且也是人的谋划得当。现在曹操已拥有百万大军，挟持皇帝来号令诸侯，确实不能与他争强。孙权占据江东，已经历三世了，地势险要，民众归附，又任用了有才能的人，孙权这方面只可以把他作为外援，但是不可谋取他。荆州北靠汉水、沔水，一直到南海的物资都能得到，东面和吴郡、会稽郡相连，西边和巴郡、蜀郡相通，这是大家都要争夺的地方，但是它的主人却没有能力守住它，这大概是天拿它用来资助将军的，将军你可有占领它的意思呢？益州地势险要，有广阔肥沃的土地，自然条件优越，高祖凭借它建立了帝业。刘璋昏庸懦弱，张鲁在北面占据汉中，那里人民殷实富裕，物产丰富，刘璋却不知道爱惜，有才能的人都渴望得到贤明的君主。将军既是皇室的后代，而且声望很高，闻名天下，广泛地罗致英雄，思慕贤才，如饥似渴，如果能占据荆、益两州，守住险要的地方，和西边的各个民族和好，又安抚南边的少数民族，对外联合孙权，对内革新政治；一旦天下形势发生了变化，就派一员上将率领荆州的军队直指中原一带，将军您亲自率领益州的军队从秦川出击，老百姓谁敢不用竹篮盛着饭食，用壶装着酒来欢迎将军您呢？如果真能这样做，那么称霸的事业就可以成功，汉室天下就可以复兴了。"

刘备说："好！"从此与诸葛亮的关系一天天亲密起来。关羽、张飞等人不高兴了，刘备劝解他们说："我有了孔明，就像鱼得到水一样。希望你们不要再说什么了。"关羽、张飞于是不再说什么了。

2）案例释疑

（1）出处

出自陈寿著《三国志·蜀志·诸葛亮传》。

（2）含义①

《隆中对》虽然只有短短三百余字，但却蕴藏着丰富的内容。它精辟地分析了当时的局势，指出了实现三分天下的基本途径，为蜀汉政权制定出了科学的政治纲领、最高纲领，规划了建立霸业的战略，是诸葛亮本人为刘备集团制定的发展规划。

第一，精辟地分析了当时的局势，预见到了未来三分天下的可能性。通过官渡之战，诸葛亮看到了曹操军事力量的强大，得出了不可与其单独争强，必须联合其他力量与之对抗的结论。刘备作为一个军事集团，有皇族血脉，决定了刘备始终要与势力强大的曹操集团为敌。孙权则有地理优势，加上孙氏家族已经历经三世，可以成为未来天下三极中的一极。诸葛亮对各路军事力量的分析是切中要害的，是符合实际的。

第二，指出了实现三分天下的基本途径。在正确认识和分析孙权、曹操力量的基础之上，诸葛亮提出了三分天下的基本途径。首先是"跨有荆、益，保其岩阻"；其次是致力于内部建设，开展和平外交。"西和诸戎，南抚夷越，外结好孙权，内修政理"。最后两路北伐，钳制中原，"天下有变，则命一上将将荆州之军以向宛、洛，将军身率益州之众出于秦川"。这样，就可达到"霸业可成，汉室可兴"之目的。这套战略是时间连续性与空间可能性的统一，即在横的方面有相联的关系，在纵的方面又有先后的次序。可以说，《隆中对》在当时来说，不失为三分天下实现统一大计的最好谋略和蓝图。诸葛亮避开曹操、孙权谋取荆州、益州，是符合当时战争规律的科学选择。

第三，提出了最高目标。《隆中对》是围绕着一个最高目标进行的，这个最高目标就是兴复汉室。蜀汉政权对外的策略都是围绕兴复汉室这个最高目标进行的。诸葛亮的"兴复汉室"是要恢复汉朝时期的大一统局面，达到天下合而归一的目标。"联孙抗曹"是为了实现兴复汉

---

① 梁晓宇.《隆中对》的主要内容、特点及其历史贡献［J］.文史博览，2015（7）.

室这一最高目标的阶段性手段而已。在蜀汉的内政外交中，所有有利于兴复汉室的政策都要不折不扣地执行，所有不利于兴复汉室的措施都要坚决地予以废除。

第四，规划了建立霸业的策略。《隆中对》是诸葛亮为处于弱势的刘备所规划的中长远发展战略。尽管它存在一定的缺陷，但是其中所表现出来的远见实在是天下难得的。诸葛亮在《隆中对》指出了三分天下的途径是以当时的客观实际，即军事力量的对比为依据的。曹操"挟天子以令诸侯"，周围有众多谋士和勇敢的将领支持，占据了政治高度又具有军事实力，实为天下一霸。如果刘备集团与曹操集团正面交锋，显然处于劣势；而孙权集团地理位置优势明显，"据有江东，已历三世"，群众基础好，可以成为江东之王。曹孙两家已成气候，刘备集团没有以一抗二的实力，但是刘备集团是汉室宗亲，以兴复汉室为目标，就会有众多文臣武将相助，这是可以去谋取的。

对于如何统一天下，《隆中对》是这样规划的：先占据荆州和益州，力争打好比较雄厚的经济和军事基础；安抚好南方少数民族，巩固好大后方；建立孙刘两家联盟，共同抗击曹操。

《隆中对》的鲜明特点表现在：第一，预见性。诸葛亮预测天下将分为三极，而刘备必然为三极之一。第二，科学性。《隆中对》较为科学地分析了三家势力之间的矛盾，科学地把握住了当时的主要矛盾和矛盾的主要方面，反映出了当时战争的基本规律。第三，系统性。《隆中对》和一般的策略文章相比，它的系统性尤为明显。《隆中对》包含了如何壮大自己、如何对付曹操、如何对付孙权三个方面的内容，这三个方面虽然是相互独立的，但又是紧密相连的，是一个系统工程。总体而言，《隆中对》在战略目标上既有最终目标，又有近期计划和步骤；在施政纲领上，既有内政与外交，又有民族政策和经济发展，是一个全面系统的大计划。

3）教学应用

（1）坚持中华民族大一统的理念

自董卓以来，许多地方势力拥兵自重，不过是为了割据一方，以利于一己私利。而诸葛亮的战略起点就是统一国家，恢复汉室，核心是追求建立大一统的国家。中国历经数千年沧桑，而民族认同始终如一，谋求统一始终是中国历史发展的主流，大一统始终是中华民族的主流社会心理和民族感情所系，也是高于一切的道德观念和价值判断标准。

（2）审时度势

审时度势，用战略思想指导战略行动。诸葛亮无愧于三国时期著名军事家、战略家的称号，他以战略家的思维，认识到当时已经有了三分天下的趋势，于是诸葛亮高屋建瓴地从天时、地利、人和的综合因素出发，为刘备进行了全面系统的局势分析；然后，切中要害地指出了刘备的优、劣势所在；最后权衡利弊，提出了切实可行的"两步走"战略方案。刘备采纳后，不久即形成魏、蜀、吴三国鼎立之势。

（3）坚持仁义之师必胜的理念

诸葛亮认为弱者所从事的战争只要是正义的，就可以战胜强者。刘备虽然力量弱小，但由于据有兴复汉室的正道，信义名闻四海。从政治上看战争，从政略看战略，从人心向背论战争的胜负是中国传统战略文化思想的精华之一。中华民族历来尊崇和奉行的理念是执天下之正道，秉天下之正气。诸葛亮以正统为旗帜、以统一为目标，所从事的事业是以仁义之师打的一场正义之战。

（4）坚持"亲仁善邻"理念

诸葛亮恢复汉室、统一中国的政治抱负，从一开始就建立在联孙抗曹的基点上。在三国鼎足还没有形成之际，诸葛亮在《隆中对》里就把联孙抗曹作为基本国策提出来了，而且在后来的实施过程中始终不渝。在刘备、关羽等贯彻这个原则出现偏差的时候，诸葛亮及时加以扭转，缓解了蜀国陷入孤立的被动局面。可以说没有这个成熟的联孙抗曹战略就不会有蜀国存在的余地。在复杂多变的政治军事斗争中，处理好敌我友的关系是成败的关键。在二十一世纪，各个国家的战略利益纵横交错，一场局部战争可能牵动整个世界，因此处理好周边关系和地区间关系就显得十分重要。《隆中对》里所体现出的战略理念对于当代人来说无疑是一个值得开发的宝贵资源。

2.4.3 教学案例二：《诫子书》

1）案例

【原文】

夫君子之行，静以修身，俭以养德。非淡泊无以明志，非宁静无以致远。夫学须静也，才须学也，非学无以广才，非志无以成学。淫慢则不能励精，险躁则不能治性。年与时驰，意与日去，遂成枯落，多不接世，悲守穷庐，将复何及！

【译文】

有道德修养的人，依靠内心安静来修养身心，以俭朴节约财物来培养自己高尚的品德。不恬静寡欲无法明确志向，不排除外来干扰无法达到远大目标。学习必须静心专一，才干来自勤奋学习。如果不学习就无法增长自己的才干，不明确志向就不能在学习上获得成就。纵欲放荡、消极怠慢就不能勉励心志使精神振作，冒险草率、急躁不安就不能修养性情。年华随时光而飞驰，意志随岁月逐渐消逝。最终枯败零落，大多不接触世事、不为社会所用，只能悲哀地困守在自己穷困的破舍里，到时悔恨又怎么来得及？

2）案例释疑

（1）出处

出自诸葛亮著《诸葛亮集》。

（2）含义

《诫子书》是三国时期政治家诸葛亮临终前写给其儿子诸葛瞻的家书。文章阐述修身养性、治学做人的深刻道理。从文中可以看出诸葛亮是一位品格高洁、才学渊博的父亲，对儿子的殷殷教诲与无限期望在此书中有着淋漓尽致的展现。全文语言清新雅致，说理平易近人，作者运用智慧理性、简练谨严的文字，将普天下为人父者的爱子之情表达得非常深切，使这封家书成为后世历代学子修身立志的名篇，并入选中国义务教育语文教材。

《诫子书》是属于家教、家训性质的书。家教、教训是宗法社会的产物。作为中国古代特有的一种典籍，它是在传统的伦理之上，借助尊长的权威，对子孙族众的道德约束，是古人向后代传播立身治家，为人处世，为学教子思想文化的载体。两汉时期，新兴的豪族大家为了扩大社会影响力，纷纷制定家庭或家族的清规戒律来密切家族联系。诸葛亮的《诫子书》正是在这种文化背景之下产生的。

3）教学应用

（1）"非淡泊无以明志，非宁静无以致远"的人文教育思想

所谓人文教育，简单地讲，就是指培养学生人文精神、提高学生人文素养的教育。人文教育的实质是以人为中心，以促进人自身发展和完善为目的和归宿。人文教育体现的是一种全面发展的教育思想，其目的在于通过教育，使人真正成为一个精神高尚、情趣高雅、人性完美的人。中国的人文教育历史悠久。在中国古代社会，读书求知、道德修为和人生进取三者是紧密地联系在一起的。历代儒家知识分子均强调通过读圣贤书修身齐家，最终成就治国平天下的理想。这种思想在《诫子书》中也有明显的体现，即"非淡泊无以明志，非宁静无以致远"。

诸葛亮《诫子书》中人文教育思想浓重，寄托了对儿子深深的爱与期望。作者于篇首开宗明义，告诫子孙人生在世，首先要"修身""养德"，这和中国传统文化中的重"德"思想是一脉相承的。而要达到"修身""养德"之目的，则要通过"静"与"俭"的途径来实现，即"静以修身，俭以养德"。诸葛亮将"静"与"俭"二字置于篇首，可谓用心良苦，立意深远。

诸葛亮又在《诫子书》中从反面进一步谈"静"在"明志"中的作用，"非淡泊无以明志，非宁静无以致远"。有了"静"，才会坚定自己的志向，进而实现自己的远大抱负。然后，又阐发"静"与"学"之间的关系，要想有才学必须通过学习，而求学过程中又必须有"静"心才行。在篇末，诸葛亮叮嘱后生晚辈，流年似水，如果蹉跎时光，必将老大徒伤悲，于事无补。

"静以修身""俭以养德"的人文教育思想对市场经济环境下的人文教育具有十分重要的启迪作用。"静以修身"告诉我们，要保持内心的平静和冷静，不被外界的喧嚣所干扰。只有保持内心的平静，我们才能做出理性的判断和决策；"俭以养德"告诉我们，要通过控制自己的欲

望，培养良好的品德和价值观。这不仅可以帮助我们避免陷入拜金主义的泥潭，还可以提高我们的精神层次，使我们更加注重内在的修养。

（2）注重自我教育

自我教育是个体作为教育主体，在自我意识支配下，把自我作为教育对象，按社会的要求和自身发展的需要，发挥主体的主观能动性，主动求教，使自身发展成为社会所需要的人的活动。《诫子书》中充溢着浓厚的自我教育思想。其一，中华民族历来有尚志传统，诸葛亮继承了先人的尚志思想，阐明了立志是成学的先决条件。诸葛亮认为"君子"当志存高远，因为"非志无以成学"。强调利用自己的志向来激励自己，给自己动力，从而严格要求自己，通过努力学习达成志向，这即是自我教育的方法。其二，诸葛亮认为"夫学须静也，才须学也，非学无以广才，非志无以成学"，就是强调要将立志、学习与成才结合起来，强调学习时要心境清净，精力集中，学习态度要端正，要精诚专一。这实际从另一角度强调，学习不能好高骛远、浅尝辄止，更不能急于求成、浮躁不专，否则，会不利于个人品格的培养，更达不到进行自我教育的目的。其三，诸葛亮认为意志坚强、持之以恒也是自我教育的有效方法。意志对情感的控制不是对情感的否定和压抑，而是对情感的综合运用和统筹兼顾，使人不至于在各种情感上顾此失彼或轻重失衡。意志坚强，能够做到自我约束、自我控制，才能对志向的热情持之以恒。诸葛亮深明其理，一句"非志无以成学"点明了意志之重要，振聋发聩。

诸葛亮在《诫子书》中阐发的自我教育观念，具有跨越时空的意义。在实现中华民族伟大复兴的征途中，广大青年应学习、借鉴这些关于自我教育的有益思想，培养自己自学自教能力，争取尽快成才，从而为我国社会主义现代化强国建设贡献自己的力量。

2.4.4　教学案例三：《出师表》

1）案例

【原文】

先帝创业未半而中道崩殂，今天下三分，益州疲弊，此诚危急存亡之秋也。然侍卫之臣不懈于内，忠志之士忘身于外者，盖追先帝之殊遇，欲报之于陛下也。诚宜开张圣听，以光先帝遗德，恢弘志士之气，不宜妄自菲薄，引喻失义，以塞忠谏之路也。

宫中府中，俱为一体；陟罚臧否，不宜异同。若有作奸犯科及为忠善者，宜付有司论其刑赏，以昭陛下平明之理，不宜偏私，使内外异法也。

侍中、侍郎郭攸之、费祎、董允等，此皆良实，志虑忠纯，是以先帝简拔以遗陛下。愚以为宫中之事，事无大小，悉以咨之，然后施行，必能裨补阙漏，有所广益。

将军向宠，性行淑均，晓畅军事，试用于昔日，先帝称之曰能，是以众议举宠为督。愚以为营中之事，悉以咨之，必能使行阵和睦，优劣得所。

亲贤臣，远小人，此先汉所以兴隆也；亲小人，远贤臣，此后汉所以倾颓也。先帝在时，每与臣论此事，未尝不叹息痛恨于桓、灵也。侍中、尚书、长史、参军，此悉贞良死节之臣，愿陛下亲之信之，则汉室之隆，可计日而待也。

臣本布衣，躬耕于南阳，苟全性命于乱世，不求闻达于诸侯。先帝不以臣卑鄙，猥自枉屈，三顾臣于草庐之中，咨臣以当世之事，由是感激，遂许先帝以驱驰。后值倾覆，受任于败军之际，奉命于危难之间，尔来二十有一年矣。

先帝知臣谨慎，故临崩寄臣以大事也。受命以来，夙夜忧叹，恐托付不效，以伤先帝之明；故五月渡泸，深入不毛。今南方已定，兵甲已足，当奖率三军，北定中原，庶竭驽钝，攘除奸凶，兴复汉室，还于旧都。此臣所以报先帝而忠陛下之职分也。至于斟酌损益，进尽忠言，则攸之、祎、允之任也。

愿陛下托臣以讨贼兴复之效，不效，则治臣之罪，以告先帝之灵。若无兴德之言，则责攸之、祎、允等之慢，以彰其咎；陛下亦宜自谋，以咨诹善道，察纳雅言，深追先帝遗诏。臣不胜受恩感激。今当远离，临表涕零，不知所言。

【译文】

先帝开创大业未完成一半却中途去世了。现在天下分为三国，我们蜀汉人力疲惫，民生凋敝，这实在是国家危急存亡的时刻啊。然而侍卫臣僚在内勤劳不懈，战场上忠诚有志的将士们奋不顾身，这是他们追念先帝对他们的特别的知遇之恩，想要报答陛下。陛下你实在应该广泛地听取别人的意见，来发扬光大先帝遗留下来的美德，振奋有远大志向的人的志气，不应过分地看轻自己，援引不恰当的比喻，以堵塞忠言进谏的道路。

皇宫中和朝廷中本都是一个整体，赏罚褒贬，不应该有所不同。如果有作恶违法的人或行为忠善的人，都应该交给主管官吏评定对他们的奖惩，来显示陛下公正严明的治理，而不应当有偏袒和私心，使宫内和朝廷奖罚方法不同。

侍中、侍郎郭攸之、费祎、董允等人，这些都是善良诚实的人，他们的志向和心思忠诚无二，所以先帝把他们选拔出来辅佐陛下。我认为宫中之事，无论大小，都拿来问问他们，然后施行，一定能够弥补缺点和疏漏之处，可以获得很多的好处。

将军向宠，性格和品行善良平正，通晓军事，从前任用的时候，先帝称赞说他有才能，因此大家评议举荐他做中部督。我认为军队中的事情，都拿来跟他商讨，就一定能使军队团结一心，不同才能的人各得其所。

亲近贤臣，疏远小人，这是西汉兴盛的原因；亲近小人，疏远贤臣，这是东汉衰败的原因。先帝在世的时候，每逢跟我谈论这些事情，对于桓帝、灵帝没有一次不发出叹息，感到痛心遗憾。侍中、尚书、长史、参军，这些人都是忠贞诚实、能够以死报国的忠臣，希望陛下亲近他们，信任他们，那么汉朝的复兴就指日可待了。

我本来是平民百姓，在南阳务农亲耕，只想在乱世中苟且保全性命，不奢求在诸侯之中扬名显身。先帝不因为我身份卑微、见识短浅，而委屈自己，三次去我的茅庐拜访我。征询我对时局大事的意见，由此使我感动奋发，答应为先帝奔走效劳。后来遇到兵败，在兵败的时候接受任务，在危机患难之间奉行使命，那时以来已经有二十一年了。

先帝知道我做事小心谨慎，所以临终时把国家大事托付给我。接受遗命以来，我早晚忧愁叹息，唯恐先帝托付给我的事不能完成，以致损伤先帝的知人之明，所以我五月渡过泸水，深入到人烟稀少的地方。现在南方已经平定，兵员装备已经充足，应当激励、率领全军将士向北方进军，平定中原，希望用尽我平庸的才能，铲除奸邪凶恶的敌人，恢复汉朝的基业，回到旧日的国都。这就是我用来报答先帝，并且尽忠陛下的职责本分。至于处理事务，斟酌情理，有所兴革，毫无保留地进献忠诚的建议，那就是郭攸之、费祎、董允等人的责任了。

希望陛下能够把讨伐曹魏，兴复汉室的任务托付给我，如果没有成功，就惩治我的罪过，从而用来告慰先帝的在天之灵。如果没有振兴圣德的建议，就责罚郭攸之、费祎、董允等人的怠慢，来揭示他们的过失；陛下也应自行谋划，征求、询问治国的好方法，采纳正确的言论，深切追念先帝临终留下的教诲。我感激不尽。今天我将要告别陛下远行了，面对这份奏表禁不住热泪纵横，不知道该说些什么话。

2）案例释疑

（1）出处

出自诸葛亮著《诸葛亮集》。

（2）含义

建兴五年（公元227年），蜀汉丞相诸葛亮在率兵北伐之前，向后主刘禅上了两道表文，这就是《前出师表》《后出师表》。文中解读的是《前出师表》。这篇表文以议论为主，兼用记叙和抒情。诸葛亮以政治家的眼光和军事家的头脑，侃侃陈词，一方面劝勉后主要广开言路、严明赏罚、亲贤远佞，以兴复汉室，还于旧都；另一方面也要严守人臣身份，表达了自己以身许国、忠贞不贰的理想。

表文的上半部分是临行时的进谏，主要是分析当时的政治形势，阐述开张圣听、内外同法、亲信贤良的必要性和迫切性，希望后主能励精图治，改变龟缩于西南一隅的被动局面；表文的下半部分则表明北伐取胜的信心，主要是回顾自己一生的经历，缅怀先帝"三顾茅庐"的知遇之恩，表明此次北伐务求成功的心志。

此文是诸葛亮出师伐魏前向后主刘禅陈述意见的奏章，内容是提出修明政治的建议，因此全文以议论为主，兼以叙事和抒情。全文晓之以理，动之以情。前半部分开笔即言"先帝创业未半而中道崩殂"，痛惜刘备壮志未酬身先死，告诫后人继承父业不可废，至忠至爱之情统领了全文。继而点明天下大势和蜀地窘境，提出广开言路主张。表文从关系国家生死存亡的角度，从是否忠于先帝的高度论证"开张圣听"的重要性，确实具有振聋发聩的作用。后半部分则充满着殷切期望之情。诸葛亮叙述了自己的身世和追随先帝的原因以及以身许国的经过，表明了自己对刘氏父子披肝沥胆的忠诚之情，目的是要让刘禅知道创业的艰难，激励他立志完成先帝未竟的大业。全篇文字皆是作者感情的自然流露，真情充溢，感人至深。

在《出师表》六百余字的篇幅里，先后十三次提及"先帝"，七次提到"陛下"。可以说，"报先帝""忠陛下"的忠君报国思想贯穿全文。表文处处不忘先帝"遗德""遗诏"，处处为后主着想，期望他成就先帝未竟的大业。全文每句话不失臣子的身份，也切合长辈的口吻。率真质朴的语言形式将诸葛亮的忠君爱国之情淋漓尽致地表达了出来。

3）教学应用

忠君报国是《出师表》的核心主题。在封建社会，忠君报国是爱国主义的主要表现形式。

诸葛亮的忠君报国是多重因素共振的结果。一方面是个人感情因素的影响，他要知恩图报，报先帝刘备的三顾之恩和托孤之责。诸葛亮原本是一介布衣，在南阳躬身耕作，并无在诸侯间奔走以谋求显赫名声和地位的向往。但刘备不嫌诸葛亮年轻和出身卑微，以近50岁的年龄三顾茅庐问计于年轻的诸葛亮，并请诸葛亮出山辅佐他成就事业。刘备千古未有的求贤之诚深深打动了诸葛亮，使他决然走出茅庐，辅佐刘备一匡天下。刘备临去世前，又将后主刘禅托付给他，希望诸葛亮能辅佐年幼的后主完成其未竟的大业。这种信任，刘备托孤给他的责任担当，是诸葛亮忠君报国的缘由之一。

然而，更重要的是，诸葛亮忠君报国的主要目的不是为了个人的知恩图报，而是为了兴复汉室、实现国家统一。这就使诸葛亮的忠君报国具有了理想信念的支撑。东汉末年，群雄并起，军阀割据，社会凋敝，民不聊生。兴复汉室、实现国家统一，符合社会发展趋势和人民愿望。为此，诸葛亮鞠躬尽瘁，死而后已。诸葛亮的所作所为，尽管有着浓厚的忠君色彩，但本质上表现出的是对国家和人民的忠贞，正因为如此，千百年来他始终赢得历史的赞誉。我们在了解诸葛亮其人、其思想、其精神的过程中，应抱着扬弃的态度，吸收其精华，抛弃其糟粕。

第3章　崇尚气节的爱国精神

　　气节即志气和节操，指的是为坚持正义和真理，宁死不向邪恶屈服的品质。气节之中，民族气节为重。民族气节是爱国主义的道德基础，它以维护民族、国家利益为最高原则，表现出不屈不挠的奋斗精神和强烈的忧国忧民意识。齐鲁优秀传统文化中充盈着崇尚气节的爱国精神。以时代精神激活其生命力，不断推进其创造性转化和创新性发展，是我们的历史责任。本章选取李清照、辛弃疾、戚继光三位齐鲁名人，着重围绕尚气节的爱国精神方面展开教学案例挖掘。

3.1　李清照

3.1.1　李清照基本情况简介

1）李清照生平简介

　　李清照（公元 1084 年—公元 1155 年），号易安居士，生于北宋齐州章丘（今山东省济南市章丘市）明水镇。宋代著名女词人，婉约词派代表，有"千古第一才女"之称。

李清照出身宦门，早期生活优裕。虽然只是一个弱女子，但她实是一位洒脱豪迈、有理想有抱负的女作家。父亲李格非，精通经史，长于散文，母亲王氏也知书能文。在家庭的熏陶下，李清照小小年纪便文采出众。十八岁时，与长她三岁的太学生赵明诚结婚。前期生活安定优裕，词作多写闺阁之怨或是对出行丈夫的思念，如《渔家傲》"造化可能偏有意，故教明月玲珑地。共赏金樽沉绿蚁，莫辞醉，此花不与群花比"[①]。北宋大观元年（公元1107年），李清照移居青州。南宋建炎元年（公元1127年），金兵攻陷青州，李清照与丈夫南渡，于建炎二年（公元1128年）春抵达江宁府。

南渡后，两人生活困顿。建炎三年（公元1129年），赵明诚卒于建康，李清照为文祭之："白日正中，叹庞翁之机捷；坚城自堕，怜杞妇之悲深。"[②]绍兴元年（公元1131年）三月，李清照赴越（今浙江绍兴），居土民钟氏之家，一夕书画被盗。当年与丈夫收集的金石古卷全部散佚，令她饱受打击，其写作转为对现实的忧患。绍兴二年（公元1132年），李清照至杭州，再嫁张汝舟，婚姻并不幸福，不断遭受口角谩骂，甚至拳脚相加。张汝舟的野蛮行径使李清照难以容忍，在发现张汝舟还有营私舞弊骗取官职的罪行后，李清照便报官告发了张汝舟并要求离婚。经查属实，李清照被获准离婚，但宋代法律规定，妻告夫要判处两年徒刑，故亦身陷囹圄，后经翰林学士綦崇礼等亲友的大力营救，关押9日之后获释。

尽管经历了一场再嫁匪人、离异系狱的灾难，但李清照的意志并未消沉，诗词创作的热情反而更趋高涨。她从个人的痛苦中解脱出来之后，把眼光投放到了对国家大事的关注上。绍兴四年（公元1134年），李清照完成了《金石录后序》的写作。避乱金华时，她写成《打马图经》并《序》，又作《打马赋》。在金华期间，李清照还曾作《武陵春》词，感叹辗转漂泊、无家可归的悲惨身世，表达对国破家亡和嫠妇生活的愁苦。又作《题八咏楼》诗，悲宋室之不振，慨江山之难守，其"江

---

① 苏缨（注）.李清照集［M］.武汉：长江文艺出版社，2021：10.
② 康震.康震讲李清照［M］.北京：中华书局，2020：84.

山留与后人愁"①之句，堪称千古绝唱。绍兴十三年（公元1143年）前后，李清照居临安，将赵明诚遗作《金石录》校勘整理。绍兴二十五年（公元1155年），一代词人悄然辞世。

2）总体思想

（1）爱国思想

李清照是一位民族责任感和历史责任感极强的人。身为闺阁女子，她没有把自己锁在闺房绣楼中消磨青春韶华，而是把触觉伸向广阔的社会，靠着自己敏锐的观察和深厚的艺术造诣，用文学语言反映当时上层社会、民族关系和阶级矛盾。从她的思想中，我们可以看到一个关注国事、具有炽热爱国情怀的精神世界。如在《上枢密韩公诗》中，李清照发出了"欲将血泪寄山河，去洒东山一抔土"②的感叹，悲壮有力，表达了收复中原的迫切心情；再如"南渡衣冠少王导，北来消息欠刘琨"③，表达出对南宋君臣一意南逃、置百姓于死地的愤恨，充溢着英雄主义的情怀和忧国伤时的深悲。

（2）平等的独立意识

女性的平等意识，是女性对现实生活中从属地位和一切歧视现象与行为的意识敏感性，以及对女性应该享受和男性同等权利和地位的确切认知。封建社会强调男尊女卑，然而，李清照的诗词当中却透露出浓厚的平等独立意识。如词《浣溪沙·闺情》写道："绣面芙蓉一笑开，斜偎宝鸭衬香腮，眼波才动被人猜。一面风情深有韵，半笺娇恨寄幽怀，月移花影约重来。"④"眼波才动被人猜"将少女眉目传情，又恐被人识破的矜持心理表现得惟妙惟肖。"月移花影约重来"则表现了少女敢于冲破封建礼教束缚，大胆与情人约会的情形。全词心理描写十分生动细致，感情开展富有波澜，可谓姿态百出、曲尽人意，淋漓尽致地表现出了青春少女大胆追求幸福爱情的美好形象。另外，晚年李清照再嫁张汝舟以及再嫁后的迅速离婚，在封建礼教氛围浓厚的南宋，都是惊世骇俗的举动，也反映了李清照个性之独立。

---

① 康震.康震讲李清照 [M]. 北京：中华书局，2020：163.
② 康震.康震讲李清照 [M]. 北京：中华书局，2020：131.
③ 康震.康震讲李清照 [M]. 北京：中华书局，2020：74.
④ 李清照.李清照诗词全集 [M]. 北京：中信出版集团，2019：69.

（3）深沉的忧患意识

"靖康之变"粉碎了李清照的原有生活。面对金兵大举南下，李清照跋山涉水，辗转流离，备尝艰辛。在逃难途中，她始终关注着国家民族的命运，关注着社会政治的变迁，将自己的思想情感与国家社会紧紧地联系在一起。李清照后期的诗词中表露出了深沉的忧患意识。从李清照的诗词里，可以看到当时民族和国家的痛苦和灾难。如李清照晚年名作《永遇乐》写道："落日熔金，暮云合璧，人在何处？染柳烟浓，吹梅笛怨，春意知几许？元宵佳节，融和天气，次第岂无风雨？来相召、香车宝马，谢他酒朋诗侣。中州盛日，闺门多暇，记得偏重三五。铺翠冠儿，撚金雪柳，簇带争济楚。如今憔悴，风鬟霜鬓，怕见夜间出去。不如向、帘儿底下，听人笑语。"①通过今昔盛衰的对比，将故国之思与自家之痛联系起来，表达了忧国忧民的襟怀。

3）后世纪念

李清照纪念堂坐落于济南趵突泉景区中部，始建于1959年，1999年进行了较大规模扩建，是典型的宋式建筑。院内歇山飞檐绮丽多姿，悬山抱厦丰富多变，曲廊凹凸有致，院落花木扶疏，飞亭叠瀑。展室风格各异，从图、文、像、书、画等不同层面展示了一代词人的伟大成就和丰富的一生。院门楼悬挂有郭沫若题写的"李清照纪念堂"牌匾。门楼迎门屏风前后两面分别是郭沫若题写的"一代词人"和"传颂千秋"。正厅坐北朝南，悬挂有郭沫若所题的"漱玉堂"匾额，门前抱柱上有郭沫若题写的"大明湖畔趵突泉边故居在垂杨深处，漱玉集中金石录里文采有后主遗风"对联。

堂内迎门为李清照塑像。堂壁上布展有茅盾、叶圣陶、冯沅君、舒同、臧克家、李苦禅等名人书画。橱窗内陈列有各种版本的李清照词作，以及海内外学者的研究专著。

东侧曲廊间，建有"叠翠轩"。西廊南端接"溪亭"，取李清照《如梦令》词中"常记溪亭日暮"句意。院中清泉漏瀑，秀石玲珑，并根据李清照词意配置各种名贵花木。

---

① 李清照.李清照诗词全集［M］.北京：中信出版集团，2019：88.

纪念堂西院为易安旧居。旧居由飞厅、走廊、方亭、石桥等组成。院中假山堆叠，亭阁耸立，瀑布直挂，小桥流水，奇石玲珑，松竹相映，十分雅致。

2003 年底，趵突泉公园又在新建的易安旧居两院连接回廊上镶嵌了 16 方词配画石碑，内容大都是李清照居住济南时期创作的诗词。如今，由启功等著名书法大师题写后刻制的 35 方书法精妙的石碑和生动美观的词配画石碑，在李清照纪念堂和易安旧居间的 150 米长廊上形成了一道新的文化景观。

3.1.2　教学案例一："生当作人杰，死亦为鬼雄。至今思项羽，不肯过江东"

1）案例

【原文】"生当作人杰，死亦为鬼雄。至今思项羽，不肯过江东。"

【译文】生时应当作人中豪杰，死后也要作鬼中英雄。到今天人们还在怀念项羽，因为他不肯苟且偷生，退回江东。

2）案例释疑

（1）出处

李清照著《李清照集》中的《夏日绝句》。

（2）含义

此诗写于建炎元年（公元 1127 年），金兵入侵中原，掳走徽、钦二帝，赵构带着臣僚仓皇南逃之际。先逃到扬州，后渡江而至临安（今浙江杭州），在金兵的追袭下，又先后逃往越州（今浙江绍兴）和明州（今浙江宁波）。靖康之变后，李清照之夫赵明诚出任建康知府。一天夜里，城中爆发叛乱，身为知府的赵明诚不思平叛，反而临阵脱逃。南宋建炎三年（公元 1129 年）三月，赵明诚罢守建康。李清照为国为夫感到耻辱，在路过乌江时，站在当年西楚霸王项羽兵败自刎的地方，李清照不禁浮想联翩心潮激荡，有感于项羽的悲壮，创作了此诗，诗中也有暗讽南宋王朝和自己丈夫之意。

诗的前两句发调惊挺，掷地有声，高度凝练的诗句鲜明而响亮地唱出了李清照的人生价值观：为国捐躯，生死何惧。李清照笔下所显现的自我形象并不是一个等待挽救的弱者，而是这样一种形象：她虽然不能亲临沙场，但从未置身事外，她关心着时局，为深受压抑的抗金志士扼腕不平，同时又对惜命逃跑的南宋君臣表示轻蔑愤怒。

诗的后两句即借咏史而讽世。项羽兵败，退至乌江，乌江亭长劝他暂避江东，项羽却拒绝东渡，自认为无颜见江东父老，自刎江边。在楚汉相争的过程中，项羽暴露了作为军事领袖的诸多缺点，然而在其生命的最后关头，却表现了一个英雄的凛然无畏。在李清照看来，他无愧"人杰""鬼雄"之称。而在当时金兵铁蹄长驱南下，宋朝君臣望风而逃的大背景下，项羽之"不肯过江东"更具有鲜明的批判性。以当时的形势而言，如果赵构能蓄志抗金，中原之事是大有可为的。但赵构一开始就没有恢复国土保卫人民的愿望，带着臣僚仓皇南逃。对比项羽的不肯东渡，正是对怯懦畏葸、只顾逃命苟安的南宋君臣的辛辣讽刺。而对于赵明诚临危而遁的行为，一向光明磊落的李清照内心也是有着诸多失望的，"人杰""鬼雄"之语也包含对丈夫的劝诫和勉励。

3）教学应用

（1）培养学生的爱国主义精神

坚持不懈地开展爱国主义教育，发扬爱国主义传统是惠泽后世、功在千秋的大事。爱国主义精神是我国全面建成社会主义现代化强国的内源动力。如果没有爱国主义，就失去了中华民族之魂，经济建设、民族富强就断了根基。历史的发展告诉我们，高尚的爱国主义精神和无限的民族凝聚力是祖国统一、中华民族振兴、社会主义事业腾飞的坚实基础和根本保证。

在思政教育课堂上，思政教育工作者不必局限于课本的教条说教，可以通过具体的人物实例和古代文学作品来进行思政教育工作。李清照《夏日绝句》中的"生当作人杰，死亦为鬼雄"的豪情壮志可以激发学生的爱国主义精神，是对学生进行爱国主义教育的很好素材。学习《夏日绝句》，学生能从中感受到南宋时期的金戈铁马；能够推动他们主动去了解更多的历史，丰富个人的学识；能够唤起他们的爱国情怀，对其价值观的进一步优化有积极的推动价值。

（2）培养学生坚韧不拔的性格

李清照南渡及其以后的生活十分艰辛，丈夫去世以后，又遇到了无赖，自己为此还打了官司，可谓困难重重。但她并没有向命运屈服，其诗词当中展现出的是坚韧不拔的品格。恰如康震先生所说："她笔下的女性，虽则多情却充满朝气，虽则缠绵却充满阳光，从她笔下女性的忧愁里我们能读出愤慨，从愤慨里能读出倔强，从倔强里能读出骨气，从骨气里能读出开阔的眼界与理想。"①尽管命运坎坷，但李清照关心国家命运之心始终不变，她不断通过诗歌创作来表达自己的爱国思想。即使到了晚年，她也没有放弃自己渴望收复失地的梦想，这是值得学习和称颂的。我们也应该在面对艰苦生活的时候不轻言放弃，要时刻坚持自己的梦想，并且为之付出艰辛的劳动，只有这样才可以取得最后的成功。

（3）培养学生的历史使命感和社会责任感

实现中华民族的伟大复兴，圆几代人的中国梦，这项宏伟艰巨而又光荣的历史任务落在了青年人的肩上，要由他们来实现，这是时代赋予他们的神圣使命和义不容辞的社会责任。要担负起这个历史重任，首先必须具备强烈的历史使命感和社会责任感。这要求年轻人弘扬中华民族优秀文化传统，借鉴和吸取现代文明的有益资源，丰富和发展爱国主义精神；要求他们把改革创新的时代精神所焕发出来的独立自主精神、顽强拼搏精神、开拓进取精神、与时俱进精神融入责任担当中去。

李清照是封建时代的一名女性，但其诗词当中体现了高度的历史使命感和社会责任意识，这是难能可贵的，也是值得学习的。新时代的大学生要学习李清照的这种使命感和责任意识，高举爱国主义伟大旗帜，奋发图强，立志成才，忠于祖国，报效社会，为实现中华民族的伟大复兴贡献青春和力量。

（4）增强英雄主义认同感

李清照的这首小诗篇幅虽小，但所蕴含的道理与情感却十分深刻。该诗起笔雄杰，有丈夫气。"生当作人杰，死亦为鬼雄"强调的是人活

---

① 康震.康震讲李清照［M］.北京：中华书局，2020：149-150.

着应当做人中俊杰，即便死了也要为鬼界之雄，道出了诗人内心对英雄的崇拜与向往，道出了崇尚建功立业，绝不苟活的人生价值取向。诗人接着高度评价了项羽宁死"不肯过江东"的凛然气概。在这里，李清照肯定的是视死如归的那个项羽，所以才引起她的由衷赞美。当然，李清照是在目睹南宋遭受金人侵凌、节节败退的现实下写就此诗的，那是一个呼唤英雄的时代。所以，诗的现实针对性很强，富有激励人心的强烈效果。

3.1.3 教学案例二：《声声慢·寻寻觅觅》

1）案例

【原文】寻寻觅觅，冷冷清清，凄凄惨惨戚戚。乍暖还寒时候，最难将息。三杯两盏淡酒，怎敌他、晚来风急？雁过也，正伤心，却是旧时相识。

满地黄花堆积，憔悴损，如今有谁堪摘？守着窗儿，独自怎生得黑？梧桐更兼细雨，到黄昏、点点滴滴。这次第，怎一个愁字了得！

【译文】

苦苦地寻寻觅觅，却只见冷冷清清，怎不让人凄惨悲戚。秋天总是忽然变暖，又转寒冷，最难保养休息。喝三杯两杯淡酒，怎么能抵挡得住傍晚的寒风紧吹？一行大雁从头顶上飞过，更让人伤心，因为都是当年为我传递书信的旧日相识。

园中菊花堆积满地，唯独我因忧伤而憔悴瘦损，如今有谁可以摘取？孤独地守着窗前，独自一个人怎么熬到天黑？梧桐叶上细雨淋漓，到黄昏时分，那雨声还是点点滴滴。这般光景，怎么能用一个"愁"字了结！

2）案例释疑

（1）出处

李清照著《李清照全集》的《声声慢·寻寻觅觅》。

（2）含义

此词是李清照后期的作品，作于南渡以后。宋钦宗靖康二年（公元1127年）五月，徽宗、钦宗二帝被俘，北宋亡。李清照夫婿赵明诚于是年三月，奔母丧南下金陵。八月，李清照南下，载书十五车，前来会合。赵明诚家在青州，有书册十余屋，因兵变被焚，家破国亡，不幸至此。宋高宗建炎三年（公元1129年）八月，赵明诚因病去世，时李清照四十六岁。

金兵入侵浙东、浙西，李清照把丈夫安葬以后，追随流亡中的朝廷由建康（今南京市）到浙东，饱尝颠沛流离之苦。国破家亡，丈夫去世，境况极为凄凉，一连串的打击使李清照尝尽了颠沛流离的苦痛，亡国之恨，丧夫之哀，孀居之苦，凝集心头，无法排遣，于是写下了这首《声声慢》。

首先，整首词在写一个"愁"字，前十八句处处不离"愁"，却不直说愁，结句点出了"愁"，却又说一个愁字不够用，包括不了此时此刻的心境，足见愁之大、愁之深、愁之广。层层渲染，步步逼近，最后下一个"愁"字便有千钧之力。其次，内心刻画细腻。词人以细致入微的笔触，从日常景物中去展现内心世界的技巧，已经达到了纯熟的境地。再次，明白如话的口语。作者所使用的语言，多是从生活中提炼出来的，如"黑"字，是个极平常的口语、险韵，也难押，用在这里却是如此自然，有神色、富于表现力。再如"这次地"，显然是宋代口语，用在这里十分妥帖。再如虚词的运用，如"还""却是""更"等，好像在说白话，假若取消了这些虚词，就立刻会杀减风光。我们可以从这首词的用语中看出"易安体"的独特风格。本词采用铺叙的手法写景抒情，借景抒情，情景相生。而抒情又比较含蓄曲折，心中极愁，通篇是愁，然而这一愁情作者却始终不说破，只是极力烘托渲染，层层推进，营造出一种"一重未了一重添"的凄苦氛围，给人留下更多的思索空间。全词写来尽管没有一滴泪，然而给人的感觉却是"一字一泪"。这比写痛哭和泪水涟涟更为深刻、凄酸，也更能感染人。

需要注意的是，《声声慢》这首词中作者抒发的那种非比寻常的凄苦哀愁，格调看起来虽显低沉，但联系作者的遭遇，可知作者这一深重的哀愁不是那种闺怨闲愁，它是在金兵入侵、国土沦丧、人民流离失所、朝政腐败这样一个社会背景之下产生的，这就使这首词的感情色彩有了一个时代依托，有了一定的现实性和社会意义。这里所写的"愁"

是死别之愁、永恒之愁、个人遭遇与国家兴亡交织在一处之愁。虽低沉却有强烈的震撼力，因此，我们可以说《声声慢》这首满含凄苦情的词，是一曲发自灵魂深处的千古绝唱。

总之，李清照的词，具有女性独有的细腻。这位南北宋之交的词作大家，其词的内容虽然没有摆脱爱情与离愁别恨的传统范围，但在南渡后，她的词更多地表现出对国家、人民和个人际遇的深沉伤感。她的词对女性内心世界的严肃而深刻的描绘，于委婉细腻中一洗以往词作的妩媚不实的气氛，给词坛带来清高的意趣、淡远的情怀、空灵的意境，使她最终成为宋代词坛的杰出女作家。

3）教学应用

（1）具有创新意识

李清照的《声声慢》，历来受到人们的称赞和欣赏，特别是"寻寻觅觅，冷冷清清，凄凄惨惨戚戚"句，大胆联用七对叠字，使词人们和词评家们赞叹不止，称它"创意出奇"。李清照在那个封建时代敢于创新，在叠字、叠句和偶句运用上独见功力，将这些叠字和思想内容的表达有机地糅合在一起，显得独具匠心，具有大胆的创新意识。

通过深入了解《声声慢》叠字的运用，能够使学生更能懂得创新意识的重要性，以及培养自己创新能力的重要性和紧迫性。在当代社会，无论是知识创新还是技术创新，无论是经济竞争还是科技竞争，归根到底需要高素质创新型人才，这是时代的迫切需要，也是一个国家立于不败之地的重要因素。通过李清照诗词上的创新，能启发学生树立创新意识，培养创新能力，增强自己的创新竞争力，更能启发高校在培养学生教育方式上的创新。

（2）真挚情感和美的陶冶

通过学习李清照词作《声声慢》，学生可以从主题思想、真情实感和写作手法等多个方面加深对婉约词派的认识和了解，不但能感受到女性笔下心思细腻、情感真挚的言语表达，还能在探讨鉴赏中体会到深静悠远的意境和朗朗上口的韵律。同时，也可以帮助学生更加明确豪放派与婉约派两个词派的作品特点和区别，为之后学习其他词作打下基础。

　　李清照以词抒情，用生动细腻的笔触抒写其真情实感，在选择意象、渲染意境和表达情感上都独具魅力。学生可以通过仔细品读文本，分析意象，展开联想和还原场景，在脑海中形成画面感，感受词人当时的心境。在《声声慢》"寻寻觅觅，冷冷清清，凄凄惨惨戚戚"中不仅能感受到空虚惆怅、孤苦凄凉的心情，还能从十四个叠字中感受到语言美与韵律美。在对易安词的细读和鉴赏中，学生不仅能欣赏到语言美和韵律美，还能通过知人论世并从作品入手更加全面地了解词人李清照。①

3.1.4　教学案例三："天接云涛连晓雾"

1）案例

【原文】

　　天接云涛连晓雾，星河欲转千帆舞。仿佛梦魂归帝所。闻天语，殷勤问我归何处。

　　我报路长嗟日暮，学诗漫有惊人句。九万里风鹏正举。风休住，蓬舟吹取三山去！

【译文】

　　水天相接，晨雾蒙蒙笼云涛。银河转动，像无数的船只在舞动风帆。梦魂仿佛回到天庭，听见天帝在对我说话。他热情而又有诚意地问我要到哪里去。

　　我回报天帝路途还很漫长，现在已是黄昏却还未到达。即使我学诗能写出惊人的句子，又有什么用呢？长空九万里，大鹏冲天飞正高。风啊，千万别停息，将我这一叶轻舟，直送往蓬莱三仙岛。

2）案例释疑

（1）出处

　　出自李清照著《李清照集》的《渔家傲》。

（2）含义

　　此词作于李清照南渡之后。根据《金石录后序》记载，宋高宗建炎

---

　　① 周娴.以《声声慢》为例赏析李清照的词作风格［J］.文学教育（下），2021（12）：11–13.

四年（公元1130年）春间，李清照曾在海上航行，历尽风涛之险。此词中写到大海、乘船，人物有天帝及词人自己，都与这段真实的生活所得到的感受有关。

这首词思路开宕，想象丰富，意境辽阔，充满了浪漫主义色彩。它把读者带到仙境中去，饱览多姿多态的云涛。大鹏展翅万里的浩大境界，以及那轻舟乘风吹向三山的美景，使人为之神往。这种借神仙境界来表达自己胸怀的浪漫主义作品，在李清照词中是极为罕见的。

词一开头，便展现出一幅辽阔、壮美的海天一色图卷。这样的境界开阔大气，为唐五代以及两宋词所少见。写天、云、雾、星河、千帆，景象已极为壮丽，其中又准确地嵌入了几个动词，则动感十足。"接""连"二字把四垂的天幕、汹涌的波涛、弥漫的云雾，自然地组合在一起，形成了一种浑茫无际的境界。而"转""舞"两个字，则将词人在风浪颠簸中的感受，逼真地传递给读者。所谓"星河欲转"，是写词人从颠簸的船舱中仰望天空，天上的银河似乎在转动一般。"千帆舞"，则写海上刮起了大风，无数的舟船在风浪中飞舞前进。船摇帆舞，星河欲转，既富于生活的真实感，也具有梦境的虚幻性，虚虚实实，为全篇的奇情壮采奠定了基调。因为这首词写的是"梦境"，所以接下来有"仿佛"三句。这三句写词人在梦中见到天帝。"梦魂"二字，是全词的关键。词人经过海上航行，一缕梦魂仿佛升入天国，见到了慈祥的天帝。在幻想的境界中，词人塑造了一个态度温和、关心民瘼的天帝。"殷勤问我归何处"，虽然只是一句异常简洁的问话，却饱含着深厚的感情，寄寓着美好的理想。"九万里风鹏正举"，从对话中宕开，然仍不离主线。写"鹏正举"，是进一步对大风的烘托，由实到虚，形象、境界愈益壮伟恢宏。在大鹏正在高举的时刻，词人忽又大喝一声："风休住，蓬舟吹取三山去！"气势磅礴，一往无前。"蓬舟"，指轻如蓬草的小舟，极言所乘之舟的轻快。"三山"，指渤海中蓬莱、方丈、瀛洲三座仙山，相传为仙人所居，可望而见，但乘船前去，临近却被风引开，终于无人能到。词人胆气之豪，境界之高，世所罕见。上篇写天帝询问词人归于何处，此处交代海中仙山为词人的归宿。前后呼应，结构缜密。

李清照本为婉约派的女作家，能写出如此豪放的词，除了乱世迫使她从闺阁中走向社会，面对现实这些客观原因之外，还有她的主观因素，就是她的思维活跃，性格开朗，敢想敢说；同时，她遍读群书，记性特强，不常见的字句、故事，都能一一记得，这就丰富了她的形象思维，使她对各种神话传说和典故都能运用自如，以此来书写自己追求自由和美好生活的心愿，从而成就了这首具有浪漫情调而又气魄宏伟的豪放词。

3）教学应用

（1）对理想信念的执着追求

李清照的《渔家傲》表达了诗人乘风破浪收复失地的豪迈和激情，唱出了自己的雄心壮志，也向我们证明了忧国忧民并非男性特权，女性亦有自己的人生价值和对理想信念的执着追求。

李清照对理想信念的追求也同样适用于新时代的青年。在新媒体技术蓬勃发展的环境下，大学生应该始终坚守正确的理想信念，注重个人思想道德素质的提高，推动良好社会风尚的形成。当今时代，学生的理想信念教育多为单向输出，教学形式单一，课堂氛围沉闷枯燥，学生积极性不高，参与度不强，教学效果不尽如人意。要改变此种局面，必须创新高校理想信念教育。在新媒体环境下，应充分利用新媒体技术，结合习近平总书记的"青年观"，将中国传统文化中像李清照等人的理想信念的积极成分有机融入思政课教学过程，将大大提升课堂教学的效果。

（2）为国家担忧的忧患意识

忧患意识贯穿李清照的一生，并随其年龄的增长和认识的提高而逐步深化。李清照的忧患意识昭示了人生忧患与社会忧患、个体忧患与群体忧患、忧患意识与国家存亡和民族复兴息息相关的关系。忧患意识是一种清醒的危机意识、深切的责任意识，更是一种德性修养。没有危机感和使命感的国家不会有前途，没有危机感和使命感的民族也不会有希望。一个民族的忧患意识与其民族精神息息相通。只有将个体的生命与国家、民族的前途联系起来，才能更好地实现人生价值。我们应该学习、传承李清照深沉的忧患意识，将其与当代思想教育工作相结合，推动学生认清当代中国社会发展面临的百年未有之大变局的复杂局势，树立忧患意识，真正担负起中华民族伟大复兴的历史重任。

3.2　辛弃疾

3.2.1　辛弃疾基本情况简介

辛弃疾（公元1140年—公元1207年），原字坦夫，后改字幼安，号稼轩，山东济南府历城县（今济南市历城区遥墙镇四风闸村）人。南宋豪放派词人、著名将领，有"词中之龙"之称。与苏轼合称"苏辛"，与李清照并称"济南二安"。

1）辛弃疾生平介绍

辛弃疾出生时，北方已沦陷于金人之手。他的祖父辛赞虽在金国任职，却一直希望有机会能够拿起武器和金人决一死战，收复失地。辛弃疾的启蒙教育，是由他的祖父亲力亲为。辛赞常常带着辛弃疾"登高望远，指画山河"，并时常向其灌输"裔不谋夏，胡不乱华"的思想，再加上不断目睹汉人在金人统治下所受的屈辱与痛苦。这一切使他在青少年时期就立下了恢复中原、报国雪耻的志向。

绍兴三十一年（公元1161年），金主完颜亮大举南侵，在其后方的汉族人民由于不堪金人严苛的压榨，奋起反抗。二十二岁的辛弃疾也聚集了两千人，参加了由耿京领导的一支声势浩大的起义军，并担任掌书记。绍兴三十二年（公元1162年），辛弃疾奉命南下与南宋朝廷联络。在他完成使命归来的途中，听到耿京被叛徒张安国所杀、义军溃散的消息，便率领五十多人袭击了几万人的敌营，将叛徒擒拿并带回建康，交给南宋朝廷处决。

辛弃疾在起义军中的表现及其惊人的勇敢和果断，使他声名鹊起。宋高宗任命他为江阴签判，从此开始了他在南宋的仕宦生涯，这时他才二十五岁。

辛弃疾初来南方时，对南宋朝廷的怯懦和畏缩并不了解。在他任职的前一时期，曾写下不少有关抗金北伐的建议，像著名的《美芹十论》《九议》等，但朝廷反应冷淡。朝廷先后把他派到江西、湖北、湖南等地担任转运使、安抚使一类的地方官职，去治理荒政、整顿治安。这显然与辛弃疾的理想大相径庭。由于深感岁月流逝、人生短暂而壮志难酬，辛弃疾内心越来越感到压抑和痛苦。

现实对辛弃疾是残酷的。他虽有出色的才干，但他的豪迈倔强的性格和执着北伐的热情，却使他难以在官场上立足。另外，"归正人"的尴尬身份也阻碍了他仕途的发展。淳熙七年（公元1180年），四十一岁的辛弃疾再次任隆兴（南昌）知府兼江西安抚使。淳熙八年（公元1181年）春，辛弃疾建带湖新居和庄园，并把带湖庄园取名为"稼轩"，并以此自号"稼轩居士"。他意识到自己刚拙自信，向来不为众人所容，所以做好了归隐的准备。果然，同年十一月，由于遭受弹劾，辛弃疾官职被罢，恰好带湖新居落成，辛弃疾便开始了他中年以后的闲居生活。此后二十年间，他除了有两年一度出任福建提点刑狱和福建安抚使外，大部分时间都在乡闲居。

淳熙十五年（公元1188年）冬，其友陈亮从故乡浙江永康专程拜访辛弃疾，两人于铅山长歌互答，这被称为第二次鹅湖之会——辛陈之晤；鹅湖之会后又陆续出山两次做官。

绍熙五年（公元1194年）夏，辛弃疾又被罢官回到上饶，住在瓢泉，动工建新居，经营瓢泉庄园，并决意效仿陶渊明归隐。

庆元二年（公元1196年）夏，带湖庄园失火，辛弃疾举家移居瓢泉。辛弃疾在瓢泉过着游山逛水、饮酒赋诗、闲云野鹤的村居生活。瓢泉田园的恬静和村民的质朴使辛弃疾深为所动，灵感翻飞而歌之，写下了大量描写瓢泉四时风光、世情民俗和园林风物、遣兴抒怀的诗词。

嘉泰三年（公元1203年），主张北伐的韩侂胄起用主战派人士，已六十四岁的辛弃疾被任为绍兴知府兼浙东安抚使，这令年迈的辛弃疾精神为之一振。他先后被起用为绍兴知府、镇江知府等职。次年，他晋见宋宁宗，被加封为宝谟阁待制、提举佑神观，并奉朝请。

辛弃疾任镇江知府时，登临北固亭，凭高望远，抚今追昔，感叹自己报国无门，写下了《永遇乐·京口北固亭怀古》这篇传唱千古之作。但在一些谏官的攻击下，辛弃疾被降为朝散大夫、提举冲佑观，又被差知绍兴府、两浙东路安抚使，但他推辞不就职。之后，他还被进拜为宝文阁待制，又进为龙图阁待制、知江陵府。朝廷令辛弃疾赶赴行在奏事，试任兵部侍郎，但辛弃疾再次辞免。

开禧三年（公元 1207 年）秋，朝廷再次起用辛弃疾为枢密都承旨，令他速到临安（杭州）赴任。但诏令到铅山时，辛弃疾已病重卧床不起，只得上奏请辞。同年九月初十（10 月 3 日），辛弃疾带着忧愤的心情和爱国之心离开人世，享年六十八岁。

2）辛弃疾的主要思想

辛弃疾一生以恢复为志，以功业自许，却命运多舛，壮志难酬，但他恢复中原的信念始终没有动摇过。他把满腔激情和对国家兴亡、民族命运的关切、忧虑，全部寄寓于词作之中。其词艺术风格多样，以豪放为主，风格沉雄豪迈又不乏细腻柔媚之处，题材广阔又善化用典故入词，抒写力图恢复国家统一的爱国热情，倾诉壮志难酬的悲愤，对当时执政者的屈辱求和颇多谴责，也有不少吟咏祖国河山的作品。

辛弃疾是一个不可多得的将帅之才，围绕抗金救国、收复失地、统一中国等问题，曾作《美芹十论》（又名《御戎十论》），较为集中地展现了他的军事思想。

辛弃疾身处南宋王朝偏安江左、积弱已久、怯战求和的时代。面对朝廷内外一些人的惧战之声，他从宋金双方的政治、经济、军事、地理诸方面进行考察，指出"短长易势"的可能性，以却疑去骇，增强军民的必胜信心。他详论了预有准备、重点设防的备战方案与力争主动、出奇制胜的作战原则。赞成厚集兵力于主要战场、积极抗击、声东击西、出敌不意的战法。在军队建设上，他提出寓兵于农、组训民兵的自强自立之策，以补宋朝常备军量少质差之不足，并根据各地情形区别对待，做到既能守卫乡土，又能不废农事。他还提出延请充实作战决策机构、广开才路的建议。有关军务大事，主张广集群议，择善而定。为弥补武将多勇寡谋的弱点，建议每军置参谋，为之谋划，以利战守等。

辛弃疾的兵论说理透彻，论据充足，多为朝野抗金志士所首肯，可惜没有得到南宋朝廷的充分重视，失去了对抗金斗争发挥积极指导作用的机会。

3）后世纪念

辛弃疾纪念馆位于山东省济南市高新技术产业开发区临港街道四风闸村，从坐北朝南的大门进入，首先看到的是壮观的石坊，石坊正门的横额上有"辛弃疾故里"5个大字，由我国著名书法家武中奇题写。穿过石坊是仿宋六角亭，踏阶进亭会看到碑石"稼轩公遗像"，下方有文"辛公稼轩名弃疾字幼安，宋高宗绍兴十年五月十一日卯时出生于济南府历城县四风闸村。"碑石背面篆刻有铅山辛谱刊载的《宋兵部侍郎赐紫金鱼袋稼轩历仕始末》，该文翔实地概述了辛弃疾的一生。出亭就可望见雄伟的辛弃疾塑像，塑像高2.8公尺，底座高1.6米，由著名雕塑家张玉林设计。从仿宋的山门进入第一进院落，迎面正北是三座展室，正中的主展室集中展示辛弃疾英雄豪迈的一生。整个展带长62公尺，总计展板46块，其中有山东省著名中青年国画家多人通力创作的反映辛弃生平的国画佳作，并有珍贵历史照片、手迹30余幅，还有学术专著、稼轩词多种版本等77件。在展室后面的第二进院落是一组典型的仿宋民居，再现了辛弃疾故居，运用彩塑形象地反映"聚抗金""幼承祖训"等历史画面。在第三进院落内坐北朝南正中是二层小楼，楼下是多功能活动室，楼上设画室。而小楼两侧是资料室和接待室，里面介绍了辛弃疾词作，同时展现我国书法艺术成就。

纪念馆于1996年5月奠基修建，1998年10月建成并对外开放。2011年，辛弃疾纪念馆被济南市委宣传部命名为市级爱国主义教育基地。为纪念先贤，加强爱国主义教育，近年来，历城区政府在遥墙镇四风闸村，修复了辛弃疾故居，兴建了辛弃疾纪念馆。现已逐步成为集参观教育、文化交流、学术研讨、文物保护于一体的综合性文化场所，在开展爱国主义教育、弘扬传统文化，打造文化IP等方面发挥着重要作用。

3.2.2　教学案例一："怒斩义端"

1）案例

【原文】

僧义端者，喜谈兵，弃疾间与之游。及在京军中，义端亦聚众千余。说下之，使隶京。义端一夕窃印以逃，京大怒，欲杀弃疾。弃疾曰："丐我三日期，不获，就死未晚。"揣僧必虚实奔告金帅，急追获之。义端曰："我识君真相，乃青兕也，力能杀人，幸勿杀我！"弃疾斩其首归报。

【译文】

僧人义端，好论军事，早先辛弃疾有时跟他有来往。等到辛弃疾在耿京军中时，义端也聚集了一千多人。辛弃疾劝他投奔耿京，让他做了耿京的下属。一天晚上，义端窃得耿京的大印而逃，耿京大怒，要杀辛弃疾。辛弃疾说："请给我三天期限，抓不到他，再杀我也不晚。"他推测义端一定将义军的虚实报告金帅，马上行动抓住了他。义端用计道："我知道你真正的命相，是青犀相，你有力量杀人，希望你不要杀我。"辛弃疾并不理会，仍斩下义端的头颅，回到义军中。

2）案例释疑

（1）出处

出自《宋史·辛弃疾传》。

（2）含义

辛弃疾出生的时候，中原北方大部分都已经沦落在金人的铁蹄之下，广大汉人长期遭受着奴役压迫。金主完颜亮迁都燕京之后，情况尤甚。哪里有压迫，哪里就有反抗。最终，这些被奴役压迫的汉人，不堪金人严苛的压榨，毅然奋起，纷纷扛起了反金大旗。时年二十二岁的辛弃疾也拉起了一支两千人的抗金队伍。

在各地涌起的反金队伍中，声势最大的要数山东境内耿京领导的义军了。为了更好地抗击金军，辛弃疾审时度势，毅然率领队伍加入到耿京的义军中。起初，耿京对这个前来投军的秀才并没有过多的青睐，只命他做了一名无足轻重的文官，掌管文书和帅印。不过随后发生的一件事，令耿京对辛弃疾刮目相看。

当初和辛弃疾一块儿来投奔义军的队伍里，还有一位叫义端的和尚，被封了个小头目。义端本身是个花和尚，他受不了清规戒律的约束，时常干些偷鸡摸狗、欺压良家妇女的事情，被处罚了好几次，最后辛弃疾也看不下去了，就建议耿京把他降为一个在义军里当差的苦役。可是没多久，义端和尚就受不住了，有一天，他竟然偷偷地盗走了辛弃疾保管的帅印，准备跑到金营里邀功。

义端偷印叛逃的事情很快被手下报告给了耿京，耿京异常愤怒。义端本身也是一小股义军的首领，当初是被辛弃疾说服一起投奔耿京帐下的，现在义端跑了，耿京就让手下叫来辛弃疾问罪。辛弃疾一听耿京的责问，他自知交友不慎，羞愧难当，当场向耿京立下了军令状，誓死追回帅印。

辛弃疾判断义端白天不敢公然逃窜，肯定会借夜色的掩护半夜逃跑。他就带了一小队人马埋伏在了去往金营的必经之路上。天蒙蒙亮的时候，义端果然骑马飞驰而来。辛弃疾一看，提刀就迎了上去，一刀将义端砍下马来。义端滚到地上，睁眼一看是辛弃疾，顿时吓得魂飞魄散。他当即跪在地上磕头求饶，恳请辛弃疾放他一条生路。不过面对这样贪生怕死的变节分子，嫉恶如仇的辛弃疾哪里肯听，不由分说，手起刀落，义端身首异处。

3）教学应用

（1）必须遵纪守法，维护法律

辛弃疾在军队里坚决维护军队规矩，面对义端偷取帅印、投敌卖国的行为，毅然立下军令状，按照军规处罚义端，即使面对义端的求饶也毫无动容。这是一个很好的培养学生遵纪守法、维护法律的案例。

遵纪守法在思想政治教育上具有重要意义。青年具备的优点是：善于独立思考，思维敏捷，容易接受新思想、新事物；喜欢表现自己、设计自我，注重个人的现实利益，对自身的素质要求较高等。但是，受众多因素的影响，法律意识淡薄甚至缺失的现象在青年群体中也时有出现。因此，加强学生法律意识的培养不容忽视，而且应当成为大学教育和人才培养的重要环节。况且，正处在人生成长关键期的青年，正在迅速走向成熟又未完全成熟，其心理上具有明显的成长特征，如情绪、情感的自控力较差；喜欢用批判的、怀疑的眼光看待周围事物；想极力摆脱来自外界的干涉和约束；面对经济压力、学习压力、就业压力等众多人生考验，他们经常会感到无所适从。一句话，功利性、自我性、短期性、随意性心理症状混合交织，客观上会导致他们对法律、制度产生心理抵触。

法律意识是不能自发形成的，只有在马克思主义指导下，在社会实践过程中，通过有意识的培养，唤起人们对自由、权利、秩序以及法律的憧憬和期待，才能形成和增强其法律意识。只有在法律信仰的基础上，人们才能形成良好的法律意识和法治观念。若社会公众缺乏对法律的信仰，法律规范就不能内在化，也就不能落实到自发的行为之中。只有当人们对法律产生认同并建立了法律信仰之后，遵守法律规则和条文才会形成自觉。因此，在大学教育教学过程中，应当加强对学生法律意识、法治观念的培养。教师应当摆脱教条说教的授课方式，通过历史传统与现代的结合，选取像怒斩义端这样的案例，娓娓道来，提升趣味性和说服力，在潜移默化中达到教学目的。只有这样，才能使学生真正对法律的感情和对正义发自内心的信仰达到一种契合，大学生才会自觉去遵守法律、尊重法律，最终完成法律意识的理念升华。

（2）具有强烈的正义感

辛弃疾怒斩义端，不仅体现出他遵纪守法的品质，更能表现出辛弃疾内心强烈的正义感。正义感也是高校思想政治教育过程中必须对学生进行培养的一种品质。

高校作为对大学生进行思想政治教育的主阵地，有两大任务：一方面，要考虑如何培养社会正义价值；另一方面，要考虑大学生在社会实践中如何教化社会正义价值和培育正义感。而欲培养大学生成为符合社会主义核心价值体系的有正义感的青年，高校思想政治教育中正义感培育的内容、手段、方式、环境等都必须创新。

我国传统伦理多强调领导者的个人正义品质对引领普通群众道德水平提升的作用。马克思主义和西方伦理著作则多在社会层面阐述社会正义的根本作用，进而要求社会个体应具备相应的正义品质。我国高校的教育教学要将东西方文化培育正义感的运作路线结合起来：一方面，大力提升大学生关于社会正义原则等方面的理论素养；另一方面，自觉促进个体道德正义品质的修养。通过知行结合，最终在道德和社会生活实践中引领大学生牢固树立社会正义的理念。在正义感教育教学过程中，除课堂理论灌输外，还要抓住大学生的身心特点，通过讨论、案例教学，写读书笔记、写心得，进行辩论等方式展开，使正义价值渗透大学生的心灵。这些方面都可以通过挖掘辛弃疾有关正义感的事例来进行辅助教学。课堂内外的教学服务工作也要充满爱心和弘扬正气，倡导大学生涵育公平、正义的道德要求。只有这样，才能真正提升他们追求公平正义的勇气、情感及心理承受力。

3.2.3 教学案例二："名士相会"

1）案例

鹅湖山、灵山、博山等地，都是辛弃疾常去寻古觅幽的地方。鹅湖山下的鹅湖寺，在通往福建的古驿站旁。淳熙二年（公元1175年）农历六月初三至初八，著名学者朱熹、吕祖谦、陆九龄、陆九渊等在鹅湖寺举行了中国哲学史上著名的"鹅湖之会"（第一次鹅湖之会）。鹅湖因而成了文化胜地。辛弃疾常去鹅湖游憩。

淳熙十五年（公元1188年）秋天，陈亮写信给辛弃疾和朱熹，相约到铅山紫溪商讨统一大计。但后来，朱熹因故推辞了这次铅山之会。这年冬，到了相约之期，辛弃疾正染病在床，于瓢泉养息等待陈亮。傍晚，雪后初晴，夕照辉映着白雪皑皑的大地，辛弃疾在瓢泉别墅扶栏远眺，一眼看见村前驿道上骑着大红马而来的陈亮，大喜过望，病痛消散。辛弃疾下楼策马相迎。两人在村前石桥上久别重逢，感慨万端。伫立石桥，沐浴着雪后初晴的夕阳，两人纵谈国事，为金瓯残缺而痛心疾首，爱国之情汹涌澎湃于胸，拔剑斩坐骑，盟誓为统一祖国奋斗不止。辛弃疾和陈亮这次会晤，瓢泉共酌，鹅湖同游，长歌相答，极论世事，逗留弥旬乃别，成为文坛佳话。后来，辛弃疾思念陈亮，曾先写《贺新郎》一首寄给陈亮，表达思念之情。陈亮很快就和了一首《贺新郎·寄辛幼安和见怀韵》。辛弃疾见到陈亮的和词以后，再次回忆他们相会时的情景，写下《贺新郎·同父见和再用韵答之》，发出"男儿到死心如铁，看试手，补天裂"的呐喊。①

---

① 谢永芳.辛弃疾诗词全集［M］.武汉：长江出版传媒，2016：247-250.

后人为了纪念这两位爱国志士，将这次会晤称为第二次"鹅湖之会"，将村前的石桥称为"斩马桥"，并在桥旁建了斩马亭。至今，当地还流传着辛弃疾和陈亮"斩马盟誓"的故事。

2）案例释疑

（1）出处

出自宋人赵溍著《养疴漫笔》。

（2）含义

从名士相会这一典故可以看出：辛弃疾与陈亮两人均深爱自己的国家，他们心无俗念，视富贵轻如毛发，均志在恢复中原。然而，在为当时风雨飘摇的南宋忧虑的同时，两人却又郁郁不得志。所以，在寻找到知己之时，他们内心就找到了一丝慰藉，便敞开心扉，对酒当歌，抒发自己内心的情感，并于临别之际以赋词的方式送别友人，来抒发自己壮志未酬的情感。

3）教学应用

辛弃疾与友人相约鹅湖之上，两人纵谈国家大事，为国忧虑，并作下《贺新郎》一词，透露出一股"英雄气"。纵观辛弃疾的一生，他的爱国精神是一以贯之的。辛弃疾这种"一以贯之"的爱国精神对当代青少年的爱国主义教育具有不可忽视的影响和重要的现实意义。

加强新时代青年的爱国主义教育，具有极大的必要性和现实意义。对新时代青年进行爱国主义教育，是应对国内外发展形势的主动作为，也是回应青年动态性发展需要的教育诉求。新时代青年爱国主义教育应当主动适应青年教育的新要求，紧紧把握社会发展的新机遇，更好地落实培养时代新人的重要任务。新时代的青年爱国主义教育必须坚持民族性与世界性相统一、内生性与外源性相统一、知识性和价值性相统一的原则。

新时代青年爱国主义教育坚持民族性与世界性的统一，就是要把爱国主义教育与实现中华民族伟大复兴有机结合，为中华民族的永续发展凝心聚力、铸魂育人；就是要立足中国、放眼世界，打破地域、民族、文化等壁垒限制，以兼收并蓄的态度汲取其他先进文明的养分，不断丰富新时代爱国主义教育的内涵。新时代青年爱国主义教育坚持内生性与外源性相统一，就是要让青年群体与国家、民族命运紧密相连，让爱国主义精神真正融入青年血脉，使其内化为精神追求，外化为行动自觉。新时代青年爱国主义教育要坚持知识性和价值性相统一，就是既要通过系统的知识传授，增强青年的政治理论素养，引导他们理性爱国；又要把中华民族代代相传的爱国情感、担当奉献等主流价值观融入知识传授之中，用理论知识武装教育青年。

总之，青年爱国主义教育是新时代的一项重要任务，事关党和国家的前途命运，事关青年群体的健康成长。要结合历史案例，把爱国主义教育贯穿于青年成长的全过程、全环节，厚植家国情怀，把爱国主义种子埋入中国青年的心灵深处。

3.2.4 教学案例三：《永遇乐·京口北固亭怀古》

1）案例

【原文】

千古江山，英雄无觅，孙仲谋处。舞榭歌台，风流总被，雨打风吹去。斜阳草树，寻常巷陌。人道寄奴曾住。想当年，金戈铁马，气吞万里如虎。

元嘉草草，封狼居胥，赢得仓皇北顾。四十三年，望中犹记，烽火扬州路。可堪回首，佛狸祠下，一片神鸦社鼓。凭谁问：廉颇老矣，尚能饭否？

【译文】

历经千古的江山，再也难找到像孙权那样的英雄。当年的舞榭歌台还在，英雄人物却随着岁月的流逝早已不复存在。斜阳照着长满草树的普通小巷，人们说那是当年刘裕曾经住过的地方。回想当年，他领军北伐、收复失地的时候是何等威猛！

然而刘裕的儿子刘义隆好大喜功，仓促北伐，却反而让北魏太武帝拓跋焘乘机挥师南下，兵抵长江北岸而返，遭到对手的重创。我回到南方已经有四十三年了，看着中原仍然记得扬州路上烽火连天的战乱场景。怎么能回首啊，当年拓跋焘的行宫外竟有百姓在那里祭祀，乌鸦啄食祭品，人们过着社日，只把他当作一位神祇来供奉，而不知道这里曾是一个皇帝的行宫。还有谁会问，廉颇老了，饭量还好吗？

2）案例释疑

（1）出处

出自谢永芳编著《辛弃疾诗词全集》。

（2）含义

《永遇乐·京口北固亭怀古》写于宋宁宗开禧元年（公元 1205 年），辛弃疾已经六十六岁高龄。当时韩侂胄执政，积极筹划北伐，闲置已久的辛弃疾在前一年被起用为浙东安抚使，后又受命担任镇江知府，戍守江防要地京口。从表面看来，朝廷对他似乎很重视，然而实际上只不过是利用他那主战派元老的招牌作为号召而已。辛弃疾到任后，一方面积极做军事进攻的准备工作；另一方面，他又清楚地意识到政治斗争的险恶，自身处境的孤危，深感很难有所作为。辛弃疾支持北伐抗金的决策，但对独揽朝政的韩侂胄轻敌冒进的做法，又感到忧心忡忡，他认为应当做好充分准备，绝不能草率从事，否则难免重蹈覆辙，使北伐再次遭到失败，但是辛弃疾的意见没有引起南宋当权者的重视。一次他来到了京口北固亭，登高眺望，怀古忆昔，心潮澎湃，感慨万千，于是写下了这首词中佳作。

这首词上阕的情感表达经历了由激越到掩抑再到奋飞的转变。开篇高唱入云，是对像"千古江山"一样千古不朽的英雄精神的热情赞颂，浸透了辛弃疾毕生以英雄自许的理想意志。"英雄无觅""风流总被雨打风吹去"则流露出对千古英豪孙权风流业绩无处寻觅的叹惋，其中熔铸了词人年轻时驰骋于抗金战场和在南宋做官时平定暴乱以及积极筹划抗金事业的"英雄"记忆，也包含了词人英勇有为、政绩卓著的"风流"而遭到主和派"雨打风吹"的愤懑体验。第三句"斜阳草树"，语气仍然平叙。第四句则语气上扬，词人的感情从悲催沮抑中奋飞上升，显得气势豪宕，辛弃疾以出身平凡的北伐英主刘裕自比，既突出了词人对出身"寻常巷陌"却"气吞万里如虎"之北伐雄主英风豪气的无限钦仰，又表现了烈士暮年、豪情不减的英雄本色。词的下阕，怀古、回忆和现实交融，更多地融入了词人的丰富情感。"可堪回首"三句，词人描写了长江北岸前线百姓民族意识的缺乏和毫无斗志的民心疲软，也写出了金人猖狂如昔的丑态，实则是对南宋统治者偏安一隅的抨击，也是对韩侂胄之流不重视民心的深切忧虑。最后三句，情感蕴含极为深刻丰富，"凭谁问"的追问，道出了英雄世无知音的沉痛，也包含了有生之年能得到重用的期盼。此词借助典故抒写复杂的人生感慨，烙上了鲜明的情感印记和个性风采，将用典推到了以情铸典的艺术高峰。①

3）教学应用

（1）要具备坚定的决心和意志力

辛弃疾在六十六岁高龄依然希望能够报答国家上阵杀敌，即使不被重用仍然心系朝廷，乐观豁达，以"廉颇老矣，尚能饭否？"这一典故为引子，表达了自己的壮志豪情以及强大的决心和意志力。这是一个很好的培养学生意志品质的教学案例。

意志力是学生个体取得学业进步、保持身体与心理健康、促进认知发展的推动力，是重要的社会与情感能力。但在我国的教育教学实践中，对学生合作能力、创新力、心理情绪调节能力等方面的培养给予了更多的关注，而对学生意志力的培养缺少重视与正确的认识，重视和加强青年意志力的培养势在必行。可喜的是，我国有关学生强大意志力的培养已提上日程，《中国教育现代化2035》中就明确提出了"全面提升学生意志品质"的要求，这为新时代青年意志力培养指明了方向。

（2）要树立积极进取的人生观

在《永遇乐·京口北固亭怀古》中，流露出了辛弃疾英雄失志的悲愤与廉颇老矣的焦虑，表达出来的是英雄不遇明主之恨与不堪回首之悲。英雄失志、忠臣见弃的孤愤和廉颇老矣的悲哀，是辛弃疾词中表达的主题。辛弃疾以拯救时代为己任，具有以身许国的情怀，但对生命的短暂又存有巨大的焦虑感，正是在此基础上形成了他努力进取的人生观。尽管壮志未酬，但其积极进取的人生观是值得学习的。

当前高校的人生观教育进行得如火如荼。如何把立德树人融入思想道德教育、文化知识教育、社会实践教育各个环节，使人生观教育取得

---

① 高春燕，柳琳.辛弃疾《永遇乐·京口北固亭怀古》用典赏析［J］. 名作欣赏，2021（6）：90-91.

实效，是众多教育工作者经常思考的一个大问题。首先强调要发挥好思想政治理论课立德树人主阵地主渠道的作用。一方面，要强化思想政治理论课在引导大学生明大德、守公德、严私德中的作用；另一方面，还要重视思想政治理论课话语表达方式的转换，用具有亲和力、形象化、针对性的话语回应大学生的现实诉求和重大关切。其次，强调要探索和创新教育教学形式，把分组讨论式、课堂辩论式、主题演讲式、情景演出式等方法应用于课堂教学。再次，还强调要善于把新媒体上宣扬正能量和主旋律的短视频、对国内外新闻事实作深层次剖析的相关报道等融入课堂教学，培养大学生正确看待和科学分析问题的理性思维。最后，还强调要挖掘专业课程中的创新精神、工匠精神、科学精神、人文素养等育人元素，促进专业知识学习与价值引领的有机融合。其实，从传统文化中汲取养分，从辛弃疾等历史人物身上挖掘有关人生观的案例展开教学活动，就是一个很好的办法。

（3）要具有远大的理想和抱负

如前所述，辛弃疾一生以恢复为志，以功业自许，却命运多舛，壮志难酬。但他恢复中原的信念始终没有动摇过，他把满腔激情和对国家兴亡、民族命运的关切、忧虑，全部寄寓于词作之中。辛弃疾的远大理想和抱负，值得青年大学生学习和借鉴。

习近平总书记在北京大学发表的重要讲话中，用生动形象的比喻，阐述了社会主义核心价值观与青年大学生理想信念的辩证统一关系。他强调指出，青年正处在价值观形成和确立的关键时期。抓好这一时期科学价值观的养成，"就像穿衣服扣扣子一样，如果第一粒扣子扣错，剩余的扣子都会扣错。人生的扣子从一开始就要扣好。"[①]任何人的理想信念的形成和树立，如果离开了其主体自身的积极认知，都是无法想象的。因此，对于正处在积累知识并以学习为主业的青年大学生而言，追求崇高理想坚定信念的重要举措，就是要勤学、要修德、要明辨、要笃实。这是习近平总书记对于青年大学生理想信念教育的要求。当代青年大学生所要确立的崇高政治理想信念就是马克思主义信仰。马克思主义

---

① 习近平.习近平谈治国理政（第一卷）[M].北京：外文出版社，2014：172.

作为一种崇高的信仰，是一个博大精深的理论体系，面对这样一个博大精深而又与时俱进的开放体系，青年大学生只有积极主动地学习，从历史和现实中汲取营养，才能真正树立起对马克思主义的崇高信仰，从而进一步坚定中国特色社会主义的道路自信、理论自信、制度自信、文化自信。

3.3　戚继光

3.3.1　戚继光基本情况简介

戚继光（公元1528年—公元1588年），字元敬，号南塘、孟诸，登州人，祖籍山东东平（另一说法定远）。明朝抗倭名将，民族英雄，杰出的军事家、书法家、诗人。

戚继光著有《纪效新书》十八卷、《练兵实纪》十四卷等著名兵书和《止止堂集》。同时，戚继光又是一位杰出的兵器专家和军事工程家，他改造、发明了各种火攻武器；建造的大小战船、战车，使明军水陆装备优于敌人；富有创造性地在长城上修建空心敌台，进可攻退可守，是极具特色的军事工程。

1）人物生平

戚继光幼年时风流倜傥，很有个性，虽然家境贫寒，但是他喜欢读书，通晓儒经、史籍。

嘉靖二十三年（公元1544年），戚继光继承祖上的职位，任登州卫指挥佥事。

嘉靖二十五年（公元1546年），戚继光负责管理登州卫所的屯田事务。当时山东沿海一带遭受倭寇的烧杀抢掠，戚继光有心杀贼，写下了"封侯非我意，但愿海波平"[①]的诗句。

嘉靖三十二年（公元1553年），戚继光受张居正的推荐，进署都指挥佥事一职，管理登州、文登、即墨三营二十五个卫所，防御山东沿海

---

① 戚祚国.戚少保年谱耆编［M］.北京：中华书局，2003：2.

的倭寇。

嘉靖三十四年（公元1555年），戚继光被调往浙江都司佥事，并担任参将一职，防守宁波、绍兴、台州三郡。

嘉靖三十六年（公元1557年），倭寇进犯乐清、瑞安、临海等地，戚继光率军前往救援，但因为道路隔绝而没有来得及，朝廷也因此没有治戚继光的罪。后来，汪直余党作乱于岑港，戚继光与俞大猷两军会合，前往围攻。由于很长时间都没有攻下来，朝廷将戚继光、俞大猷等人全部罢免，让其戴罪杀敌。驻守在岑港的倭寇抵御不住戚继光与俞大猷的进攻，于是打算逃走。

嘉靖三十七年（公元1558年），倭寇造好了大船，准备驾船夜遁，戚继光和俞大猷趁机发动进攻，击沉倭寇大船，倭寇余党向闽南逃窜。从岑港逃走的倭寇又在台州烧杀抢掠，给事中罗嘉宾等人却弹劾戚继光故意放走倭寇，有通倭的嫌疑。朝廷本想治罪，但因平定汪直叛乱有功，戚继光得以复官，并守卫台、金、严三郡。

戚继光到浙江赴任后，发现卫所的将士作战能力一般，而金华、义乌的人比较彪悍，于是戚继光前往招募了三千人，并将其训练成为一支精锐的部队，后称"戚家军"。戚继光根据南方多沼泽的地理特点制定阵法，又给他的部队配备火器、兵械、战舰等装备，戚家军因此名闻天下。

嘉靖四十年（公元1561年），倭寇大举进攻桃渚、圻头等地，戚继光率军扼守桃渚，于龙山大破倭寇，并一直追杀至雁门岭。倭寇遁走之后，戚继光又乘虚袭击台州，手刃倭寇首领。后圻头倭寇又来侵犯台州，戚继光率军于仙居将其全歼。台州大捷后，戚继光官升三等。而后，闽、广一带的倭寇流入江西一带作乱，总督胡宗宪无法平定，于是让戚继光来增援，戚继光率军于上坊巢将其击破，倭寇奔走建宁，戚继光遂引军回浙江。

嘉靖四十一年（公元1562年），倭寇进犯福建，并联合福宁、连江等地的倭寇，先后攻陷寿宁、政和、宁德等地，从广东南澳方面侵略的倭寇联合福清、长乐的倭寇攻陷玄钟所，并进犯龙岩、松溪、大田、古田、莆田等地。倭寇声势浩大，当地官兵不敢进攻，于是胡宗宪传令让戚继光带兵剿贼。戚继光领命后引兵先进攻横屿，横屿四面水路，险隘不易通行，戚继光命将士们手持稻草，填壕而进，大破横屿倭寇，斩首两千二百余级。而后，戚继光乘胜追击，杀至福清，捣毁牛田，端了倭寇巢穴。倭寇余党慌忙逃往兴化，戚继光一路狂追，又捣毁倭寇据点六十余营，斩首无数。戚继光平定福建倭患后班师回浙江，行至福清，又遇见少量倭寇，戚继光率兵急攻，斩首两百人。经过几番战斗，闽广一带的倭寇几乎被戚继光剿光。

戚继光回到浙江后，从日本本土而来的新的倭寇又伺机侵略，他们袭击兴化，但围攻了几个月都没有攻下来。而此时刘显派了八个人带着书信到兴化传达信息，被倭寇拦杀，倭寇就换上刘显使者的服饰骗开城门，趁机攻陷了兴化城。倭寇攻陷兴化后，刘显率兵逼近，但因为兵少而不敢擅自攻城，却因此被弹劾，背负罪名。而福建总兵俞大猷也表示需要有大军合围。

嘉靖四十二年（公元1563年），倭寇占据平海卫。四月，戚继光率领浙江兵前来支援。戚继光到后，谭纶立刻筹备对倭寇的总攻，先在各海道上环立栅栏阻断倭寇归路，而后谭纶以刘显为左军，俞大猷为右军，谭纶自领中军，以戚继光为先锋，围攻平海卫，一举告破，斩首两千余级，戚继光等率兵追击，又斩杀三千多人，光复兴化。朝廷以戚继光先前横屿大战，录前后战功，以戚继光为都督同知，世荫千户，代替俞大猷为总兵。

嘉靖四十三年（公元1564年）二月，倭寇余党纠合一万多人围攻仙游，戚继光率兵前往解围，倭寇败走，戚继光率军追击，追至王仓坪，斩首百余级，余党数千人逃走，占据漳浦蔡丕岭。戚继光分五哨将士攀岩而上，与倭寇短兵相接，连俘带杀一百多人。剩下的倭寇劫掠渔船逃到海上，而后侵扰福宁，戚继光率领李超等前往将其击败，又乘胜追至永宁，杀三百多人。

同年，潮州倭寇聚众二万，伙同海盗吴平劫掠潮州，俞大猷率兵杀败倭寇，并将吴平招降，让吴平驻扎在梅岭。但不久之后，吴平纠合被明军击败的流散倭寇一万多人，伙同林道乾、曾一本先后在走马溪、泊浦澳登陆，洗劫南村堡和港口村。戚继光即刻率军前来围剿，吴平得知后放弃之前据守的梅岭，集合大船一百多艘，逃入南澳，并修筑大寨防御。

嘉靖四十四年（公元1565年），俞大猷率领水军，戚继光率领步兵，二人合力围剿吴平，吴平溃败，孤身逃往凤凰山。

隆庆元年（公元1567年），给事中吴时来向明穆宗上疏，建议让戚继光、俞大猷等人训练蓟门一带的士兵。但朝议后决定只任命戚继光即可。于是朝廷任戚继光为神机营副将。当时谭纶刚刚在辽、蓟一带募集了三万步兵，又在浙江招募了三千士兵，请求让戚继光对其训练，得到了穆宗的许可。

隆庆二年（公元1568年），明穆宗让戚继光训练蓟州、昌平、保定等地的士兵，总兵官以下的官员都受戚继光的节制。戚继光到任后，时蓟州有总兵郭琥，而戚继光为总理，无法统一号令，于是朝廷将郭琥调走，以戚继光为总兵官，镇守蓟州、永平、山海等地。又以戚继光前破吴平有功，进封为右都督。时北蛮子侵略青山口，戚继光引兵将其击退。

万历元年（公元1573年），北蛮小王子与董狐狸谋划进犯，二人在喜峰口烧杀抢掠，戚继光得知后率兵前往平乱，差点活捉董狐狸。同年夏，董狐狸侵略桃林，被戚继光击退。而后董狐狸的侄子董长昂侵犯界岭，又被击败。董狐狸多次侵扰边境不但没有占到便宜，反而损失惨重，于是献关求赏，朝廷答应其按年给予赏赐。

万历二年（公元1574年），董长昂又入侵边境但无法从关口攻入，于是逼着他的叔父董长秃寇犯边境。戚继光领兵将其击败并活捉董长秃。董狐狸与董长昂率领宗族三百人来到戚继光关前请罪，董狐狸穿素服大哭请求赦免董长秃。戚继光与部下商议后决定接受其投降，董狐狸于是将劫掠的百姓放回，并发誓不再反叛。自此董狐狸与董长昂再也不敢侵犯蓟门。不久，戚继光因守边功劳，升为左都督。

戚继光镇守的蓟门固若金汤，北蛮子无法攻入，于是转而进犯辽东，戚继光率兵增援，协助辽东守将李成梁将其击退。朝廷封戚继光为太子太保，又进封少保。

万历十年（公元1582年），朝廷里内阁首辅张居正病逝，给事中张鼎思趁机上言戚继光不应该放在北方，于是戚继光被朝廷调往广东。

万历十三年（公元1585年），给事中张希皋再次弹劾戚继光，戚继光因此遭到罢免，回乡后病逝。

2）主要成就

（1）军事成就

军事上，戚继光撰写了两部重要兵书，即《纪效新书》和《练兵实纪》。这两部兵书是他练兵打仗的经验总结，也是他训练军队的教本，在军事学上有很高的地位，被收录在《四库全书》中。

戚继光招募并亲自训练农民，成立了早期著名的"戚家军"，以"鸳鸯阵"和"车营"为主要作战战术。为防御北部边境鞑靼骑兵的袭扰，戚继光主持修建长城，以金山岭长城最为典型。戚继光在加固城墙的同时，又修建了空心敌台以供士兵驻守、存放粮秣和兵器。戚继光还发明了戚氏军刀、狼筅和火炮等。

（2）艺术成就

① 工诗文。在戎马倥偬之际，他既写成了《纪效新书》《练兵实纪》等军事著作，又留下了《止止堂集》等诗文篇章。万历十年（公元1582年）九月，戚继光把历年所写诗文合编成五卷，即《横槊稿》三卷、《愚愚稿》二卷，合称《止止堂集》。《止止堂集》以诗为主，也有戚继光誓戒、祭告、奏凯、悼亡、纪行、赠答等方面的文章。

② 善书法。他的行草笔法娟秀，豪劲端重，不减晋、宋诸贤气格。戚继光有不少书法作品流传于世，如《送李小山归蓬莱诗轴》等，书法行笔流畅，用笔奔放骏爽，挥洒自如，气韵自然，颇受黄山谷书风的影响，作品中透露出的是他内心的沉静与刚毅，棱角分明的粗线条也勾画出了他不受拘束的气概。

3.3.2　教学案例一：《望阙台》

1）案例

【原文】十年驱驰海色寒，孤臣于此望宸銮。繁霜尽是心头血，洒向千峰秋叶丹。

【译文】在大海的寒波中，我同倭寇周旋已有十年之久；我站在这里，遥望着京城宫阙。我的心血如同千山万岭上的浓霜，洒向群峰，染红所有秋叶。

2）案例释疑

（1）出处

出自戚继光著《止止堂集》。

（2）含义

《望阙台》是明代著名抗倭英雄戚继光镇守福建时所作。该诗概括了诗人在苍茫海域内东征西讨的战斗生活，暗寓抗倭斗争的艰难困苦。因有感于曾一起抗倭的汪道昆被弹劾罢官，戚继光形容自己像远离京师孤立无援的臣子，远望皇帝居住的地方，盼抗倭斗争能得到朝廷的充分支持。诗中既表达了作者有抗倭报国的一腔热血，展现了对祖国的赤诚，同时也蕴含了对朝廷的忠贞。

此诗以十分形象化的手法，抒发自己的丹心热血。首句"十年驱驰海色寒，孤臣于此望宸銮。"表面上看，此诗为作者的登临之作，但不同之处在于，它不像一般登临诗那样开篇就写景，而是总括作者在苍茫海域内东征西讨的艰苦卓绝战斗生活。"寒"，既指苍茫清寒的海色，同时也暗示旷日持久的抗倭斗争是多么地艰难困苦，与"孤臣"有着呼应关系。第二句写登临，但又不是写一般的登临。"望宸銮"，交代出了作者登临望阙台的动机。"孤臣"，不是在写登临人的身份，主要是写他当时的处境和登阙台时的复杂心情。战斗艰苦卓绝，而远离京城的将士却得不到来自朝廷的足够支持，作者心中充满矛盾。得不到朝廷支持，对此作者不无抱怨；可是他又离不开朝廷这个靠山，对朝廷仍寄予厚望。所以，他渴望表白自己的赤诚，希望得到朝廷的支持。正是这种矛盾的心情，促使作者来到山前，于是出现了望阙台上英雄伫望京师的孤独身影。至此，我们才会看到，第一句诗不是徒然泛设，它其实为下面的登临起着领起的作用。没有多少年艰苦的孤军奋战作前提，那么此次登临也就不会有什么特殊的感情。

"繁霜尽是心头血，洒向千峰秋叶丹。"这一联是借景抒情。作者登上望阙台，赫然发现：千峰万壑，秋叶流丹。这一片如霞似火的生命之色，又使作者激情满怀，鼓荡起想象的风帆。这两句诗形象地揭示出了封建社会中爱国将领忠君爱国的典型精神境界。在多年的抗倭战争中，作者之所以能在艰苦条件下，持之以恒地与倭寇展开殊死较量，正是出于爱国和忠君的赤诚。"繁霜"二句，作者借"繁霜""秋叶"向皇帝表达自己忠贞不渝的报国之心。尽管朝廷对自己的海上抗战支持甚少，甚至还有责难，但自己保家卫国的一腔热血虽凝如繁霜，也要把这峰上的秋叶染红。反映出作者对国家、民族有着强烈的责任感和使命感，表达了作者轻视个人的名利得失，即使自己遭受不公之遇，也仍然忠心耿耿地驰海御敌的态度。由于作者有着崇高的思想境界，高尚的爱国情怀，尽管是失意之作，也使这首诗具有了高雅的格调和感人至深的艺术魅力。

这首诗用拟物法，以繁霜比喻自己的鲜血，形象生动，在艺术表现上极富感染力，读其诗，如闻其声，如见其人，不愧为千古传颂的名作。

3）教学应用

（1）矢志报国的坚定信念

矢志报国的坚定信念是戚继光精神的思想根基。戚继光以矢志报国为第一追求，凡事都站在国家和民族利益的高度思考问题。戚继光热爱自己的国家，奋战疆场、报效国家是他毕生的坚定信念。戚继光把追求人生价值同维护国家领土完整和人民安康紧密联系在一起，在服从命令、履职尽责的军事实践中养成崇高的军人使命感和将帅责任感，一生满怀报国为民、积极进取、乐观向上的崇高追求。戚继光在抗倭御虏四十余年的战斗生涯中，满怀对国家和民族的强烈使命感和高度责任感。晚年回到故乡，他也不忘国家安危。戚继光简单朴素的爱国情怀将个人命运与国家民族命运紧紧联系在一起，超越时空而不断发展。作为时代新人，应学习和借鉴戚继光的矢志报国精神，将个人前途和国家命运联系起来，确立坚定的报国信念。

（2）实心报国

实心报国是戚继光报国思想的始基和志向。所谓实心报国，即要求从心灵深处树立真心诚意的报国思想和价值观，不掺杂任何功利性的因素。戚继光十九岁时便立下爱国宏志，在江南抗倭和疆北御虏过程中，他面对强敌入侵毫不畏惧，遇到事业挫折不改初心，一心报国，终生不渝，形成了"干实事，图实战、实功，以报国耳"①的报国思想，并对后世产生了深远的影响。戚继光的报国思想是建立在仁为根本的道德观、重义共利的义利观、"治心寇"的修养观、"真知而能力行"的实践观的基础之上的，这构成了其爱国主义思想的理论基础和价值始基，也赋予了其报国思想一种不竭的动能和意义支撑。

戚继光提出："光明正大，以实心行实事，纯忠纯孝，思思念念在于忠君、敬友、爱军、恶敌、强兵。"②强调要真心诚意，自觉履行忠孝之道。他认为，"世禄之家，尽忠报国，分内事。"③他将挽救国家危亡、维护边防安全作为自己的职责，认为应立足职业岗位来履行对君主和国家的责任。他强调指出，将帅是随时为国为民奉献生命的官职，应该不惜一己之身，尽安国保民的责任，为了国家，将帅可以不计生死、不计名利，可以为国家牺牲个人利益甚至生命。戚继光认为，将士应尽对君主的忠诚之责、对平民的保卫之责。主将还应对士兵尽爱护之责。这种思想和言论，时至今日，仍振聋发聩，具有重要的启示作用。

3.3.3 教学案例二："戚继光抗倭"

1）案例

嘉靖四十年（公元1561年），倭寇袭击浙江台州、桃渚、圻头等地，戚继光率部队在人民群众的支持下，先后九战九捷，歼灭大量倭寇，取得了决定性的胜利。卢镗、牛天锡也在宁波、温州大败倭寇。浙东的倭寇被全部扫除。第二年，倭寇大举进犯福建，从温州来的倭寇与福宁、连江的倭寇一起攻陷寿宁、政和、宁德，自广东南澳来的倭寇与福清、长乐等地的倭寇攻陷玄钟所，并延及龙延、松溪、大田、古田、莆田。倭寇盘踞在距宁德5公里的横屿，凭险固守，官军与倭寇相持一年多。新来的倭寇又在牛田、兴化驻营固守，互为声援，福建频频告急。戚继光又率军进入福建剿寇。戚继光攻下横屿，斩首2 600余人；

---

① 戚继光. 练兵实纪 [M]. 邱心田，校释. 北京：中华书局，2001：283.
② 戚继光. 练兵实纪 [M]. 邱心田，校释. 北京：中华书局，2001：156.
③ 戚继光. 止止堂集 [M]. 王熹，校释. 北京：中华书局，2001：245.

又乘胜攻下牛田，捣毁倭寇巢穴。倭寇逃向兴化，戚继光乘胜追击，连夜作战，连克60营，斩首无数。戚家军进入兴化城，受到了人民的热烈欢迎。戚继光回师福清，又歼灭登陆的倭寇200余人。同时明朝将领刘显也屡败倭寇，盘踞在福建境内的倭寇几乎被全部消灭。戚继光返回浙江后，倭寇又大肆劫掠福建沿海，攻陷兴化府城，在城中烧杀奸淫掠夺，无恶不作，盘踞两个多月才弃空城退出，经岐头攻陷平海卫（今莆田县平海），以此为巢，四出骚扰。福建再次面临倭患的威胁。朝廷调新任福建总兵俞大猷和先期援闽的广东总兵刘显与戚继光一道抗击闽倭。

嘉靖四十二年（公元1563年）四月，戚家军再次进入福建。在攻击平海卫倭寇的战斗中，戚家军为中军，担任正面进攻，俞大猷为右军，刘显为左军，从两翼配合攻击。戚家军以胡守仁部为前导，分兵三路，以火器打乱了倭寇前锋骑兵，并乘势发动猛攻，俞、刘二部从两翼投入战斗。倭寇三面受敌，狼狈窜回老巢。三路明军乘胜追击，将敌人围困于巢中，并借风火攻，荡平了倭巢。此战只用了四五个小时，歼灭倭寇2 000多人，解救被掳男女3 000多人，明军收复了兴化城。平海卫之战后，戚继光又率部消灭了侵扰政和、寿宁的倭寇。嘉靖四十三年（公元1564年），戚家军又相继大败倭寇于仙游城下、同安王仓坪和漳浦蔡丕岭，斩获颇多。其后戚继光又在福宁大败倭寇，并与俞大猷一起最后扫清了福建境内的倭寇。余倭逃往广东。至此，福建倭患基本平定。

2）案例释疑

14世纪初叶，日本进入分裂时期，封建诸侯割据，互相攻战，争权夺力。在战争中失败了的一些封建主，组织武士、商人和浪人到中国沿海地区进行武装走私和抢劫烧杀的海盗活动，历史上称之为"倭寇"。明初开始，倭寇对中国沿海进行侵扰，从辽东、山东到广东漫长的海岸线上，岛寇倭夷，到处剽掠，沿海居民深受其害，百姓闻倭色变。东南沿海一线是全国抗倭的主战场。戚继光在抗倭最激烈的时候走上战场，驱除倭寇、巩固海防、挽救危亡，重振、激励和凝聚了国人的抗倭士气。

3）教学应用

戚继光是中国历史上著名的抗倭英雄，其抗倭御虏的军事生涯生动诠释了其个人的崇高品格。习近平总书记指出："像戚继光抗倭、冯子材抗法、鸦片战争、甲午海战、抗日战争、抗美援朝战争这些历史，都要深入挖掘其中的爱国主义精神，创作更好更多的精品力作，以长中国人志气，引导我国人民树立和坚持正确的历史观、民族观、国家观、文化观，增强做中国人的骨气和底气。"①新时代必须加强戚继光崇高品格的研究和学习。

（1）"心系海波"的爱国主义精神

戚继光出生于世禄之家，少时受家庭和恩师的影响，产生了浓浓的报国情、效国心。明朝嘉靖二十五年（公元1546年），彼时任登州卫指挥佥事的戚继光，看到山东沿海一带倭寇的烧杀抢掠，只有十九岁的他，便立誓杀贼，许下了"封侯非我愿，但愿海波平"的宏大志向。这是他实现人生价值的内在呼唤。正因为如此，在南下浙江、福建等地抗倭杀敌的二十多年里，他面对入侵的敌人毫不畏惧，遇到事业的挫折不改初心，一心报国，并且一生始终不渝。戚继光抗倭所凝结的爱国主义精神，也是当下我们中华民族"在历史的洪流中屹立不倒、奋勇向前"的思想之基。

（2）"革新除弊"的勇为精神

明朝中后期，朝廷政治腐败，武备废弛，边防削弱，倭寇深重。虽然卫所尚存，但兵员老弱病残，战斗力极差。针对实战中多"流寄杂兵""兵将睽违，虚声冗众；士心未附，军令不知"②等情况，戚继光清醒地意识到必须革新除弊。作为一个下级军官，他以国家和民族危亡作为出发点，顶着被弹劾的压力，毅然多番上书条陈，如嘉靖三十六年（公元1557年）的《练兵议》、嘉靖三十八年（公元1559年）的《议练义乌兵》等，要求进行练兵革新。在不懈努力下，其练兵提议终获朝廷恩准。后来，戚继光又通过招募新兵、自编新军、创新战法等方式进行大刀阔斧的改革，同时以"正心术""治心寇"等方法严加治军，

---

① 中共中央党史和文献研究院.习近平关于总体国家安全观论述摘编［M］.北京：中央文献出版社，2018：108.

② 戚继光.纪效新书［M］.北京：人民体育出版社，2021：3.

终使军风军纪焕然一新。"戚家军"不仅让倭寇闻风丧胆，且更因荡寇而名垂青史。戚继光在军队建设上展现出的革新除弊的勇为精神，正是新时代人民军队大力强军，不断获得发展进步，永远立于不败之地的力量之源。

（3）不计名利的奉献精神

戚继光在他所处的那个年代，肩负起了壮志卫国的使命，真正兑现了为了国家不计名利，甚至随时可为国家牺牲自己生命的庄严承诺。对于战功，戚继光并不看重，他认为带兵作战的根本目的不是要立功受奖，而是要使老百姓获得安定。针对一些流言蜚语，戚继光明确表态，如果有人想要他的战功，他可以让出去。历史已经表明，我们国家之所以能取得今天的辉煌成就，就是因为有像戚继光那样的无数仁人志士前赴后继，勇于奉献换来的。戚继光抗倭所彰显的奉献精神，正是当下中国共产党人立誓"随时为党和人民牺牲一切"的思想来源。

3.3.4 教学案例三："一年三百六十日，多是横戈马上行"

1）案例

【原文】

南北驱驰报主情，江花边草笑平生。一年三百六十日，多是横戈马上行。

【译文】

驰骋疆场转战南北报答君王的恩情，江边的花和边塞的野草都笑我一生忙忙碌碌。一年三百六十个日子里，大多数的日子是带着兵器骑着战马在疆场上度过的。

2）案例释疑

（1）出处

出自戚继光著《止止堂集》。

（2）含义

《马上作》是明代将领、诗人戚继光创作的一首诗。此诗真实地反映了诗人转战南北、紧张激烈的戎马生涯，显示了戍边将领保卫国家的英姿和雄风，表现出一种崇高的爱国襟怀。全诗平易自然，朗朗上口，意深情真，余味悠长。戚继光是明代抗倭名将，他英勇善战，功绩显赫。这首《马上作》是他骑在战马上创作的一首广为传诵的诗篇。诗中通过对一生戎马生涯的回顾，抒发了他不畏艰辛、赤心报国的战斗豪情。

"南北驱驰报主情"一句表面看来是说忠于君主，实际忠君与爱国并不可分，根本上是爱国，因为他的重任正是领兵保卫边疆安全，抗击倭寇入侵。"江花边草笑平生"一句以拟人手法，写花草"笑"对自己的一生，不仅表明"江花边草"是自己"南北驱驰"的见证，而且写出花草有情，以此来抒发自己一生戎马生涯的自豪，颇具幽默感。"一年三百六十日，都是横戈马上行"两句，写出作者戎马一生，为国家和民族建立了不朽的功勋。戚继光喜爱这种生活，诗中没有流露出一点儿劳累愁苦的情绪，而是充满了自豪感和乐观精神。"一年三百六十日"，说的不是一年，而是年年如此，其间风餐露宿，刀光剑影，该有多少艰辛和危险。但作者却说得轻松自然，这是何等的胸怀、何等的气概！"横戈马上"则刻画出一位爱国英雄的凛然英武形象。

这首诗气势豪壮，情调高昂，是英雄的自白，又是英雄的颂歌。叙述平生，只用"南北驱驰"，便高度概括，然后以"江花边草"加以衬托，凝练生动。全诗字里行间，洋溢着难以遏制的自豪和战斗的激情，具有很强的感染力。

3）教学应用

保境安民的责任担当是戚继光的精神动力所在。保境安民、奋勇杀敌是军人的天职。戚继光作为一名军事将领，他的爱岗敬业、勇于担当的拳拳报国心通过履职尽责淋漓尽致地展示了出来。"一年三百六十日，多是横戈马上行"是戚继光战斗一生的最好体现。戚继光在其戎马生涯中，不当"太平官""逍遥官"，而是身体力行、率先垂范，最终成为明朝守土有责、守土尽责的一代名将。作为军事指挥员，戚继光遇事不推诿、不退让，敢啃硬骨头，在战斗中总是第一个冲向敌军。尽管有时不被朝廷理解，但他无怨无悔、舍生忘死、不计个人得失。比如，在岑港战役中，戚继光遭到革职处分，但他没有懊丧和颓废，反而把自己同历史上的韩信和岳飞等名将相比，更加刻苦地研究战争胜败的原因，吸取经验，决定训练一支攻无不克的军队。甚至晚年被贬调广东，他仍然带病整饬部伍，尽他应尽的职责。

可以说，"安民以为志，庶功名、富贵、是非、毁誉，不足以累"①的责任担当支撑、成就了戚继光保障生民、捍御倭寇的伟大事业。这种以安民为志的责任担当，值得所有中国人学习。

---

① 戚继光.止止堂集［M］.北京：中华书局，2001：265.

第4章 勤谨睿智的创造精神

创造精神是中华民族精神的重要内核，贯穿于中华文明发展的过去、现在和未来。创造精神，是当代中国人民亮丽的精神标识，是实现中华民族伟大复兴的力量源泉。齐鲁优秀传统文化中蕴涵着丰富的勤谨睿智的创造精神。本章选取刘勰、贾思勰、颜之推、蒲松龄四位齐鲁名人展开创造精神的探究，期冀推动学生继承和弘扬创造精神，增强创造能力和本领。

4.1 刘勰与《文心雕龙》

4.1.1 刘勰与《文心雕龙》基本情况简介

1）刘勰生平介绍

刘勰，字彦和，南朝梁时期大臣，文学理论家、文学批评家，刘宋越骑校尉刘尚之子，大约生于公元465年（南朝宋明帝泰始元年），卒于公元522年（梁武帝普通三年）前后，享年约五十八岁。

刘勰的祖上是东莞莒（今山东莒县）人，在西晋末年，为避战乱迁居京口（今江苏镇江市）。东莞刘氏本非望族，虽在晋末宋初时靠军功出过刘穆之、刘秀之等显赫一时的人物，但由于宋齐梁代统治集团的内部斗争，穆之、秀之的后裔地位不断下降，刘勰一家又不是穆之、秀之的直系，也就更逊一筹了。刘勰的祖父刘灵真是刘秀之的弟弟，就没有当上官，父亲刘尚只当了个越骑校尉（低级军职），刘勰又"早孤"，"家贫不婚娶"，处境的艰难可想而知。京口是南朝重镇，是人文荟萃之区，常有些著名经学家、史学家在此讲学，对刘勰可能有过某种影响。

二十六七岁时，笃志好学的刘勰到钟山（今南京紫金山）定林寺依靠了寺中方丈僧祐。知识分子跑到寺庙里去与和尚打交道，虽是当时风尚，但对刘勰来说，大约与他的家贫不无关系。在"南朝四百八十寺"中，钟山定林寺地位显赫。自公元435年建寺以来，高僧辈出，资财饶足，藏书丰富，是个风光优美而又无喧嚣的读书胜地。僧祐是当时德高望重的大法师，门徒达一万人，遍及达官贵人与平民百姓，刘勰与他相处十多年，帮他整理了大批佛学经论。有人考证，有五本以僧祐名义流传后世的书，可能出自刘勰之手。刘勰住定林寺十多年，却没有落发为僧，当然是在期待着什么。他所渴望的人生，是文质彬彬，德才兼备，堪负军国重任。"穷则独善以垂文，达则奉时以骋绩"①就是其内心的真实独白。意思是说仕途不顺就坚持德操，著书立说，传于后世；仕途顺利就驰骋才能，建立功绩，奉献于时代。但自两晋到南朝，是门阀统治时期，豪门世族在经济上有田园别墅供其享受，在政治上可以平流进取，坐至公卿；而出身寒门素族之人，不管有多大才能，除非特殊机遇，难以登上高位，充其量只能干些底层的劳苦差事。当时制度规定，士族子弟二十岁即可"登仕"，寒门出身的要三十岁以后才能"试吏"。因而，对于出身寒素的刘勰来说，"奉时骋绩"的可能性太渺茫了，只能选择"独善垂文"的艰苦道路。

刘勰认为注释儒家经典是最有意义最有价值的事情。但这方面的工作，东汉的马融、郑玄已经做过了，自己就是有些高深见解，也不足以

---

① 王运熙（译注）.文心雕龙［M］.上海：上海古籍出版社，2012：339.

自成一家了；而文章的写作，是经典的辅佐，关系重大。他认为秦汉以后，文章的写作一味追求辞采华美，忽视了思想内容和社会作用，陷进了形式主义泥坑，研究这个问题，使它走上正确的道路，有益于军国大业，于是他开始了对文章问题的研究。公元501年至502年，刘勰完成了永垂千古的名著《文心雕龙》的写作。刘勰期望因此而成名，受到赏识。然而事情却不那么容易，正像他所感慨的那样："勋荣之家，虽庸夫而尽饰；迍败之士，虽令德而常嗤。"①刘勰利用整理经文的一切业余时间，花费将近五年的时间完成了《文心雕龙》。著作完成初期，虽然曾在文人墨客间传送，但并没有受到世人的重视，刘勰深知此书的学术价值，决定请文坛领袖沈约过目。沈约是当时的文坛领袖，吏部尚书，地位高名气大。他装扮成货郎，带上书等候在沈约经常行走的路上，当沈约的车辆经过时上前献书，沈约翻看之后觉得此书深得文理，不禁对刘勰大加褒奖。第二年，刚刚改朝换代登上皇帝宝座的梁武帝萧衍，为了缓解士族与庶族之间的矛盾，扩大他的政治基础，对当时的政治制度表示了不满，并强调要"唯才是务"进行改革。这给刘勰带来了转机。这一年刘勰当上了奉朝请。奉朝请不是官职，没有定员，是给有些名望或影响的人的一种衔号，梁代百官分十八等级，等级高者为贵，奉朝请只是第二等级。刘勰由布衣迈进了仕宦门槛。此后刘勰先后当过中军将军临川王萧宏的记室（管文书）、车骑仓曹参（管仓库）、太末（今浙江龙游县）令、仁威将军萧绩的记室、昭明太子萧统的东宫通事舍人（管章奏）、步兵校尉（管昭明太子东宫的警卫）兼通事舍人。后来梁武帝又派他到定林寺与僧人共同整理佛经，最终在定林寺落发为僧，出家后不满一年去世。刘勰入梁后的遭遇还算是幸运的，但出家为僧的结局与他理想的"奉时骋绩"却相距甚远。

2)《文心雕龙》简介

《文心雕龙》全书包括50篇文章，共3 700余字，分上、下两编，各25篇。全书体系的大框架分五个组成部分。第一部分，包括《原道》《征圣》《宗经》《正纬》《辨骚》五篇，讲的是贯彻全书的根本原则，是

---

① 王运熙（译注）.文心雕龙［M］.上海：上海古籍出版社，2012：106.

全书的总论，作者称之为"文之枢纽"。第二部分专门讨论各类文体的特点和写作要求，是文体论。这一部分包括从第6篇《明诗》至第25篇《书记》，共20篇，前十篇讲有韵的文体，后十篇讲无韵的文体。南朝时通常把众多的文体归纳为两大类：有韵之文称"文"，无韵之文称"笔"。所以作者把这一部分称为"论文叙笔"。在这一部分中，分别讨论了诗、乐府、赋、颂赞、祝、盟、铭、箴、诔、碑、哀、吊、杂文、谐、隐、史、传、诸子、论、说、诏、策、檄、移、封禅、章、表、奏、启、议、对、书、记等34种文体。若再加《辨骚》篇中的骚体，共35种。第三部分，包括从第26篇《神思》至第44篇《总术》及第46篇《物色》，共20篇，专门讨论文学创作中的各种问题，所以是创作论。在这一部分当中，涉及艺术构思问题、客观外物与情感、语言三者间的关系问题、艺术风格问题、继承与创新问题、用典问题、比兴问题、夸张问题、声律问题等，这些问题都是围绕"情（内容）"与"采（形式）"的关系这一核心问题展开的，所以作者把这一部分称为"剖情析采"。第四部分，包括《时序》《才略》《知音》《程器》四篇，从文学的演变历史、作家论、鉴赏论、作家品德论几个方面讲文学评论，可以称为批评论。第五部分就是最后一篇《序志》，是全书的总序，《序志》中说明了作者创作《文心雕龙》的用意和全书的体系结构。《文心雕龙》的每个部分，及每部分当中对每个问题的研究，也各自都有一个相对独立而又相互关联的体系结构。换句话说，对它提出的每个问题，都建立和阐释了一套理论的概念和范畴。除了体与性、风与骨、通与变、体与势、情与采、熔与裁、隐与秀等对立统一的范畴作为重大问题专篇讨论以外，在讲到风格时，就提出了典雅、远奥、精约、显附、繁缛、壮丽、新奇、轻靡八种，而且解释了每种风格形成的原因和构成的因素；在讲构思时提出了神与物、言与意的范畴；讲文体的新变问题时，提出奇与正的范畴；讲夸张问题时，又将夸张概括为"夸而有节，饰而不诬"与"夸过其理，名实两乖"[1]两种等。这样众多理论概念和大小范畴的建立，使全书每个微观局部井井有条，并且也提供了一套理

---

① 王运熙（译注）.文心雕龙［M］.上海：上海古籍出版社，2012：249.

论方法和工具。《文心雕龙》对当时和后世都有很大的影响，历史学家范文澜曾说："系统地全面地深入地讨论文学，《文心雕龙》实是唯一的一部大著作。"①《文心雕龙》与刘知几《史通》和章学诚《文史通义》并称为文史批评三大名著，奠定了在中国文学批评史上的地位。

3）总体思想

每个时代的文学都是根据时代需要，通过不断继承和创新而发展变化的。在中国文学理论批评史上，刘勰第一次全面而系统地论述了文学的继承和创新问题。他在《文心雕龙》中提出的通变理论，论述了文学的继承和创新问题，闪耀着朴素辩证法的光辉。刘勰主张继承与创新的辩证统一，强调文学的创新是其通变论的主旨，并且主张既要在形式上创新，也要在内容上创新。刘勰不仅提出了通变理论，而且通过《文心雕龙》成功地实践了他的理论，其中的文体论、创作论、批评论，包括通变理论本身等都是在继承前人成就的基础上进一步发展创新而成的，做到了既有通又有变。鲁迅先生曾经将《文心雕龙》与亚里士多德的《诗学》相提并论，并称赞道："篇章既富，评骘遂生，东则有刘彦和之《文心》，西则有亚里士多德之《诗学》，解析神质，包举洪纤，开源发流，为世楷式。"②《文心雕龙》所以能够"为世楷式"，在于它对从上古以迄南朝宋、齐的文学历史进行了全面的研究和总结，对各种文学理论进行了细致的比较、评价和取舍。

4）后世纪念

文心雕龙纪念馆设于南京钟山南麓的定林山庄内，纪念馆分前、中、后三个展厅，以南京"钟山与六朝都城""钟山定林寺""刘勰与《文心雕龙》"三个展览单元，揭示了刘勰和《文心雕龙》与六朝首都、钟山及定林寺之间的密切关系。刘勰在钟山定林寺前后生活了20年左右，他在这里借助林寺丰富的藏书，潜心学习和研究，最终完成了文学理论巨著《文心雕龙》，钟山定林寺也因刘勰的学术成就而名垂青史。纪念馆不仅展出了近年来在钟山南麓出土的反映六朝时代文化面貌的瓷器、铜器、砖瓦、陶俑、石刻等各类文物，而且还向观众披露了南朝钟

① 范文澜.《文心雕龙》的应用写作论［J］. 应用写作，1996（4）.
② 鲁迅.论诗题记［J］. 鲁迅研究年刊，1974，创刊号：35.

山定林寺遗址的考古发现，还重点展出了国内外迄今对刘勰和《文心雕龙》研究的丰富成果，包括刘勰生平、不同时期《文心雕龙》的版本和论著等，从不同侧面展现了刘勰及《文心雕龙》的文化地位。南京文心雕龙纪念馆的建成，实现了海内外《文心雕龙》研究者和中华文化爱好者的美好愿望。

4.1.2 教学案例一："气论"

1) 案例

【原文】

夫情动而言形，理发而文见，盖沿隐以至显，因内而符外者也。然才有庸俊，气有刚柔，学有浅深，习有雅郑，并情性所铄，陶染所凝，是以笔区云谲，文苑波诡者矣。故辞理庸俊，莫能翻其才；风趣刚柔，宁或改其气；事义浅深，未闻乖其学；体式雅郑，鲜有反其习。各师成心，其异如面。①

【译文】

感情有所触动于是形成语言，道理有所发现于是写成作品，这是从不可见的情思出发而形成可被看见的语言表达，依托于内心而向外的表现。然而才能有平凡和杰出之分，气质有刚强和柔弱之异，学识有浅薄和深厚之差，习气有雅正和通俗之别，这些都是由先天性情熔铸并受到后天熏陶而形成的，因此写法和作品就会千姿百态，如同天上流云和海上波涛那样奇谲诡秘变化无穷。根据上述道理，文辞和义理的平凡或杰出，都不可能跟作者的才华不一致；风格和趣味的刚健或柔和，不可能跟作者的气质有差别；作品所述事情和道理的浅显或深刻，不可能跟作者的学识相背离；作品形式的雅正或通俗，很少会跟作者的习性相反。写作者按照自己业已形成的心性进行写作，不同作品的面貌就像不同作者的面目一样各不相同。

---

① 王运熙（译注）.文心雕龙［M］.上海：上海古籍出版社，2012：106.

2）案例释疑

（1）出处

出自刘勰著《文心雕龙·体性》。

（2）含义

在分析风格的生成机制之前，刘勰先从总体上概述了文学的生成机制，就此提出了"因内而符外"的观点。这里所谓的"内"，就是内在的"情"和"理"，所谓的"外"就是表现出来的"言"和"文"。文学的创作就是一个"因内而符外"的过程，即将内在的"情""理"用外在的"言""文"表现出来，并使二者相符的过程。然而，文学创作虽然在总体上是一个"因内而符外"的过程，但往往表现出一副"混乱"局面。这种"混乱"的局面恰好表现出了文学风格的多样性。文学创作的机制总体上是一个"沿隐以至显，因内而符外"的过程，为何却表现出"笔区云谲，文苑波诡"的局面，存在着丰富多样的文学风格呢？在刘勰看来，这主要是因为创作个体所具有的不同的"才""气""学""习"所致，即所谓"才有庸俊，气有刚柔，学有浅深，习有雅郑"。简而言之，不同的文学风格的生成乃是"情性所铄，陶染所凝"的结果。因此，刘勰指出："故辞理庸俊，莫能翻其才；风趣刚柔，宁或改其气；事义浅深，未闻乖其学；体式雅郑，鲜有反其习"。作为文学作品外在风格特征的"辞理"的"庸俊"受到写作者"才"的制约；风格上的风趣或刚柔，与写作者之"气"紧密相关；"事义"深浅与写作者之"学"分不开；风格的雅正则与写作者之"习"不无关系。"才""气""学""习"构成了写作者内在的创作基础。故此，刘勰得出结论："各师成心，其异如面"。

3）教学应用

（1）拥有天赋的同时还要勤于学习

刘勰强调作家的作品风格是由"才、气、学、习"四种因素共同决定的，作家在拥有先天才气的同时，还要注意后天的努力，因为创作风格的形成是以才能、气质作为基础，以后天的学习、培养作为条件的，这就要求文艺创作者不能只满足于自身拥有的高悟性、强才能等先天条件，还要注重个人人格等方面的建设。文艺创作者应培养高尚的道德情操，加强为社会、为人类服务的思想修养；必须勤于思考、勤于学习、广泛地接触社会各层面的文化现象，积累各领域的相关知识，不断地提高自己的文化素养；必须努力丰富自己的社会阅历，认真体验复杂多样的人情世态，不断促进激情的迸发，点燃富有深邃哲理和崭新观念的思想火花。

"三分天注定，七分靠打拼。"理性地从先天与后天的层面上诠释世界和我们的生活，这是一个很重要的认知。先天运气能作用于后天努力，后天努力也一样能作用于先天运气。我们要理性看待并尊重先天运气的作用，同时也要认识到，勤奋和努力都是实现目标的重要因素，后天努力是至关重要的。

（2）抵住诱惑、永葆初心

刘勰的"气论"主张在美学层面上把握和使用"气"，即强调作家应排除一切世俗观念的干扰，拒绝各种功利欲望的诱惑，在一种纯净自然、无欲无争的审美心境中进行艺术创作，这一观点对于当代的文艺创作是很有价值的。当今社会处于一个商品经济日益繁荣的时代，高科技、高质量的物质产品大批量地生产，丰富了人们的物质生活，也带动了整个社会的发展，当然也包括文艺事业的发展。然而，部分人出于名利目的，迎合一些读者的好奇心或比较低级的趣味，从事了庸俗、格调低下甚至色情的创作。这种做法严重影响了文艺创作的纯洁性、高尚性。因此，我们有必要在今天重申刘勰的"气论"主张，要求文艺创作者抛开名利之诱惑，在努力完成自我人格重建的基础上，通过真实而独特的艺术感受，去促进由此而产生的审美情感与个性审美心理的融合，最终达到整体精神境界的升华，以从事高尚纯洁的文艺创作活动。

我们要时刻保持一颗清醒的头脑，不要被各种诱惑冲昏了头脑。无论在什么年龄，身处什么样的位置，都始终坚守自己的立场，不忘初心，以静制动，以不变应万变，踏踏实实做事，老老实实做人，在内心深处不存在任何侥幸心理。唯有如此，才能活出精彩的人生。

（3）保持积极向上的人生态度

刘勰关于创作文本之"气"的论述，涉及了作品的多方面因素，如作品的精神、气势、语言、声调、韵律等，但归根到底追求的是一种气韵之美，即一种充满着勃勃的生气、通达的气势、隽永的文辞、和谐的音律的综合审美效果。把这一"追求"放到今天的文艺创作中，将会鼓励和促进文艺创作者创作出更多更好的文艺精品。

在日常生活中，我们总会遇到各种各样的问题和困难，比如学习、工作、家庭等方面的压力，甚至可能会遭受到意外的打击和挫折，这些困难和挫折可能会给我们带来极大的痛苦和困扰，会影响到我们的生活和工作状态。然而，在问题和困难面前，一种积极向上、正能量的生活态度是非常重要的，它不仅可以让我们积极、乐观地面对问题，还能让我们更好地驾驭自己的生活和命运。首先，正能量的生活态度可以帮助我们跨越困难。生活中会有很多困难和挑战，我们要做的是积极地面对它们。有些人在面对困难时会选择退缩，一蹶不振，但那只会让问题变得更加棘手；相反，如果拥有积极向上的生活态度，我们就能在面对困难时更加从容、更加睿智，就能使我们穿越风雨，迎接更加美好的未来，成就更高的目标。其次，正能量的生活态度能够塑造更好的自我。人的一生会遇到许多机会，要想抓住这些机会，必须拥有一个积极向上的生活态度。如果我们在遇到困难时能够选择积极应对，就会拥有更多的机会去实现自己的人生目标，因为积极向上的生活态度，可以让我们的心灵更加健康、更加自信，能够不断提高自己的处事能力。最后，正能量的生活态度能够传递快乐和希望。当我们抱着积极向上的态度面对生活中的困难时，会吸引到正能量的人和事，让我们受到越来越多的鼓舞和激励，同时，这种积极向上的态度也能够传递给我们周围的人，让他们感受到我们的快乐与希望，成为他们的力量，这种积极向上的文化也能够带给更多的人生命的动力和鼓舞，发展出更为美好的社会文化。

4.1.3 教学案例二："通变观"

1）案例

【原文】

夫设文之体有常，变文之数无方，何以明其然耶？凡诗赋书记，名理相因，此有常之体也；文辞气力，通变则久，此无方之数也。名理有常，体必资于故实；通变无方，数必酌于新声；故能骋无穷之路，饮不竭之源。然绠短者衔渴，足疲者辍途，非文理之数尽，乃通变之术疏耳。故论文之方，譬诸草木，根干丽土而同性，臭味晞阳而异品矣。①

是以规略文统，宜宏大体。先博览以精阅，总纲纪而摄契；然后拓衢路，置关键，长辔远驭，从容按节。凭情以会通，负气以适变；采如宛虹之奋鬐，光若长离之振翼，乃颖脱之文矣。若乃龌龊于偏解，矜激乎一致，此庭间之回骤，岂万里之逸步哉！②

【译文】

文章的体裁是一定的，文章的变化是无穷的，凭什么知道它是这样的呢？凡诗、赋、书、记等各体文章，它们的名称和创作规格是有所继承的，这说明体裁是一定的；文辞的气势和力量，要有变通才能长久传下去，这说明变化是无穷的。名称和创作规格一定，所以讲体裁一定要借鉴过去的作品；变化是无穷的，所以讲变化一定要参考当代的新作；这样，才能够在没有穷尽的创作道路上奔驰，汲取永不枯竭的创作源泉。如果水桶的绳子短，就会因打不到水而口渴，如果脚力不够，就要在半路上停下来，这不是因为创作方法有限制，是不善于变化罢了。因此，讲创作的方法，作品好比草木，根和干都长在土里，这点是它们共同的本性，但是花叶气味却因吸取阳光的差异而显出不同的品种来了。

因此规划文章的总纲，应该着重大的方面。首先广博地浏览和精细地研读，抓住大纲加以吸收；然后开拓创作道路，掌握关键，这样才能够拉着长长的马缰绳驾着马跑远路，态度从容，依照节奏前进。凭着真实感情来求会通，乘着旺盛气势来适应变革；文采像长虹的高拱，光芒像朱鸟的鼓动翅膀，那才是卓越的作品。倘使局限在片面的理解，激动而夸耀自己的一偏之见，这好比在院子里打着圈儿跑马，哪里是在万里长途上奔驰啊！

① 王运熙（译注）.文心雕龙 [M]. 上海：上海古籍出版社，2012：200.
② 王运熙（译注）.文心雕龙 [M]. 上海：上海古籍出版社，2012：203.

2）案例释疑

（1）出处

出自刘勰著《文心雕龙·通变》。

（2）含义

《通变》是《文心雕龙》的第二十九篇，论述文学创作的继承和革新问题，全篇分四部分。第一部分讲"通"和"变"的必要。刘勰认为各种文体的基本写作原理是一定的，但"文辞气力"等表现方法却是不断发展变化着，因此，文学创作对有定的原理要有所继承，对无定的方法要有所革新。第二部分结合魏晋以前历代作家作品的发展情况，来说明文学史上承前启后的关系，强调继承与革新应该并重。第三部分是紧接上面主张"宗经"的思想来论述的，刘勰举枚乘、司马相如等五家作品沿袭的情形，一以说明通变的方法，一以表示忽于"宗经"而在"夸张声貌"上"循环相因"，就出现了"广寓极状，而五家如一"的情形。①第四部分讲通变的方法和要求，提出必须结合作者自己的气质和思想感情，来继承前人和趋时变新，文学创作才能有长远的发展。

3）教学应用

（1）要注重文化的继承与弘扬

刘勰在《文心雕龙》中所论述的"通变观"，点明了文学创作中继承与创新两者之间的关系，具有重要的理论价值。刘勰认为文章的体制安排是有常规常法的，凡诗、赋、书、记等各体文章，是有着一定的继承关系的，确立某一文体必定要继承借鉴前人的经验，这说的便是"通"，即会通、继承。刘勰强调"会通"的关键是要深刻研读、探究先人的作品，并依据个人思想情感以及从前人作品中得到的认识，来认识和把握前人创作中的要领，以此作为创作时的借鉴。

在中国古代文明发展过程中，中华民族创造了灿烂的文化，其中蕴含着丰富的哲学思想、价值理念，蕴含着丰富的治国理政经验和智慧。我们必须尊重、传承、弘扬中华优秀传统文化，汲取其中的思想精华和道德精髓。要深入挖掘和宣传中华优秀传统文化中讲仁爱、守诚信、崇

---

① 王运熙（译注）.文心雕龙［M］.上海：上海古籍出版社，2012：202.

正义、重民本的精华精髓，使之成为涵养社会主义核心价值观的重要源泉，增强文化自信和价值观自信；要系统梳理传统文化资源，让收藏在博物馆里的文化、陈列在广阔大地上的遗产、书写在古籍里的文字都活起来。中华优秀传统文化为中国人民团结一致植根了重要的精神基础，是最坚韧的精神纽带，它维护着中华民族亿万同胞的精神血脉和文化情感，使中华民族共同体意识在历史沧桑中熠熠生辉。中华优秀传统文化是中华民族共同的精神家园，对中华文化的信心始终是中国人民最重要的信心，也是中国人民在革命、建设和改革等各个时期保持坚定的理想信念和崇高的精神状态的重要心理支持。

（2）要善于革新

刘勰说的"文辞气力，通变则久，此无方之数也"是在说文章的创作，尤其是语言文采、文章的格调气势方面，要在融会贯通的基础上有所革新和创造，这便是在强调文章写作需要"变"。所谓"负气以适变"，就是说要依照个人的精神、气质、特点，在借鉴前人经验的基础上，进行通变性的、独创性的发挥；把前人创作中的精华加以吸收，并根据个人的情志，在创作过程中使其产生新变，以此来适应不同时代文学创作的需要，这反映了刘勰一贯提倡"为情而造文"而反对"为文而造情"的思想观念。

要敢于革新，在探索中不断突破，把创新精神贯穿工作始终。只有通过不断学习，不断用科学的理论武装自己，才能进一步提高自己的理论水平、综合素质和认识水平；同时要不断开阔视野，树立开拓进取、开放创新的精神，才能增强工作本领，才能不断开创新局面。我们在传承和弘扬中华优秀传统文化时，要做好创造性转化和创新性发展，要注重与新时代文化思想的相融相通，要按照新时代的特点和新征程的要求，为优秀传统文化赋予新时代的内涵和表达形式，激发生命力、激活传承力。要在深入学习党的创新理论的基础上，对优秀传统文化的内涵加以补充、延伸、完善，推进优秀传统文化的创新性发展，增强传统文化的影响力和感染力。

（3）要灵活变通

《文心雕龙》中多次提及"变""会通""适变""变通""通变"等

关键词，《通变》篇核心在于"凭情以会通，负气以适变"，此乃文学形式上"常"与"变"的辩证关系。"变则其久，通则不乏"是文学艺术的一条发展规律，从"通"和"变"的辩证关系来论述继承和革新的不可偏废，是可取的。刘勰针对当时"从质及讹""竞今疏古"的创作倾向，提出"还宗经诰"的主张①，这在当时也是必要的。

学会变通，不仅是做人之诀窍，也是做事之诀窍。要学会审时度势，打破常规。我们都知道刻舟求剑的故事，这就是一个学富五车的人不懂变通的例子，船已经走了，那个刻下的印记自然也变化了，靠这样的死脑筋又怎么能够找到自己的宝剑？同样的道理，我们如果不懂变通就会变得迂腐不堪，如同没有生命的雕像和傀儡，为人处世的时候就会不得要领，做出让人哭笑不得的傻事来。虽然处世需要变通，但我们也不能因此而丢掉自己的原则，否则就成了随风而动的墙头草。做事也要学会灵活变通。在实际工作中，任何事物的发展都不是一条直线，智慧之人能看到直中之曲和曲中之直，并能不失时机地把握事物迂回发展的规律，通过迂回应变，达到既定的目标；反之，一个不善于变通的人，只会四处碰壁，被撞得头破血流。当遇到复杂的事情时，不能总是一味地固执己见，或无法应对时就束手无策、坐以待毙，只要灵活变通，脑子转快些、灵活点，就可以很好地解决问题。

4.1.4 教学案例三："文德论"

1）案例

【原文】

名之抑扬，既其然矣；位之通塞，亦有以焉。盖士之登庸，以成务为用。鲁之敬姜，妇人之聪明耳。然推其机综，以方治国，安有丈夫学文，而不达于政事哉？彼扬、马之徒，有文无质，所以终乎下位也。昔庾元规才华清英，勋庸有声，故文艺不称；若非台岳，则正以文才也。文武之术，左右惟宜。郤縠敦书，故举为元帅，岂以好文而不练武哉！孙武《兵经》，辞如珠玉，岂以习武而不晓文也！②

---

① 王运熙（译注）.文心雕龙［M］.上海：上海古籍出版社，2012：201.
② 王运熙（译注）.文心雕龙［M］.上海：上海古籍出版社，2012：337-338.

　　是以君子藏器，待时而动；发挥事业，固宜蓄素以弸中，散采以彪外，梗楠其质，豫章其干。摛文必在纬军国，负重必在任栋梁；穷则独善以垂文，达则奉时以骋绩。若此文人，应梓材之士矣。

　　赞曰：瞻彼前修，有懿文德。声昭楚南，采动梁北。雕而不器，贞干谁则？岂无华身，亦有光国。①

　　【译文】

　　名声受到贬抑或褒扬，也就是这样了；职位的通达和阻塞，也是有它的原因的。大概士人的被录用，是凭他能够办事来做准则的。鲁国的敬姜，是个聪明的妇人罢了，然而她能够用织布加以推论，来类比治理国家的大事，哪有男儿大丈夫学习文章，而不懂得治理国家政事的呢？扬雄、司马相如那些人，有了文才却没有品德，所以终生处在低下的职位。从前庾亮文章才华清俊，但因其功勋卓著而有声誉，所以他的文章才不被称扬；倘使他不是身为大官，那就应该以文才著名。文才武略可以像左右手一样相辅相成。春秋时晋国的郤縠因为爱研治古代典籍，所以被举荐为元帅，难道因为爱好文学就不熟悉兵法了吗？孙武的《兵法》，文辞像珠玉一样美好，他难道是因为讲习武术便不懂得文辞吗？

　　因此君子具备了实际才能，就应等待时机来加以施展；要成就一番事业，本来就应积蓄知识修养德行以充实内在的美，散发文采以显示外在的美，做到既有梗木、楠木那样的质地坚硬，又有豫树、樟树那样高大的树干。写作文章一定要经纬军国大事，担负起重任来一定要成为国家的栋梁；穷困就独善自身著书立说垂芳后世，显达就遵奉时代使命驰骋天下建立功绩。像这样的文人，应该说就是《尚书·梓材》中所说的士人了。

　　总之，瞻望那些从前的贤人，都有美好的文才和品德。有的声名昭著于南方楚地，有的文采震动了北方梁国。如果只有外表而无才德，怎能从根本上给人树立榜样呢？品德才干不仅可使自身荣耀，也可为国家增添光彩。

---

　　①　王运熙（译注）.文心雕龙［M］.上海：上海古籍出版社，2012：339.

2) 案例释疑

（1）出处

出自刘勰著《文心雕龙·程器》。

（2）含义

刘勰对"文人无行"这个颇为流行的"定论"很不以为然，他的"文德"论就是从"破除"这一流行的定论入手的。对于世人盲目认同曹丕和韦诞的"文人无行"论，刘勰感到十分可悲。他列举司马相如等16人之疵病，承认"文士之瑕累"的确存在，紧接着用辩驳的口气说"文既有之，武亦宜然"，并列举了上自管仲、下至王戎等"将相"的"疵咎"，指出这些"无行"的将相因为"名崇"而"几减"；而文人贫贱，处于下位，故多招致非议，可谓是双重的不幸。刘勰为那些穷贱而遭讥讽的文人叫一声委屈的同时，又列举了忠贞的屈原、贾谊，机警的邹阳、枚乘，淳孝的黄香，沉默的徐干等为文人正名，反诘出"岂曰文士，必其玷欤？"①。因为"文人无行"论这种普遍流行的价值偏见和歧视，使不少"文人"在仕途上遭遇挫折，受到压抑。刘勰在这样一部"深得文理"的论文著作中，抛开并驳斥"文人无行"论，对于矫正世人苛责文士的偏颇和错误，还文人以公道，提高文人的社会地位，是有积极意义的。

3) 教学应用

（1）立言必先立德

德言一致，立言必先立德，这是我国传统文艺思想的主流。讲品位、讲格调、讲责任，共同指向的是创作主体的个体素质与德性修养，讲品位、讲格调、讲责任首先就是讲德，只有德立才能言立，才能业成。要想做一个讲品位、讲格调、讲责任的文艺工作者，重在于"修"。世间之事，往往知易而行难，德行对言辞的重要性显而易见，但修德之业道险且长，绝非朝夕能够功成。

做事先做人，为处事之第一要义；做人先立德，为做人之根本原则。纵观古今，选拔人才的标准，都以德为首，讲究德才兼备。能力再

---

① 王运熙（译注）.文心雕龙［M］.上海：上海古籍出版社，2012：335.

强，德行不好，就是毒品，万万不能任用；能力不强，德行很好，就是次品，培养后还可以使用。如果德行不好的人，即使能力很强，非但做不成大事，对社会的危害可能更大。只有德才兼备之人，才能担重任、挑大梁。

（2）要公正无私

刘勰反对文人相轻、崇己抑人，强调阐释要公正无私。他在《程器》中对文人无行的世俗观念和韦诞诋毁建安文人的观点提出批评。对于作品，刘勰的文学阐释屡屡论及伦理因素影响下的不当理解与评价，如陆机文章以繁复为病，其弟陆云不以为瑕；曹植嘲讽陈琳之作，对其好友丁廙却多加称赞。刘勰认为这影响了世人对二人文才高下的判断。阐释者审美偏好对阐释对象的选择和阐释感受与表达有直接影响，但刘勰反对偏执己见，批评"会己则嗟讽，异我则沮弃，各执一隅之解，欲拟万端之变"[①]的行为。

公正是人类追求美好生活的永恒主题，也是衡量社会文明进步的重要标尺，它是社会层面的重要价值观念。在中国历史上，很早就出现了关于公正的思想，它是中华民族优秀传统道德思想的重要内容之一。公正的要求，对个人来说应当贯穿于人生的各个方面。立身处世，当公正无私，刚直不阿；为官用人，需襟怀坦荡、秉公办事，内举不避亲，外举不避仇；在社会交往和政治生活中，应能做到"富贵不能淫，贫贱不能移，威武不能屈"[②]。唯有做到公正无私，才能切实维护和实现社会公平和正义，人们的心情才能舒畅，各方面的社会关系才能协调，人们的积极性、主动性、创造性才能充分发挥出来。

（3）要注重实际

刘勰的"文德"观具有深广的内涵，其核心是"以成务为用"[③]。刘勰所谓的"文章"，不只是指诗歌辞赋，而是《程器》中所谓的"贵器用而兼文采"的"梓材之士"[④]。他非常重视文人在现实政治生活中实际才干的发挥，强调"学文"应该达于政事，文人应该成为国家的栋

① 王运熙（译注）.文心雕龙［M］.上海：上海古籍出版社，2012：329.
② 杨伯峻（译注）.孟子译注［M］.北京：中华书局，2010：128.
③ 王运熙（译注）.文心雕龙［M］.上海：上海古籍出版社，2012：337.
④ 王运熙（译注）.文心雕龙［M］.上海：上海古籍出版社，2012：334.

梁之材，撰作文章应该服务于筹划军国大事，这就是"成务"。刘勰所论文章如诏、策、檄、移、章、表、奏、议等多是政治生活中的实用文体，可见他对于"成务"十分地重视。

生活要讲求实际，知识也要寻求实用，要把我们的学习同现实生活联系起来。在学习过程中，要坚持问题导向，把学习教育同实际情况紧密结合，为现实服务，把知识转化为锐意进取、开拓创新的精神和埋头苦干、真抓实干的自觉行动。理论知识是从实践中来的，必然要回到实践中去检验，我们不仅要善于学习和实践，还要善于总结和提升，把成功的做法经验归纳为制度或机制，更好地完善自我能力，更好地巩固学习实践成效。面对新形势、新情况、新问题，我们必须更加主动、更加善于向实践学习。向实践学习属于生成性学习、创造性学习，进行这样的学习，要求我们必须把研究解决重大现实问题作为学习的根本出发点，做到理论与实践相结合、思想与行动相统一，不断提高原则性、系统性、预见性和创造性。唯有崇尚实干、实事求是、切实落实，才能化初心为恒心、化使命为担当，通过实打实的行动，肩负起振兴中华的历史使命。

4.2 贾思勰与《齐民要术》

4.2.1 贾思勰与《齐民要术》基本情况简介

1）贾思勰生平简介

贾思勰，北魏青州益都（今属山东寿光）人，大约出生于公元五世纪末的北魏孝文帝时期，是北魏杰出的农学家，曾任北魏高阳都（今山东淄博市临淄区）太守，他一生潜心治学，专注于对农学知识的钻研，经常向有经验的老农请教并亲身实践，积累了大量的农学知识，之后他在认真整理这些农业生产经验和知识的基础上，编撰了影响深远的农学著作《齐民要术》，对我国农业发展产生了深远影响。

贾思勰生活在北魏政权建立初期。当时北方游牧部落鲜卑族的首领是拓跋氏，他们多以畜牧为生，不重视农业生产。公元399年拓跋珪建立北魏政权后，致力于发展农业生产，颁布了很多利于发展农业的政策，北魏经济开始繁荣。但是鲜卑人天生好战，魏道武帝在治国的同时也没有忘记军事掠夺，导致征战不断，很多人妻离子散、家破人亡。贾思勰认为只要粮食、牲畜富足百姓就能过上安定的生活，鲜卑人喜掠夺本性可能会在富裕的生活中逐渐淡化，于是他决定投身到农业生产中，亲自养羊、种庄稼，从亲身实践中总结经验，推广农业生产，使北魏政权更加强盛，人民生活更加富足、安定。为了种好庄稼，贾思勰经常不辞劳苦地四处求教，足迹遍布河南、河北、山西、山东等地，田间地头、茅草屋、窝棚等地是他常待的地方，他与老农促膝谈心，仔细询问施肥、犁地、选种、不同土质如何下种等众多问题，老农们为他好学、谦虚、求实的精神所感动，毫无保留地向他传授实践经验。贾思勰学到这些宝贵的经验后，便回家进行实际的耕作，在耕作的过程中，他摸索出许多规律；与此同时，他又悉心研究前人关于农业生产方面的资料，吸取前人著述的精华。最终结合自己的实践体会，贾思勰创作出了具有"农业百科全书"之称的《齐民要术》。

2)《齐民要术》简介

《齐民要术》是我国古代一部系统的农学著作，也是世界上现存最早、最完整的农学著作。"齐民要术"中的"齐民"指平民百姓，"要术"则指重要的方法，在这里的意思是谋生的技巧，顾名思义，"齐民要术"就是平民百姓从事生活资料生产的重要方法，这也是贾思勰写作的指导思想。全书共九十二篇，分成十卷，正文大约七万字，注释四万多字，共十一万多字，涵盖了农、林、牧、副、渔等多方面的农业生产范畴，引用前人著作有一百五十多种，记载的农谚三十多条。前五卷介绍了粮食、油料作物、染料作物、蔬菜、果树、桑等作物的栽培技术；第六卷记述的是禽畜和鱼类的养殖技术；第七、八、九卷记述的是农副产品加工、储运，包括酿造、酶制储藏、果品加工、烹饪、制糖等生产技术；第十卷则介绍了有实用价值的热带、亚热带植物等。另外，书前的"自序""杂说"各一篇，其中的"序"广泛摘引圣君贤相、有识之士等注重农业的事例，以及由于注重农业而取得的显著成效；一般认为，杂说部分是后人加进去的。书中收录1500年前中国农艺、园艺、造林、蚕桑、畜牧、兽医、配种、酿造、烹饪、储备，以及治荒的方法，书中援引古籍近200种，所引《泛胜之书》《四民月令》等汉晋重要农书现已失传，后人只能从此书中了解当时的农业运作。《齐民要术》是我国最早的一部从理论上系统研究农业的百科全书，是古代山东地区农学技术发展水平的代表，对促进我国古代农业生产的发展具有深远的影响，在我国和世界农业科学发展史上具有极高的学术价值，英国生物学家达尔文的进化论的一些思想就是从《齐民要术》一书中得到启发的。

3）总体思想

贾思勰一生潜心治学，他思路开阔、明于哲理，有济世救民的抱负，为我们留下了宝贵的知识财富。他认为农业是人民衣食之本，也是安邦之本，主张"食为政首""要在安民，富而教之"[①]，认为"力能胜贫，谨能胜祸"[②]，把商业流通认为是益国利民不朽之术，还主张节约等，这些见解，迄今仍闪耀着朴素唯物主义的光辉。

第一，建立了较为完整的农学体系，对以实用为特点的农学类目做出了合理的划分。从开荒到耕种，从生产前的准备到生产后的农产品加工、酿造与利用，从种植业、林业到畜禽饲养业、水产养殖业，都进行了全面的论述。在学科类目划分上依据每个项目在当时农业生产、民众生活中所占的比例和轻重位置来安排顺序；在栽培植物方面对农田主要禾谷类作物做重点叙述，豆类、瓜类、蔬菜、果树、药用染料作物、竹木以及檀桑等也给予了应有的位置；在饲养动物方面，先讲马、牛，接着叙述羊、猪、禽类，多是各按相法、饲养、繁衍、疾病医治等项进行阐说，对水产养殖也安排了一定的篇幅做专门载说。这种注重种植业、养畜业、林业、水产业、加工业间的密切联系，叙述所处疆域兼及其境外农产的结构体系，在中国农业科学技术史上具有首创的意义，至今仍有重要的参考借鉴作用。

第二，精辟透彻地揭示了黄河中下游旱地农业技术的关键所在，规范了耕、耙、糖等项基本耕作措施。黄河中下游地区，春季干旱多风，

① 石声汉（译注）.齐民要术［M］.北京：中华书局，2015：1.
② 石声汉（译注）.齐民要术［M］.北京：中华书局，2015：2.

气温回升迅速，夏日连雨等特点极为明显。《齐民要术》在耕、耙、耱等重要农具的阐说，耕、耙、耱、锄、压等技术环节的巧妙配合，犁、耧、锄等的灵活操用诸方面做了系统的归纳，规范了秋耕、春耕的基本措施，若干重要作物的播种量，播种的上时、中时、下时以及不同土质、墒情下的相应播法；在改造土性、熟化土壤、保蓄水分、提高地力，在作物轮作换茬，在绿肥种植翻压，在田间井群布局与冬灌等方面，有许多重要的创见，把黄河中下游旱地农耕技术推向了较高的水平。

第三，将动物养殖技术向前推进了一步。《齐民要术》中有六篇分别叙述养牛马驴骡、养羊、养猪、养鸡、养鹅鸭、养鱼，强调役畜使用要量其力能，饮饲冷暖要适其天性，总结出"饮食之节：食有三刍，饮有三时"[①]的成熟经验，并且已注意到饲育畜禽等在群体中要保持合理的雌雄比例。

第四，农产品加工、酿造、烹调、贮藏技术在《齐民要术》中占显著地位。酒、酱、醋等可能发明很早，但详细严谨揭示其制作过程以《齐民要术》为最早。

第五，《齐民要术》中记载有许多精细植物生长发育及有关农业技术的观察材料。如叙述成霜条件是"天雨新晴，北风寒切，是夜必霜"，所讲与现代科学原理相符，遇此情况要"放火作燃，少得烟气，则免于霜矣。"[②]至今仍是减免霜害的一种简单有效方法。

第六，重视对农业生产、科学技术与经济效益进行综合分析。贾思勰在书中详细描述了怎样进行多样经营，如何到市场售卖，怎样多层次利用农产品等有关经济效益的内容，还记载有较多以小本钱多获利的实际内容。

4）后世纪念

为弘扬民族文化精神，表彰贾思勰对人类所做的巨大贡献，临淄区在淄博市齐城农业高新开发区万亩农业示范园内建馆来纪念贾思勰。贾思勰纪念馆在一片新型果树和农作物中，与周围环境和谐地融为一体，

① 石声汉（译注）.齐民要术 [M]. 北京：中华书局，2015：669.
② 石声汉（译注）.齐民要术 [M]. 北京：中华书局，2015：415.

显得古朴典雅。该馆分上下两层，建筑面积1 000多平方米，在纪念馆门斗南侧的横梁上悬挂木质横式馆牌，黑底铜字，上书六个端正秀雅的魏碑字"贾思勰纪念馆"；迎门处是一座精工高雕的贾思勰石雕像，白发飘然，手捻胡须，右手握书，凝神静思。馆的一层为古代部分，主要展示贾思勰生平和其在农业上所取得的巨大成就；二层为现代农业高新技术与成就展览。一层的展出共分三部分：第一部分主要展出贾思勰及同宗兄弟贾思同、贾思伯的生平要略，以及贾思勰当年生活环境的复原图；第二部分利用微缩手法再现古代酿酒作坊制酒场景、贾思勰深入民间和田间地头了解耕作和种植技术的场景、古人生产生活的部分场景等，通过大量的文字版面介绍、绘图说明、实物展示、照片、沙盘等手段，系统展示了《齐民要术》的思想体系和科学技术成就；第三部分主要展示国内外现存《齐民要术》版本的实物、复制件、影印本照片、引用的历史典籍和国内外对《齐民要术》的研究情况。贾思勰纪念馆汇集了当今研究成果之大成，系统展示了《齐民要术》之精要，整个展厅空间丰富，具有强烈的时代感。

4.2.2 教学案例一："顺天时，量地利，则用力少而成功多"

1）案例

【原文】

凡谷：成熟有早晚，苗秆有高下，收实有多少，质性有强弱，米味有美恶，粒实有息耗。地势有良薄，山泽有异宜。顺天时，量地力，则用力少而成功多。任情返道，劳而无获。[①]

【译文】

不同的庄稼有不同的成熟期，不同品种的禾苗有不一样高低的苗秆子，收成也有的多有的少，质量也是各自不同，味道有好有坏，谷粒有些饱满有些干瘪。种植的地方有良田也有贫瘠的地方，有些地方自然条

---

① 石声汉（译注）.齐民要术 [M]. 北京：中华书局，2015：80-81.

件好，有些地方自然条件差。顺应天时条件，根据不同田地的具体情况来耕种，这样可以用最少的付出来收获最大的丰收。相反地，如果不按照天时做事，任性而为违背正道的话，就会因为违背客观耕种条件和自然规律而导致歉收。

2）案例释疑

（1）出处

出自《齐民要术·种谷》。

（2）含义

贾思勰以种谷作为具体的例子来说明应如何"顺天时，量地利，则用力少而成功多"[1]。他说："地势有良薄，良田宜种晚，薄田宜种早。……山泽有异宜，山田，种强苗以避风霜；泽田，种弱苗以求华实也。"[2]意思是说，土地的肥力有高低之分，倘若是良田，宜于晚一点种；如果是薄田，就宜于早一点种，因为薄田种晚了就不会有丰厚的收获。若是山田，就应该种强苗，来避免风霜等恶劣气候的侵袭；而如果是泽田，就宜于种弱苗，这样收获会更加地丰富。根据天时地利来安排农作物的种植，就会"用力少而成功多"；反之，如果任性妄为，违背自然规律，那一定会劳而无功，毫无收获。贾思勰强调要把天地人统一起来，把自然生态同人类文明联系起来，按照大自然规律活动，取之有时、用之有度。只有顺应天时，衡量地利，敬畏自然，才能更好地满足人类自身生存和发展的需要，反之，破坏自然、掠夺资源、取之无度，大自然必然会对人类进行惩罚。

贾思勰强调农业生产要顺天时、循地利、尽人力，实现天、地、人三者的和谐统一，以保持农业的持续发展。农业生产首先要顺应天时。天时是一种天道规律，是一种运行法则，是农业生产必须遵循的自然规律。农业生产就是在遵循自然规律基础上，根据时节变换，开展农业生产活动，获取农产品的过程。贾思勰认为，农作物的生长具有一定的规律性，深受自然条件的影响，而自然条件随着季节的变化而变化，呈现周期规律性，因而，只有顺应"四时"，在合适的季节从事恰当的农业

---

① 石声汉（译注）.齐民要术 [M]. 北京：中华书局，2015：81.
② 石声汉（译注）.齐民要术 [M]. 北京：中华书局，2015：80-81.

生产活动，才能获取生产和生活所需要的粮食、木材等物质资料。其次，他强调农作物种植技术不能一成不变，需要根据时节规律采取最佳的农业生产技术；再次，贾思勰认为农业生产要有效利用时节，若有多个时间可选，当选择最恰当的时间，即"上时"，力争以同样的投入实现最大的农业产出；最后，他强调要重视农业生产的可持续性，根据农作物、植物生长规律，设置一定的禁止农业生产时间，进行休养生息，通过休耕、休伐、休种，保护农业生产能力不被破坏，只有这样，才能达到"材木不可胜用"[①]的效果。

3）教学应用

（1）树立尊重自然、顺应自然、保护自然的理念

贾思勰强调，农业生产中人的主观能动性的发挥必须建立在了解和掌握自然规律的基础上，注重人与自然的和谐发展。他比较明确地表述了对人与自然关系的认识，并以此为根据构建起了《齐民要术》的生态农学思想体系。他用"入泉伐木，登山求鱼，手必虚；迎风散水，逆坂走丸，其势难"[②]的比喻进行形象的说明，提醒人们种庄稼时必须遵循自然原则，这样加上人力的作用，一定能取得事半功倍的效果，否则只能一事无成、白费劳力。

自然环境是人类生存和发展的根基，良好的自然环境为人类的生存提供了基本栖息地，为人类的物质生产活动提供了基本场所，为人类的发展提供了广阔的空间，因此，人与自然是共生共荣的生命共同体，人类必须尊重自然、顺应自然、保护自然。党的十八大以来，以习近平同志为核心的党中央高度重视生态文明建设，推进生态文明建设的决心之大、力度之大、成效之大都是前所未有的，开创了生态文明建设和环境保护的新局面。建设社会主义生态文明，就是要坚持绿色发展，就是要坚持资源节约和保护环境的基本国策，坚定走生产发展、生活富裕、生态良好的文明发展道路，努力建设资源节约型、环境友好型社会，努力形成人与自然和谐发展的现代化建设新格局。绿色是生命的象征、大自然的底色，更代表了美好生活的希望、人民群众的期盼。我们要学习和

---

① 杨伯峻（译注）.孟子译注 [M]．北京：中华书局，2010：5.
② 石声汉（译注）.齐民要术 [M]．北京：中华书局，2015：81.

践行绿色发展理念，把绿色发展理念熟记于心，从身边的小事做起，把绿色发展融入我们的日常生活当中。我们一定要深入学习贯彻习近平生态文明思想，牢固树立尊重自然、顺应自然、保护自然的理念，像保护眼睛一样保护生态环境，像对待生命一样对待生态环境，做大自然的保护者、建设者，让自然生态美景永驻人间，为子孙后代留下天蓝、地绿、水清的生产生活环境。

（2）做事要充分发挥主动性和创造性

贾思勰认为，在开展农业生产活动时，应尊重规律、顺应规律，同时人又不是无所作为的，应在顺应天时和地利基础上，充分发挥人的主动性和创造性。人在农业生产活动过程中扮演着极其重要的角色，是一种关键、基础的要素，人不是被动无为的，应发挥主动性、创造性，改进农业耕作方法，提高土地资源利用效率，增加农业产出能力；要注重保持土壤透气度和肥力，实现农业生产的良性循环；要充分利用农作物间的共生关系，构建共生共长的生态种植方式，形成农业生产的良性循环。

主动性体现在我们生活的方方面面。主动性体现的是一种追求，表现出的是不满足于现状，不恐惧未来，而是积极地寻找自己生命当中的可能性，争取有更多的机会打开生命当中的另一扇门。积极主动不仅指行事的态度，还意味着人一定要对自己的人生负责。积极主动地出击，才会拥有更多的机会；积极主动地思考，才会让头脑变得清晰；积极主动地工作，才会拥有技能上的提升。创造力是指产生新思想，发现和创造新事物的能力，它是成功地完成某种创造性活动所必需的心理品质。创造性可以使我们在学习与工作上得到良好的突破，拥有良好的创造力往往可以凸显出巨大的优势，可以在普通中寻找特殊，可以在普遍中寻找创新，能够在学习和工作上得到良好的突破，提出新颖的看法，打破以往的规律，有利于个人的长久发展。

（3）要因地制宜，顺势而为

贾思勰认为，农业生产除了要顺应天时之外，还要裁量地理，因地制宜，顺势而为。在广阔的国土空间内，土地特征千差万别，即便同一个地区也各不相同，只有根据土地特点进行适合的农业生产活动，才能获取最丰厚的农业收成。他指出，由于土地的特性直接影响农作物的生长，要想因地制宜，首先，要准确掌握土地的构成要素、具体内在特性、地理气候特征等；其次，要根据土地的内在特性、地形地势等因素选择最适合种植的作物，才能保证最大的农业产出；最后，要结合土地特点采取最适合的种植方式，不同的土地在种植时间、种植数量、种植间距、耕种方法、粪肥使用等方面各不相同，只有尊重土地的特点差异，才能获得较好的农业收成。贾思勰在总结了 1 400 多年以来的农业生产经验的基础上，正确地提出了因时因地制宜的思想，这种思想既是针对农业生产本身而言，也是对当时社会风气的一种引导。

习近平总书记强调，要把战略的原则性和策略的灵活性有机结合起来，灵活机动、随机应变、临机决断，在因地制宜、因势而动、顺势而为中把握战略主动。在现实生活中，当一个人确定的目标由于自身条件或社会因素的限制，不能实现并受到挫折时，就应该改变目标，用另一目标来代替，以使需要得到满足；或通过另一种活动来弥补心理的创伤，驱散由于失败而造成的内心的忧愁和痛苦，增强前进的信心和勇气。

（4）要坚持"天地人"合一的系统观念

"顺天时，量地利，则用力少而成功多"本质上是一种"天地人"合一的自然和谐观、"以农为本"的社会历史观和生命共同体的农业系统观。中国传统文化向来强调"天人合一""和合共生""道法自然"的和谐理念，贾思勰将这些理念延伸至农业生产领域，将农业活动看作天、地、人等诸多要素相互协作的庞大系统。贾思勰十分重视农业系统的保护与利用，以获得最大的生态和经济效益。他强调可以通过改进耕种方法以最大程度利用系统中的光照、土壤、降水、空气等要素；同时，他还指出农业系统中不同作物之间存在共生共长、相互克制的两种不同特性，可以充分利用这一特点开展农业生产，做到趋利避害，实现农业增收。

贾思勰的这些理念对我们今天的生态文明建设、社会发展具有重要意义。首先，在人与自然构成的生命系统中，人是有生命的，自然界也是有生命的，而且人的生命存在与自然的生命存在是相互印证的。其次，人与自然的生命是相互支撑的，一方面，大自然是人类赖以生存发展的基本条件。大自然孕育抚养了人类，人类应该以自然为根，尊重自然、顺应自然、保护自然。另一方面，人的生命活动又直接对大自然产生影响，人可以通过自己的实践活动尊重自然、顺应自然、保护自然，成为大自然的守护者和看护者，为大自然的稳定、和谐、美丽提供强大的人文支持。最后，人与自然之间一荣俱荣、一损俱损，任何一个国家都无法置身事外、独善其身，应对全球生态问题是每个国家都应肩负的责任，需要各国一起努力。

4.2.3　教学案例二："天为之时，而我不农，谷亦不可得而取之"

1）案例

【原文】

仲长子曰："天为之时，而我不农，谷亦不可得而取之。青春至焉，时雨降焉，始之耕田，终之簠簋。惰者釜之，勤者钟之；矧夫不为，而尚乎食也哉？"[①]

【译文】

仲长统说："上天给予我们好的农时，但我们却不去耕种，就不可能收获谷物。春天来了，时雨降下了，开始耕种，最终能将食物盛在碗里。懒惰的，只收上六斗多些，勤劳的，收到六十多斗。农时已到而不及时播种的人，能得到吃食吗？"

2）案例释疑

（1）出处

出自贾思勰著《齐民要术·序》。

（2）含义

"天为之农，而我不农，谷亦不可得而取之"[②]的思想既表明了其贬抑"天道"、反对"天道之学"的无神论倾向，又显示了其弘扬"人

---

① 石声汉（译注）.齐民要术［M］.北京：中华书局，2015：4.
② 石声汉（译注）.齐民要术［M］.北京：中华书局，2015：4.

道"、提倡"尽人事"的人本主义立场。仲长统从"人道为本，天道为末"的人本主义立场出发，激烈抨击了迷信"天道"而荒于人事的做法，对于科学意义上的"天道"，仲长统不仅承认它，更提倡因循天道行事。贾思勰借此表达农业耕种要顺应天时、遵循天道的思想。

3）教学应用

（1）要具备埋头苦干、刻苦耐劳的态度

在《齐民要术》中，贾思勰多处提到了"勤""谨""力""功"等概念，并结合具体条件深入分析了这些概念之间的联系及其与农业经济之间的关系，他认为农业是提供社会财富的主要经济部门，而农业所提供的一切社会财富都是由劳动创造的。他引用仲长子的话说："天为之时，而我不农，谷亦不可得而取之。"又引用谯子的话说："朝发而夕异宿，勤则菜盈倾筐，且苟无羽毛，不织不衣；不能茹草饮水，不耕不食，安可以不自力哉。"①因此，他赞同这样的古训："人生在勤，勤则不匮""力能胜贫，谨能胜祸"，认为"勤力可以不贫，谨身可以避祸"②，这表明贾思勰已具有了朦胧的"劳动为财富之源"的观念。贾思勰所主张的"勤"，并不是单单针对于劳动者而言的，而是提倡包括统治者在内的全体社会成员的"勤"，他援引了神农、尧、舜、禹等传说中的圣贤事例，又列举了任延、王景、皇甫隆、茨充、黄万、龚送等封建官吏在"安民"方面的辛勤，从而得出全体社会成员勤奋劳作可以促进农业繁荣发展的结论。贾思勰认为，从国家最高统治者到一般的老百姓，劳动不勤奋，思想不积极，想要办好事情求得富足是根本不可能的，强调要勤于农桑耕作，才可能实现"安民""富民""教之"的根本目标。

任何人做任何事都离不开勤奋，勤奋是获取成功的最主要的因素，是通往成功的必经之路。首先，勤奋是一种信念，它可以让人们形成正确的思想观念，始终保持超越自己，感受进步的喜悦，勤奋不仅是做事方法，更是一种价值观念，它能够使人们对生活充满活力，形成正确的未来发展规划。其次，勤奋还可以使人们善于利用自身的潜能，让人更

---

① 石声汉（译注）.齐民要术［M］.北京：中华书局，2015：4.
② 石声汉（译注）.齐民要术［M］.北京：中华书局，2015：2.

敢于尝试，更容易获得理想的结果。此外，勤奋还可以让人积累实际经验，使人充满成就感，对自己的能力也有一定的认知，不会被一时热情和安逸所迷惑，还能从中获得认识与智慧，从而创造出自我的价值，不断取得新的进步。总之，埋头苦干、刻苦勤劳能够让人们走出舒适圈，实现自立自强的目标，让人生之路更加明朗。

（2）做事要实事求是

贾思勰在《种谷·第三》中引农谚"以时及泽，为上策"[①]，说明作物种植重要的是时节和墒情问题，不要拘泥于阴阳家那些没有道理的禁忌，强调农民要实事求是地科学种植。在当时的历史条件下，强调坚持"实事求是"，这是殊为难得的，也是值得学习和借鉴的。

实事求是能使人们保持客观、实在的人生态度，合理地看待和处理问题。坚持实事求是的观点，有利于培养青少年树立正确的世界观、人生观和价值观。坚持实事求是的思想方法和人生态度，能够有效处理人生理想与现实生活中的问题。实事求是不仅受思想方法、认识能力以及诸多客观条件的制约，也与道德境界的高低直接相关。实事求是是一种公正无私的高尚情怀，只有舍得为坚持真理、伸张正义而自我牺牲的人，才能做到彻底地、始终如一地坚持实事求是；实事求是是一种神圣的社会责任感，只有当一个人清醒地认识到实事求是的社会意义和不实事求是的严重社会危害，才能把实事求是作为自己在认识和实践活动中的自觉追求；实事求是是一种勤奋刻苦、锐意进取的敬业精神，这是成就一番事业的必要条件。

我们也必须看到，实事求是是一个极其复杂、相当艰苦的实践过程，既需要追求和掌握真理，又需要排除各种干扰勇敢地去坚持和捍卫真理；既需要学习掌握人类创造的各种知识，又需要面对千差万别、千变万化的客观情况，不断地超越已知、探索未知，所有这一切都必须付出艰辛的劳动。要做到实事求是，必须一丝不苟、深入细致地了解客观情况，严谨科学、精益求精地进行分析判断，脚踏实地、扎扎实实地按客观规律办事。

---

① 石声汉（译注）.齐民要术［M］.北京：中华书局，2015：94.

（3）要抓住机遇，珍惜机会

贾思勰说"天为之时"，上天给我们耕种的好时机，我们就要好好抓住机会，如果"而我不农"，不去努力耕种，错失良机，就会"谷亦不可得而取之"，不会收获谷物。"时及不为，而尚乎食也哉？"①到了农时却不及时耕种的人，就不会有吃食，上天给了机会却不知道珍惜，最后只会追悔莫及。

机遇对于一个人的成功来说非常重要，善于抓住机遇、能够珍惜机会的人往往能够事半功倍。一个人要抓住机遇，首先要认识到机遇对于事业、人生的重要性，要研究机遇的特点和出现的方式，积极地追求机遇，争取机遇，绝不在机遇到来时行动迟缓，疏于决断，造成一时甚至一生的缺憾。在把握机遇的同时也要积极努力地创造机遇，要在各个领域和方面充实自己、提升自己，如此才能在自己的人生中不留遗憾，大步向前。机会总是留给有准备的人，有了机会，才能把事情做到更好，才能在最佳时机实现人生的梦想。机会只垂青有勇气、有远见和有能力的人，把握机会可以把握自己的未来，并为别人创造机会，让人生更加充实，让周围的社会也变得更加美好。

4.2.4 教学案例三："神农、仓颉，圣人者也；其于事也，有所不能矣"

1）案例

【原文】

神农、仓颉，圣人者也；其于事也，有所不能矣。故赵过始为牛耕，实胜耒耜之利；蔡伦立意造纸，岂方缣牍之烦？且耿寿昌之常平仓，桑弘羊之均输法，益国利民，不朽之术也。谚曰："智如禹汤，不如常更。"是以樊迟请学稼，孔子答曰："吾不如老农。"然则圣贤之智，犹有所未达，而况于凡庸者乎！②

---

① 石声汉（译注）.齐民要术 [M]. 北京：中华书局，2015：4.
② 石声汉（译注）.齐民要术 [M]. 北京：中华书局，2015：7.

【译文】

像神农、仓颉这样的圣人，仍有某些事是做不到的；所以赵过开始用牛来耕田，就比神农创制的耒耜效率高多了。蔡伦发明了造纸术，这比使用麻布、简牍方便多了。而且耿寿昌的常平仓，桑弘羊的均输法，都是利国利民不朽的方法。俗话说："智慧如同夏禹、商汤，还是不如亲身经历过。"因此，樊迟请求向孔子学种庄稼的时候，孔子回答说："我知道的不如老农。"那么圣贤的智慧也有不达的地方，何况是平庸的人呢！

2）案例释疑

（1）出处

出自贾思勰著《齐民要术·序》。

（2）含义

汉武帝时"搜粟都尉"赵过"始为牛耕"（与史实相左，但赵过总结前人经验创制了三脚耧和代田法，亦为殊功），促进了农业生产；东汉蔡伦改进造纸术，推进了造纸技术的发展。他们所做的事情是像神农、仓颉这样的圣人也没有做到。从现实出发，在实践中创新，或许可以创造出新的方法。贾思勰以高度的儒家责任意识，从现实出发，考量如何在社会中凸显个人价值并为其内圣外王的人生诉求开辟出属于自己风格的践履之路。他认为，即使有夏禹、商汤的智慧，也不如从实践中获得的知识和经验，要有知行合一经验，才能指导农业和教化农民。

3）教学应用

（1）要有创新意识

创新是社会前进的动力。贾思勰不拘泥于以前的农业生产方式，以进步发展的历史观看待问题，倡导创新农业生产方式，提高农业生产技术，改进农业生产工具。汉武帝时的搜粟都尉赵过，发明了三犁共一牛的耧车，比耒耜要先进；东汉蔡伦发明造纸术后，比过去用"缣、牍"简便，还节省资费。贾思勰对他们的行为都给予充分肯定。《齐民要术》序中列举了众多的历史人物及其事迹，无不反映了贾思勰对新农具、新技术的推广应用所寄予的期望和支持。

创新是一个民族兴旺发达的不竭动力，创新能够促进经济社会的发展和人类文明的进步。对于大学生而言，创新具有重要的意义，对于提高大学生的综合素质以及未来的职业发展都起着十分关键的作用。愿意创新、敢于创新、善于创新是新时代对学生提出的全新要求。在高速发展的当今社会，人与人之间的竞争是非常激烈的，只会简简单单地机械式重复工作的人必将被时代的潮流所淹没，勇于创新、善于创新的人方是当今时代的中流砥柱。培养青年创新能力既是实现中华民族伟大复兴的战略抉择，又是青年成长的内在需要。青年作为未来国家建设的继承者，只有学会革新创造、开拓前进，才能在社会中立足发展，才能承担起建设国家的重担。因此，对于学生创新能力的培养，对其当下的学习以及未来的发展都有着极其重要的作用。

（2）要有实践精神

贾思勰认真吸收前人农书中的精华，汲取先人的经验，但他并不迷信古书，而是重视实践。他认为不懂得实践的人是没有学问的。他重视实践并虚心向老农请教，这在封建社会的知识分子中是不多见的。一方面，劳动人民的生产实践为贾思勰提供了极其丰富的知识源泉，另一方面，由于贾思勰心怀济世救民的伟大抱负，毕生积极进行探索、实践，使他在农业科学上取得了闻名遐迩的成就，这也从根本上保证了《齐民要术》的科学性。

实践是检验真理的唯一标准。空谈误国，实干兴邦，人生路漫漫，需要我们不断学习、不断争取，脚踏实地才会活得精彩。在学习中，需要我们付诸行动，动手动脑才会获得真知，不能纸上谈兵。"口头说出，笔下写出，不如身上做出。"说的就是这一道理。在生活中，不能光说不练，不能仅仅靠听、靠看、靠想就能成功；要成功，就得做个勤快的人，不断努力，不断学习，不断实践，为自己的梦想奋斗，付诸实践，才能得真知。

（3）要虚心请教，不能不懂装懂

"神农、仓颉，圣人者也；其于事也，有所不能矣。"[1]意思是说，即使像神农、仓颉那样的圣人也不是无所不能的。而且贾思勰还提到，

---

① 石声汉（译注）.齐民要术［M］.北京：中华书局，2015：7.

孔子的弟子樊迟曾向孔子请教农业之事，孔子没有解答弟子的提问，而是以"吾不如老农"回应。贾思勰借此强调要虚心，不能不懂装懂，贻害百姓。

"尺有所短，寸有所长。"的确，每个人身上在具备一定优点的同时，必然也存在诸多的缺点，世界上本就没有完美的人，但是如果能够做到虚心受教，这样的人一定会百尺竿头，更进一步。只有虚心，才能看到自己的不足和缺陷；只有向他人请教，才能够完善自己，提高自己，让自己向着正确的方向发展。请教既是一种谦虚的态度，也是责任、尊重、信任的表现，如果一个人拥有谦虚受教的品质，那么他在人生的道路上就会少走很多弯路，更加快捷地走向成功。

4.3 颜之推与《颜氏家训》

4.3.1 颜之推与《颜氏家训》基本情况简介

1）颜之推生平简介

颜之推（公元531年—约公元597年），字介，祖籍山东临沂，生于湖北江陵。颜之推是中国南北朝时期思想家、教育家。颜之推年少时因不喜虚谈而自己研习《仪礼》《左传》，由于博览群书且为文辞情并茂而得到南朝梁湘东王萧绎赏识，十九岁便被任为国左常侍；后于侯景之乱中险遭杀害，得王则相救而幸免于难，乱平后奉命校书；在西魏攻陷江陵时被俘，遣送西魏，受李显庆赏识而得以到弘农掌管李远的书翰；得知陈霸先废梁敬帝而自立后留居北齐并再次出仕，历二十年，官至黄门侍郎；北齐灭后被北周征为御史上士，北周被取代后仕隋，于开皇年间被召为学士，后约于开皇十七年（公元597年）因病去世。

2）《颜氏家训》简介

颜之推的人生经历充满了屈辱、压抑、困顿与无奈，他历经四朝，目睹士族教育的弊端，将自己亲见亲闻和立身、治家、处世的道理写成《颜氏家训》一书，以整顿家风，告诫子孙。全书共二十篇，论及教子、治家、风操、慕贤、勉学、文章等问题。《颜氏家训》成书以后，备受推崇。书中提出的教育观、读书观，对后世影响深远。论及儿童早期教育的观点非常超前，令人佩服。早在 1 400 多年前，颜之推就倡导"教儿婴孩"，明确提出"胎教之法"。他说："古者圣王有胎教之法；怀子三月，出居别宫，目不邪视，耳不妄听，音声滋味，以礼节之。书之玉版，藏诸金匮。"①学术上，颜之推博学多识，一生著述甚丰，所著书大多已亡佚，今存《颜氏家训》《还冤志》两书，《急就章注》《证俗音字》和《集灵记》有辑本。

3）主要思想

关于颜之推的思想，曾因他身仕四朝的政治人生而颇受争议。但究其实质，其思想来自儒家，即便受到佛学思想影响，也是援佛入儒、以儒释佛，可以说骨子里仍是一位儒者。

（1）"世以儒雅为业"的家族儒学传统

尽管魏晋南北朝时期儒学发展在社会上处于式微、低迷状态，难以和兴盛的玄、道、佛相争锋，但儒学的治国理民之功效和符合个人发展、奋斗以及利于家族兴盛的所谓修身、齐家、治国、平天下及孝亲、祭祀祖先等观念，在社会上还是得到了利己的世家大族、因儒学起家的士人以及一些以文化传家的世族等的支持和传播，他们仍然把对儒学经典的学习、把儒家的伦理道德作为修身、齐家、立身扬名以及获取现实利益的基础和根本途径，并以此教导着子孙。譬如这时期颍川荀氏、汝南袁氏、琅琊王氏、太原王氏、河西张氏、巴西谯氏等都是儒学的坚守者和传播者。正如陈寅恪先生所说："盖自汉代学校废弛，博士传授之风气止息以后，学术中心移于家族，而家族复限于地域，故魏晋南北朝之学术、宗教皆与家族、地域两点不可分离。"②这也使得儒学的发展传播表现出家族化和区域化的特点，家学传播成为这时期儒学继承和传播的最主要途径。再加上魏晋南北朝时期政治斗争残酷、政权更迭不断，但新建立起来的政权又无不需要儒家理论作为施政、治国和推行社会教化、维护统治的指导，从而使得统治者不得不提倡儒学及其思想，这使儒学发展虽遭不断挫折而终为不灭。

---

① 檀作文（译注）.颜氏家训 [M]. 北京：中华书局，2011：7。
② 陈寅恪.隋唐制度渊源略论稿 [M]. 北京：三联书店出版社，2001：20.

正是在这种情况之下，出身于南北朝后期以文化传家的颜之推一方面执着于对儒学的坚守和学习，一方面又因势利导开展对儒家思想的传播。颜之推出生于儒学传承之家，从小就接受儒家思想的训导，也较早地开始了对儒学的学习。尽管青少年时期颜之推曾受社会上的玄风影响而有过一段率性放荡的生活，但不久他就认识到遵循家业、精习儒学才是自己的真正出路。此后迭经侯景之乱、"三为亡国之人"的坎坷，颜之推深刻体会到唯有儒学，不仅在安定和平环境中可以之扬名，即于乱世之中也可为立身之本、生活之资。因此，他不仅自己坚定对儒学的学习和对儒家思想的恪守，也坚决要求后人努力继承和学好儒学。颜之推在现实生活中也始终坚守儒学并将其贯穿于社会生活的点点滴滴之中。正是因为这样，颜之推的子孙皆能用功于儒学，并在随后的隋唐王朝尽显其家传之业的优势。

（2）"务先王之道，绍家世之业"的安身立命之道

颜之推生活在一个世代业儒的家族环境中，自然受到儒家思想的熏陶，因此他产生入世扬名的思想，也就不足为怪了。儒家向来主张"穷则独善其身，达则兼济天下"[①]，要想兼济天下，首先必须要涉世处务。因此，他告诫自己的子孙要贵学务实，掌握一定的应世经务才能，只有这样方可免于祸难。这在竞争激烈的今天，有着积极的教育意义。

颜之推正是凭着自己的儒学修养和处世经验，才得以在沦为奴隶时未被杀掉，反而在逃至北齐后，还历任清贵之文官。在提出自己立身处世之道的同时，颜之推批评了当时那些不学无术、形同废人的士族子弟："射则不能穿札，笔则才记姓名，饱食醉酒，忽忽无事……议论得失，蒙然张口，如坐云雾；公私宴集，谈古赋诗，塞墨低头，欠伸而已。"[②]此外，他在《涉务》篇里也说："居承平之世，不知有丧乱之祸；处庙堂之下，不知有战陈之急；保俸禄之资，不知有耕稼之苦；肆吏民之上，不知有劳役之勤，故难可以应世经务也。"[③]可见，作为一名儒家士子的颜之推，始终是主张入世扬名的。他不仅身体力行，而且

---

① 杨伯峻.孟子译注 [M]. 北京：中华书局，2010：281.
② 檀作文（译注）.颜氏家训 [M]. 北京：中华书局，2011：94-95.
③ 檀作文（译注）.颜氏家训 [M]. 北京：中华书局，2011：179.

还教育自己的子孙要"务先王之道，绍家世之业"①。换言之，只要后世子孙能恪守儒家之道，勤学务实，传承家业，即便寒食破衣，之推亦感安心。

（3）"内外两教，本为一体"的儒释融合思想

颜之推说："计吾兄弟，不当仕进；但以门衰，骨肉单弱，五服之内，傍无一人，播越他乡，无复资荫；使汝等沉沦厮役，以为先世之耻；故冒冒人间，不敢坠失。"②门第衰落就意味着子孙后代将要"沉沦厮役"，因而，作为严父的颜之推在教育子孙后代时，必然会以实用主义来取代理想主义。纵观《颜氏家训》一书，虽然涉及儒、道、佛三家思想，但是这些思想都是经过颜之推深思熟虑，理性选择的，三家思想并不以任何一家统领其他两家，而是三家全部统领于延续宗族的实用主义目的。

随着佛教在中国的传播与发展，颜之推当时所在的南朝，上至帝王权贵，下至平民百姓，对佛教的崇信达到空前高涨的地步。在时代风气的影响下，颜之推亦不可避免地受到了佛学思想影响，尤其是对于佛法所言的世事无常、因缘果报的感受要比一般人强烈得多、深刻得多。然而，他又不同于一般的佛教徒。颜之推是从儒家的角度去解读佛教义理。他在《家训·归心》篇中说："内外两教，本为一体，渐积为异，深浅不同。内典初门，设五种禁；外典仁义礼智信，皆与之符。仁者，不杀之禁也；义者，不盗之禁也；礼者，不邪之禁也；智者，不酒之禁也；信者，不妄之禁也。"③在颜之推看来，佛教的"五戒"与儒家的"五常"是相通的。颜之推对道家的养生之术也给予了很高评价。在论及道家的养生方法时，颜之推认为："若其爱养神明，调护气息，慎节起卧，均适寒暄，禁忌饮食，将饵药物，遂其所禀，不为夭折者，吾无间然。诸药饵法，不废世务也。"④颜之推认为这些养人天年的方法都是可取的，但前提条件是不要荒废世务。

总而言之，颜之推思想体系中儒、道、佛不相统率地并存着，且每

① 檀作文（译注）.颜氏家训［M］.北京：中华书局，2011：125.
② 檀作文（译注）.颜氏家训［M］.北京：中华书局，2011：320.
③ 檀作文（译注）.颜氏家训［M］.北京：中华书局，2011：212.
④ 檀作文（译注）.颜氏家训［M］.北京：中华书局，2011：206.

一种思想都是经过理性地选择和加工的，是以服务家族利益为目的的一种工具。所以，《四库全书》将其推为杂家可谓深得《颜氏家训》之旨要。

4.3.2　教学案例一："以业立世"的家庭劳动教育理念

1）案例

颜之推所撰《颜氏家训》是一部系统完整的家庭教育教科书。古往今来，中华民族一直重视家庭教育，这是中华儿女刻在骨子里的传承。堪称家教第一书的《颜氏家训》是中华优秀传统文化里的精华之一，也是新时代家庭、家教、家风教育的重要资源之一。颜之推堪称是中国古代家庭教育理论的奠基者。他在《序致篇一》中说道："吾家风教，素为整密。"[①]可见颜氏家族是一个重视家庭、家教、家风教育的家庭，这对颜之推本人产生了深远的影响。他在《勉学》篇中明确提出"人生在世，会当有业：农民则计量耕稼，商贾则讨论货贿，工巧则致精器用，伎艺则沉思法术，武夫则惯习弓马，文士则讲议经书"[②]的训导，形成了"以业立世"为核心价值的家庭劳动教育理念，对新时代劳动育人实践具有重要的启示意义。《颜氏家训》还从自力更生、积极担当角度谈劳动的意义。在劳动教育方法上，重立业之志的确立、劳动习惯的养成、榜样示范的引导。业无尊卑的劳动观念、实干务实的劳动精神、勤俭向善的劳动品格以及知行合一的读书理念是其家庭劳动教育的主要内容。

2）案例释义

颜之推一生坎坷。当时，国家分裂，战乱频仍，朝代更替频繁，士族衰落。动荡的时局令他清醒地意识到，必须以家庭教育来"整齐门内，提撕子孙"[③]。他深刻阐释劳动的意义，以期培养子孙勤学立业、勤俭向善的劳动精神和品格，引导子孙树立自力更生、积极担当的人生价值追求。

颜之推善于通过身边的人和事阐释劳动的意义。他在《勉学》篇中

---

① 檀作文（译注）.颜氏家训［M］.北京：中华书局，2011：3.
② 檀作文（译注）.颜氏家训［M］.北京：中华书局，2011：94.
③ 檀作文（译注）.颜氏家训［M］.北京：中华书局，2011：1.

指出："多见士大夫耻涉农商，羞务工伎，射则不能穿札，笔则才记姓名，饱食醉酒，忽忽无事，以此销日，以此终年。"①他看到当时的士大夫阶层大多终日无所事事、浑噩度日，不禁长叹："何惜数年勤学，长受一生愧辱哉！"②这些表面光鲜的士大夫们，平常不注意勤学立业，到了关键时刻难免丢丑受辱。于是，他告诫子孙切不可虚度年华，要有以业立世的志向，勤奋学习，读好书，学好技能。

颜之推也常常从历史的经验教训出发来点明劳动的意义。他注意到，梁朝在全盛之时，社会上奢侈安逸之风盛行，贵族子弟们大多不学无术。他这样描述当时贵族子弟的生活状态："无不熏衣剃面，傅粉施朱，驾长檐车，跟高齿屐，坐棋子方褥，凭斑丝隐囊，列器玩于左右，从容出入，望若神仙。"③他告诫子孙，这些日常涂脂抹粉、好逸恶劳、过着"神仙"般生活的贵族子弟，一旦遇到世道离乱，往往"求诸身而无所得，施之世而无所用"④，最后只能落个颠沛流离、无处安身的下场，成了实实在在的蠢材。但与之形成鲜明对比的是，那些有学识和掌握一定技艺的人则可以"触地而安"，有着很强的适应社会的能力，到哪里都能安居。

颜之推从实现个体自力更生和积极担当两个方面突出以"业"立身的主张。自力更生、积极担当一直都是儒家文化所尊崇和倡导的。在儒家看来，自力更生、自强不息、积极担当，是人法天道应有的一种品格。颜之推提出的"人生在世，会当有业"的主张，就蕴含着这种依靠劳动实现自力更生、自强不息的精神，也彰显着古人"以业立家、以业立国"的责任和担当。也就是说，颜之推所强调的劳动意义兼顾了劳动的外在价值和内在价值两个层面。以业立世，实现自力更生，是劳动的外在价值，强调的是劳动作为人们维持自身生存和发展的意义。以业立世，积极担当，是劳动的内在价值，凸显的是劳动对实现人的尊严和自由的意义，这实际上指向了人的本质的实现问题。

"以业立世"是颜之推家庭劳动教育的核心。那么，一个人该立何

① 檀作文（译注）. 颜氏家训［M］. 北京：中华书局，2011：94-95.
② 檀作文（译注）. 颜氏家训［M］. 北京：中华书局，2011：95.
③ 檀作文（译注）. 颜氏家训［M］. 北京：中华书局，2011：96.
④ 檀作文（译注）. 颜氏家训［M］. 北京：中华书局，2011：96.

"业"，如何立业？颜之推在《颜氏家训》中对这些问题所做的解答，便是其家庭劳动教育的具体内容。

颜之推指出："父兄不可常依，乡国不可常保，一旦流离，无人庇荫，当自求诸身耳。"[①]这实际上点明了一个道理：劳动是安身立命之本。颜之推出生于官宦之家，父亲于朝廷担任重职。他自幼承袭家学，才思敏捷且又受严明家风熏陶，本应安稳度过一生。但命运对他的考验接踵而至，垂髫之年父亲离世，自此后便由兄长教养长大。家离奈何逢国难，战火纷飞、朝代更迭，在朝为官的他因叛乱被囚，几年后又被俘于北齐和北周。由于政治的动荡、朝廷的更迭、官场的险恶，颜之推目睹了梁朝的豪门士族由养尊处优、高官俸禄转为流离失所、惨淡收场的惨象。四处漂泊的生活与士族子弟的落魄让颜之推对生存有了更加清晰深刻的认知。异常艰辛的生活经历让他真正懂得了读书的意义并非在于豪门子弟间的夸夸其谈，也不是祖辈期盼的彰显门楣。名声权力不过是过眼云烟，荣华富贵不过转瞬即逝，求学不是为了炫耀而是要掌握真才实学，要用自身所学灵活处理现实中的事务，将所学知识变成安身立命的本领。这才是颜之推的人生感悟，更是他对后辈子孙的殷切希望。

在进行劳动教育过程中，颜之推强调要博闻执一。博闻使增益，执一可求精，并可在危难之时反求诸己。在教导子孙时，颜之推一方面强调学习知识应该做到博学广闻，涉猎百家著述。生存的手段不能局限于读书一种，他鼓励子孙学习耕耘种植、买卖经商、手工制作、杂事劳役、钓鱼屠肉、喂牛养羊、音乐棋博、医药占卜等各行各业的劳动知识，并尽可能多地了解这些工作的具体操作与要求。这样，子孙们不仅能学习到各行各业的劳动德操和劳动技能，更能通过与劳动者的接触了解社会生产实际情况。另一方面，颜之推在强调"博览机要"的同时，也鼓励后辈要做到"执一"，即熟悉掌握一门技艺并做到最好。"人性有长短，岂责具美于六涂哉？但当皆晓指趣，能守一职，便无愧耳。"[②]每一类职业都有各自的能力和技术要求，从业之人必须治学求精，才能在灾难来临时因有一技之长而保全自身。

---

① 檀作文（译注）.颜氏家训 [M]. 北京：中华书局，2011：98.
② 檀作文（译注）.颜氏家训 [M]. 北京：中华书局，2011：178.

3）教学应用

颜之推的家庭劳动教育理念，对新时代我国的劳动育人实践具有重要的启迪作用。

（1）重立业之志

颜之推主张积极入世、博施济众，反对当时把儒家主张的济世成俗之业"弃之度外"的社会风气。他指出，追求本真、不为外物所牵绊的逍遥自在，不过是"直取其清谈雅论，剖玄析微，宾主往复，娱心悦耳，非济世成俗之要也"[①]。意思是说，那些以清谈为务、追求个人享乐、不问政事的人，都是缺乏自觉担当精神的人。颜之推坚持以强调责任担当的儒家道义来引导子孙确立自己的事业志向。在他看来，若从小立下"会当有业"的志向，便可以凝心聚力，把握好人生前进的方向，就能够保持一种自力更生、勤学克俭、积极向上的生活态度，最终就会成就一番事业，成为一个有作为的人。

（2）重视劳动习惯的养成

提倡通过"早教"来养成好的德行和劳动习惯，是《颜氏家训》的一大特色。颜之推认为："当及婴稚，识人颜色，知人喜怒，便加教诲，使为则为，使止则止。"[②]意思是说，在子女能看懂大人的脸色，知道大人喜怒的时候，就要开始进行劳动教育。要尽早让孩子养成大人允许做的事情才做，不允许做的事情就不能做的习惯。如果父母对子女不加教育，甚至一味溺爱，任其为所欲为，就会养成孩子骄横的习性。坏的习性一旦养成，那父母的教诲、管束就只会起到适得其反的作用，甚至遭到子女的怨恨，其最终恶果可能会让孩子成为道德败坏、懒惰成性的人。他甚至以自己为例告诫道："年十八九，少知砥砺，习若自然，卒难洗荡。"[③]在他看来，正是由于自己当时缺少好的"早教"，所以在成长过程中走了不少弯路。因而，家庭劳动教育的日常化，对良好劳动习惯的养成是非常重要的。

（3）重亲身劳动体验

颜之推主张通过亲身参加劳动尤其是农业劳动的方法，养成好的劳

---

① 檀作文（译注）.颜氏家训［M］.北京：中华书局，2011：116-117.
② 檀作文（译注）.颜氏家训［M］.北京：中华书局，2011：7.
③ 檀作文（译注）.颜氏家训［M］.北京：中华书局，2011：3.

动观念和品格。他指出："古人欲知稼穑之艰难，斯盖贵谷务本之道也。"①意思是说，只有亲身体验过耕种和农作的艰辛，才能使人真正地珍惜粮食，形成重视农业生产的意识。他告诫道："未尝目观起一坡土，耘一株苗；不知几月当下，几月当收，安识世间余务乎？故治官则不了，营家则不办，皆优闲之过也。"②当时的中国是一个农业国家，农业是国民经济之本。他认为一个缺少必要农业劳动体验和农业生产知识的人，是不可能做好官、当好家的。没有农作经历的人，是不可能理解普通劳动者的艰辛和劳苦的，也难以处理好社会事务；只有那些体验过耕种辛劳的人，才会尊重农民并由此而尊重他人。这实际上点明了劳动的育人功能：亲历劳动过程，有助于涵养人的同情心、理解力、审美力和行动力，能帮助个人实现全面的发展。

4.3.3 教学案例二：以"开心明目，利于行耳"为核心的读书观

1）案例

颜之推关注教育，也重视读书。颜之推一生丰富的学识和缜密的读书思想，在《颜氏家训》中得到全面展现。颜之推的读书观既继承了孔子、荀子、刘向等古代先贤的读书思想，又提出了自己关于读书学习的独到见解，立论平实、旁征博引，自成一家之言。研究《颜氏家训》中颜之推的读书观，对指导现代阅读与工作实践具有积极的意义。

2）案例释义

（1）读书的意义

读书可以明目修身。颜之推十分重视为何读书的问题。为何读书，如何做人，历来是读书人思考的一个核心问题。颜之推认为，读书的目的就是为了开发心智，提高辨别能力，以利于自己的品行提升。他在文章中列举了读书对人们开启心智、修身利行的种种作用。例如，通过读书，能看到古人如何孝顺父母，怎样侍奉父母；通过读书，能看到古人

---

① 檀作文（译注）.颜氏家训［M］.北京：中华书局，2011：182.
② 檀作文（译注）.颜氏家训［M］.北京：中华书局，2011：182.

如何忠于职守，在危险关头以国家利益为重，不惜牺牲生命；通过读书，能看到古人如何恭谨俭朴、谦卑自守；通过读书，还能看到古人如何少有私欲、周济贫困、宽仁大度、通达乐观、刚正不阿、讲求信义等。凡此种种品行，都可以通过读书加以培养。

颜之推在《勉学篇》明确指出："夫所以读书学问，本欲开心明目，利于行耳。"①意思是说，读书求学是为了开发心智、明辨是非，从而利于日常操行。他强调读书如春华秋实，是加强道德修为、提升自身能力的根本途径。在《名实篇》中，他进一步阐述了读书学习、师法古人对社会风化的影响。他说："劝也。劝其立名，则获其实。且劝一伯夷，而千万人立清风矣；劝一季札，而千万人立仁风矣；劝一柳下惠，而千万人立贞风矣；劝一史鱼，而千万人立直风矣。"②在颜之推看来，通过读书劝学，效法德才兼备的古人，社会就能形成清风、仁风、贞风和直风。这实际上是强调读书是引导世人走正道、做善事、形成良好社会风气的必要条件。

颜之推还强调："明《六经》之指，涉百家之书，纵不能增益德行，敦厉风俗，犹为一艺，得以自资。"意思是说，明了《六经》要义，广泛阅读百家著述，即便不能增加道德修行，整饬社会风化，也能为自己找到谋生的出路。在颜之推眼里，不肯读书接受教育无异于"求饱而懒营馔，欲暖而惰裁衣"③。在这里，颜之推将读书看作是成家立业的必要条件，强调不论上智下愚，均可通过读书达到自立于天地间之目的。

（2）读书的原则

强调蒙以养正，要尽早阅读。颜之推以自己幼年所读《灵光殿赋》，得到的知识十年都不会遗忘为例，强调孩提之时学习阅读的重要性。他说："人生小幼，精神专利，长成已后，思虑散逸，固须早教，勿失机也。吾七岁时，诵《灵光殿赋》，至于今日，十年一理，犹不遗忘；二十之外，所诵经书，一月废置，便至荒芜矣。"④研究表明，人

---

① 檀作文（译注）.颜氏家训［M］.北京：中华书局，2011：103.
② 檀作文（译注）.颜氏家训［M］.北京：中华书局，2011：175.
③ 檀作文（译注）.颜氏家训［M］.北京：中华书局，2011：98.
④ 檀作文（译注）.颜氏家训［M］.北京：中华书局，2011：107.

类孩提时代所受教育会深刻影响其一生,而阅读习惯和阅读能力的培养又是儿童教育的重中之重。幼儿阅读是提高阅读技能、智力开发、培养人文素养和完善人格的必要方式,也是传承思想、培养儿童适应社会能力的有效途径。因而,对儿童教育应做到蒙以养正,尽早阅读。

要阅读经典、仁义为节。颜之推十分注重经典阅读,他以四书五经中《礼经》为例,认为一个人能读透《礼经》,毁家、灭族、杀身之祸就会远离。他说:"吾观礼经,圣人之教:箕帚匕箸,咳唾唯诺,执烛沃盥,皆有节文,亦为至矣。"①他提倡深入阅读儒家的经典著作,提高思考、言行和待人接物的综合能力。在颜之推眼中,"仁义为节"是阅读的第一要义。他说:"肠不可冷,腹不可热,当以仁义为节文尔。"②意思是说,当个人利益与仁义之间必须做出选择时,要贵仁义轻名利。他说:"伍员之托渔舟,季布之入广柳,孔融之藏张俭,孙嵩之匿赵岐,前代之所贵,而吾之所行也,以此得罪,甘心瞑目。"③意思是说,前代典籍中记载的这些仁义之事,都是受到前人崇尚的行为,也是颜之推所遵从奉行的,即使因此而获罪,也心甘情愿,死而瞑目。因为贵义轻财,是君子处世的重要方式,而读圣贤之书是获得这种品格的重要途径。

重视身体力行、以身示教。颜之推认为:"夫同言而信,信其所亲;同命而行,行其所服。"④意思是说,同样一句话,有的人会信服,是因为说话者是他们所亲近的人;同样一个命令,有的人会执行,是因为下命令者是他们所敬服的人。家长在阅读教育过程中采取的策略和方法对孩子的身心发展有直接影响。家长要随时随地把身教与言教结合起来,以身作则,家长主动阅读,会起到示范效应,能够带动孩子养成良好的阅读习惯。"夫风化者,自上而行于下者也,自先而施于后者也。"⑤教育感化,上行下效,要带动读书的好风气,首先要从自身开始,这样孩子在耳濡目染之中也能养成读书的好习惯。

① 檀作文(译注).颜氏家训 [M]. 北京:中华书局,2011:47.
② 檀作文(译注).颜氏家训 [M]. 北京:中华书局,2011:192.
③ 檀作文(译注).颜氏家训 [M]. 北京:中华书局,2011:191.
④ 檀作文(译注).颜氏家训 [M]. 北京:中华书局,2011:1.
⑤ 檀作文(译注).颜氏家训 [M]. 北京:中华书局,2011:34.

3）教学应用

（1）要学而好问，切磋相起

颜之推提倡读书要切磋讨论、相互启发。他说："《书》曰：'好问则裕。'《礼》云：'独学而无友，则孤陋而寡闻。'盖须切磋相起明也。见有闭门读书，师心自是。稠人广坐，谬误差失者多矣。"[1]颜之推在这里谈到的读书要求有两层意思：一是主张学而好问，多问才能做到学识广博，知识充裕，即"好问则裕。"二是强调切磋讨论。他强调独自一人学习而不与他人共同探讨，就会孤陋寡闻。所以，读书要相互切磋，相互启发，如此才能达到通晓明白、相互提升的目的。从颜之推的相关论述可以看出，他所主张的读书，不仅要自己读，还要与人一起读。我国今天在全社会深入开展全民阅读活动，提倡共读共享，举办各种各样的读书活动，成立读书小组，创建线上线下读书群，大家分享交流读书的心得和方法，就相关主题，各抒己见，开展深入讨论，提升了读书学习的效果，这正是"切磋相起"的好方式，值得深入推广。

（2）农商工贾，可为师表

颜之推既鼓励人们向书本学习，也主张向社会学习，特别是要向劳动人民学习。他说："爰及农商工贾，厮役奴隶，钓鱼屠肉，饭牛牧羊，皆有先达，可为师表，博学求之，无不利于事也。"[2]这里强调，无论是农夫、商人、工匠、童仆、奴隶，还是渔民、屠夫、养牛的、放羊的，他们之中都有贤明之人、杰出之士，都可以作为学习的榜样，广泛地向这些人学习，对事业是有好处的。在南北朝时期，颜之推就认识到读书人要广泛地向劳动人民学习，这是很了不起的事情。读书学习在于博学多闻，途径和方式多种多样。博学既要向书本学习，也要向社会学习，还要向他人学习，特别是要虚心向劳动人民学习，只有这样，才能检验自己的书本知识，丰富社会实践知识，才能增长实际的本领和才干。

（3）必须眼学，勿信耳受

颜之推劝勉人们，读书做学问要扎实严谨，谈话写文章不能道听途

---

[1] 檀作文（译注）.颜氏家训［M］.北京：中华书局，2011：126.
[2] 檀作文（译注）.颜氏家训［M］.北京：中华书局，2011：101.

说。他说："谈说制文，援引古昔，必须眼学，勿信耳受。江南闾里间，士大夫或不学问，羞为鄙朴，道听途说，强事饰辞：呼徵质为周、郑，谓霍乱为博陆，上荆州必称陕西，下扬都言去海郡……凡有一二百件，传相祖述，寻问莫知原由，施安时复失所。"①颜之推告诫人们，谈话作文，援用古代例证，必须是亲眼从书里所读到的，不能轻易相信耳朵听来的东西。他列举了当时江南存在的一些治学不严、道听途说的现象。一些士大夫不愿勤学好问，担心被别人说成粗鄙浅薄，就把一些道听途说的东西拿来装饰门面，以示高雅博学。有的将抵押说成周、郑，将霍乱说成博陆，上荆州说成去西安，下扬都说成去海郡。如此等，用到文章中不得其所，用在谈话中不伦不类。所以，"必须眼学，勿信耳受"。这是古代先贤读书治学的经验之谈，也是我们读书学习所要遵循的。在现代社会，科技发达，信息量大，传播速度快。道听途说的东西不少，真假难辨，莫衷一是。这就要求我们多读原著，多看原文，少看注释解读，方能了解原义；如果是治学，引经据典，就要亲自看到原文，亲自核实原本，切勿道听途说，避免以讹传讹。

颜之推勤奋读书，博学多才，堪称读书的典范。他的读书观，既是自己一生读书经验和方法的总结，也是对前人读书思想的继承和发展，更是留给后人的一笔宝贵精神财富。我们学习颜之推关于读书的思想观点和经验方法，并加以整理、提炼、总结，对于进一步推动新时代全民阅读、提高人们的阅读水平和阅读成效，无疑具有重要的借鉴意义。

4.3.4　教学案例三：以"立身扬名"为核心目标的道德教育观

1）案例

颜之推晚年所著的《颜氏家训》，结合自己的人生经验和处世心得，详细阐释了立身、治家、处世、为学等人生哲学的诸多方面。颜之推所论之"立身"，以"修身"为根本，以"勤学"为涵养；所论之

---

① 檀作文（译注）.颜氏家训［M］.北京：中华书局，2011：129.

"扬名"，以"自立"为前提，以"务实"为实践途径。颜之推所推崇的道德教育，以"孝"为基，以"仁"为本，以"诚"为心，以"礼"为用。尽管作者自谦"非敢轨物范世"，仅仅是为了"整齐门内，提撕子孙"①，但仍然被后世赞为家训之祖。仔细考察颜之推"提撕子孙"所蕴含的以儒家思想为核心的伦理道德教育，在今天看来仍然具有深刻的启发和借鉴意义。

围绕"立身扬名"的目标追求，颜之推一方面不遗余力地提倡修身，主张以儒家伦理道德对子孙开展训诫教育，将"忠、孝、仁、礼"思想贯穿到日常生活当中；另一方面又致力于"扬名"教育，用生动事例教导子孙应恪守祖训、勤学务实。但在"立身"与"扬名"之间，颜之推更加推重"立身"教育，把"立身"教育看作是为政之要、育人为本。他始终将道德操守置于"爵碌"之上，明确强调若丧失道德操守，即使"自致卿相，亦不愿汝曹为之"。②这种观念为今天的家庭教育和学校教育、社会教育指明了方向。

2）案例释义

在战乱不断的魏晋南北朝时期，人们常以家族为单位来介入政治活动和参与社会生活，家族是个人利益之本，家族的亲和与否，关系着家族的存亡。于是，父子、夫妇、兄弟之间的血缘纽带关系就倍加受到重视。这一时期的士族非常重视对子女进行伦理规范教育，包括如何处理父子关系、兄弟关系等的教育。颜之推认为，在教育内容上应当德艺兼顾，既要进行道德知识教育，又要进行广博知识的教育。这里所谓的"德"，是指要恢复儒家传统，加强孝悌仁义教育；这里讲的"艺"，是指恢复儒家经学教育并兼及"百家之书"。颜之推非常重视协调家庭成员之间的伦理关系。他将家庭人伦关系概括为："夫有人民而后有夫妇，有夫妇而后有父子，有父子而后有兄弟：一家之亲，此三而已矣。自兹以往，至于九族，皆本于三亲焉，故于人伦为重者也，不可不笃。"③夫妇、父子、兄弟之间的关系，是家庭人伦关系中最为重要的三种关系，其他的人伦关系都是由这三种关系派生出来的。以家庭为

---

① 檀作文（译注）.颜氏家训［M］.北京：中华书局，2011：1.
② 檀作文（译注）.颜氏家训［M］.北京：中华书局，2011：17.
③ 檀作文（译注）.颜氏家训［M］.北京：中华书局，2011：19.

本，由"三亲"而"九族"的宗法血缘关系是我国封建社会的基础。可以说，颜之推的认识切中了家训的根本。

强调加强孝悌之道的培养。颜之推在《颜氏家训》中强调进行以孝悌为中心的伦理道德教育，要求子弟践行以孝悌为中心的道德规范。在对待家长与子女的关系问题上，颜之推指出："父子之严，不可以狎；骨肉之爱，不可以简。简则慈孝不接，狎则怠慢生焉。"[①]强调处理好父子关系就要求父亲对待孩子不能没有慈爱，否则孝和慈都做不好；在强调慈爱的同时，要求父亲对子女严格管教，否则会使怠慢滋生。这样既保证了父子间形成父慈子孝的良好人伦关系，又避免了过分亲近溺爱而养成子女傲慢骄横的恶习。在处理兄弟之间的关系问题上，颜之推强调："兄弟不睦，则子侄不爱；子侄不爱，则群从疏薄；群从疏薄，则僮仆为仇敌矣！"[②]颜之推十分重视兄弟和睦对巩固家庭关系的作用。兄弟之间从生理上说，血脉相连，气息相通；从感情上讲，同甘共苦，风雨共济。所以，他认为兄弟之间应该相互照顾，彼此之间和睦相处。在这里，他将兄弟之间的和睦提高到关系家族的和谐与否的高度，认为如果兄弟不睦则会导致家庭中其他关系的不和谐，从而使家庭遭受外人的欺凌。关于如何处理兄弟关系，颜之推说："人之事兄，不可同于事父，何怨爱弟不及爱子乎？是反照而不明也。"[③]意思是说，人们对待兄弟不像对待父亲那样，又怎么能怪哥哥对兄弟不如对自己的儿子好呢？他主张兄友则弟恭，二者是相互的。总的来说，颜之推的目的是通过努力规范家族内各种关系来维护家族的团结和稳定。

注重仁义教育。颜之推强调对子弟进行仁义教育。所谓"仁"，就是要求人们推己及人，以仁爱之心对待他人，人与人之间要互相关心，互相帮助，从而形成一种相互友爱、和谐的人际关系。所谓"义"，是指正当、应该和适宜。"义"强调个人对他人、对社会应当承担责任和义务，要求人们依据道德义务来确立自身追求的价值目标，在处理义利关系时坚持"义以为先""义以为上""以义制利"。他认为，当个人切身利益甚至生命与仁义发生矛盾时，应该毫不犹豫地舍弃个人利益甚至

---

① 檀作文（译注）.颜氏家训 [M]. 北京：中华书局，2011：12.
② 檀作文（译注）.颜氏家训 [M]. 北京：中华书局，2011：22.
③ 檀作文（译注）.颜氏家训 [M]. 北京：中华书局，2011：23.

生命去实践仁义。颜之推期望通过进行仁义教育，使孩子树立牢固的仁义信念，有基本的道德准则，在社会生活中，做到以仁义为准绳"为善去恶"。

强调加强礼的规范教育。所谓"礼"，是指礼仪、礼制和礼则。"礼"是"仁""义"道德要求的具体行为模式，就是要求人们的一切言行都要符合礼，尽其本分。在道德教育中，礼的教育是不可缺少的。颜之推非常重视礼的规范教育。他认为在礼的规范下，每个社会成员明确自己的定位，充当特定的社会角色，社会自然就会秩序井然，形成和谐稳定的局面。同时，他也认为，礼和敬是紧密联系的，一个人如能时刻守礼，经常保持敛容抑志的恭敬心态，才能在社会实践中，时刻遵守各种典章制度，不致触犯刑律而遭诛身毁家灭族之祸。

3）教学应用

（1）修身利行，修身为先

"修身"是古代道德教育的逻辑起点，也是当下社会道德建设的前提。颜之推以修身为本的道德教育思想，注重个体优秀的道德品质、高尚的道德情操、崇高的人生信念、稳定的性格特征的培养，强化儒家道德观念对个体道德实践的渗透和引导，对于有效规避个体行为选择中的盲目与随意，降低意志失调和行为失控的风险，促成道德观念和道德行为在实践中的合二为一，提升道德教育的效果提供了价值参考与路径借鉴。当前的道德教育总体上是好的，但不可否认的是，不能摆正道德教育的位置，颠倒"修身"与"利行"之间的关系，只重"利行"不重"修身"的功利性心理时有存在，它颠倒了本与末、因与果的关系，混淆了本质与现象，忽视了个体道德品质养成的基础与根基，对于个体的成长不仅不利，甚至是极为有害的。我们应该学习和借鉴颜之推的道德教育思想，做到"修身利行，修身为先"。

（2）立德树人，德育为先

颜之推以"孝"为基、以"仁"为本、以"诚"为心、以"礼"为用的道德教育规范，为现代社会家庭教育、学校教育和社会教育提供了内容和方法指引。在当代中国，无论家庭教育还是学校教育、社会教育，都承担着培养社会主义事业建设者和接班人的根本任务。家庭、学校、社会协同育人的价值定位共同指向了落实党和国家的教育方针上，即必须将德育放在育人的优先位置上。然而，当前的家庭教育、学校教育和社会教育存在的问题是，均一定程度上存在着重智轻德的现象，导致的结果是道德品质和良好行为习惯养成方面的培养遭到淡化甚至忽视。这偏离了德育优先的育人指向，不符合我国社会主义建设的需要。我们应在继承传统德育思想的基础上，不断提高对人的道德修养的重要性的认识。可以说，把德育摆在诸育之前，注重涵养个人的高尚道德品格，提高道德判断和道德实践能力，不仅是有效应对行为失范的当务之急，更是落实立德树人根本任务、培养德智体美劳全面发展的社会主义建设者和接班人的现实之需。

（3）家校结合，家教为先

颜之推将道德教育内化到家庭生活场景中，以修身做人为主要内容，突出强调早期道德教育的重要性，最终欲求是对子孙进行良好的伦理熏陶和人格塑造，对子孙修身立业扬名产生了重大影响。颜之推的做法对当今社会的道德教育具有重要的启示：在进行道德教育的过程中，应家校结合，家教为先。这是因为，家庭是社会的基本构成单位，也是道德教育和道德实践的第一场域。家庭作为个人道德修养培育与实践的起点和最基本的场所，在传承传统道德与培育个人品德之间具有天然的联系。父母子女之间的血缘亲情联系以及朝夕相处的情感熏陶，使得家庭道德教育内容质朴丰富，教育方式直接生动，因而教育效果也就更加明显突出。因此，我们应重视、提倡家庭道德教育。

4.4　蒲松龄与《聊斋志异》

4.4.1　蒲松龄与《聊斋志异》基本情况简介

1）蒲松龄生平简介

蒲松龄（公元1640年—公元1715年），字留仙，一字剑臣，生于晚明崇祯年间，卒于清康熙中叶，自乱世偷生而来，见证了中国最后一个盛世的兴起。他自幼聪颖，少负才名，顺治十五年（公元1658年），年方十九岁，初应童子试，即以县、府、道三第一补博士弟子员，名震乡里，并得到当时名士、山东学道施闰章等人的赏识，可以说是少年得志。蒲氏家族虽历史悠久，但到蒲松龄时已家道中落。颇受儒家思想熏陶的蒲松龄，和当时天底下所有读书人一样，梦想着一朝得中科举，赢得生前身后名。无奈命运开了一个巨大的玩笑，自其十九岁连中三镐之后，居然连续五十多年都名落孙山。如果从未到达过人生的高峰，又或是没有之前的那些成绩和名士对自己的赏识，也许蒲松龄会以更加自在的方式度过自己的一生。可叹的是，蒲松龄虽屡考屡败，但科考热情从未衰减。对蒲松龄来说，科举致仕，光耀门楣，福泽一方就是自己的理想，就是自己的"道"。然而他的"道"最终却没走通。在《聊斋自志》①中，蒲松龄自叹命途多舛，所谓"门庭之凄寂，则冷淡如僧；笔墨之耕耘，则萧条似钵"②，并以"落落秋萤之火，魑魅争光；逐逐野马之尘，罔两见笑"③自嘲，可见蒲松龄对自己的现世生活是不大满意的。尽管如此，七十二岁时，蒲松龄仍然写下了"天命虽难违，人事贵自勤"的诗句，这既可见其当时的无奈，又可见其自强不息的心性，令人敬服。也就是在屡败屡考的辛酸中，蒲松龄完成了《聊斋志异》的写作。《聊斋志异》是蒲松龄的代表作，全书有短篇小说491篇。作者通过丰富的故事情节，鬼狐及各种妖怪的广泛题材，严谨巧妙的结构布局以及简练的文笔，表达出其长期郁积于心底的孤愤之情，揭露与批判了当时的社会腐败与矛盾，至今都具有很高的文学价值。

2）《聊斋志异》简介

蒲松龄作《聊斋志异》，承袭了六朝志怪小说和唐人传奇的衣钵，但在观念和写作方法上却有了质的飞跃。六朝人记叙怪异之事，是信其为实有；唐人写怪异故事重在构想之幻、情节之奇，而少现实内容和意蕴。蒲松龄以生活经验理性，驾驭六朝志怪小说和神秘意识，诸如人死为鬼，幽明相通；物老成精，能化人形；得道成仙、为神，能给人以祸福等，进行文学创作，虚构出诡谲瑰丽的故事，来针砭现实，抒发忧愤，表达个人的感受、经验和情趣，寄托精神上的追求、向往。这样，

---

① 《聊斋自志》，是蒲松龄为《聊斋志异》所写的序言。
② 于天池（注）.聊斋志异［M］.北京：中华书局，2015：6.
③ 于天池（注）.聊斋志异［M］.北京：中华书局，2015：2.

原来六朝志怪小说和渗入民间的神秘意识及其思维模式，也就转化为文学幻想的审美方式和表现方法，狐鬼花妖精魅成为蒲松龄假幻想创造的文学意象，神仙成为观照人间官僚或某类人的文学形象，多半寓批判之意。题材主要分为以下几种类型：一是爱情故事，占据着全书最大的比重，故事的主要人物大多不惧封建礼教，勇敢追求自由爱情。这类作品代表作有《莲香》《小谢》《连城》《宦娘》《鸦头》等。二是抨击科举制度对读书人的摧残，《叶生》《司文郎》《于去恶》《王子安》等都是这类作品。三是揭露统治阶级的残暴和对人民的压迫，具有社会意义，如《席方平》《促织》《梦狼》《梅女》等。《聊斋志异》之所以超越以前的志怪传奇小说，成为这一类小说最杰出的文学名著，根本原因就在于将迷信意识转化为文学的审美方式。

3)《聊斋志异》中蒲松龄的人生哲学

一是展现出其无私、刚直、质朴、足智多谋的品性和人格。修身、齐家、治国、平天下是每个人的高尚使命。其中，修身排在第一位，是最重要最根本的要求。蒲松龄的修身态度与无私、刚直、质朴、足智多谋的品性和人格，在《聊斋志异》中完美地诠释了出来。《庙鬼》中表达出蒲松龄这样一种思想立场：一个人若行得端、站得正，品格高尚、质朴无华，不但人人钦佩尊重，而且会使妖魔鬼怪自动远离。《瞳人语》篇中，蒲松龄从侧面赞扬质朴诚实的同时，对轻佻失信的小人行为给予了无情的讽刺鞭挞。《宫梦弼》一文中，作者描述了一位名叫柳芳华的无私人士，作者在文中给予主人公以高度评价。《促织》中描写了一位爱好斗蛐蛐的皇帝为满足私欲，年年向全国各地征收蛐蛐，地方官吏为了升官发财，极尽谄媚之能事，导致百姓叫苦连天，悲剧频繁发生，揭露了封建帝王为满足自己的贪图享乐、欺压百姓、导致民不聊生的丑恶嘴脸。无独有偶，《梅女》中一无名小吏，因贪图小财，诬陷良家妇女和土匪强盗通奸，导致善良女子最后含冤而死。蒲松龄在文中对封建王朝的黑暗统治进行了深刻的揭露和嘲讽，表达了对腐败官僚恶霸鱼肉百姓的痛恨之情，展现出了其公正无私、刚直不阿的高尚品性和人格。

二是坚持百事孝为先、手足情谊为中心的家庭价值观。父慈子孝、兄友弟悌、夫妻和睦是中华民族的家庭观念。蒲松龄深受这一传统观念的影响，其在《聊斋志异》中关于父子、手足、夫妻之间的感情描写占了很大比例。《水灾》《孝子》《陈锡九》等篇章无一不是歌颂孝道的崇高和伟大。《张诚》《二商》《斫蟒》中则对手足兄弟之情表现出由衷地赞颂和对违背兄友弟悌行为的批判。《婴宁》《胡四娘》《青梅》《姚安》等关于矢志不渝、忠贞专一的爱情婚姻的描写，表现出作者对美好爱情的向往和对喜新厌旧、朝三暮四之人的憎恶。

三是体现出其行善积德的处世哲学。善事阴功，皆有新造，长存此心，功德无量，为人处世要有仁爱恻隐之心一直是蒲松龄极力褒扬的。《王六郎》讲的是一个名叫王六郎的人，不慎溺水而亡，需要找到新的溺死鬼来代替自己才能重新投胎为人。因其天生心地善良，面对即将溺水的一对母子，便生恻隐之心，宁愿继续为鬼，也不愿意将母子二人杀害，揭示出蒲松龄的仁爱之心。爱民，廉洁的为官之道在《聊斋志异》的《一官员》和《冤狱》中分别从正反两方面进行了阐述。此外，《蛇人》《红玉》《丐仙》《农夫》《聂政》等篇章中还表现出作者乐善好施、刚直不阿、知恩图报的处世哲学。

四是表露出对人性中真善美的真诚呼唤。蒲松龄的一生中，经历了大量的挫折，他无奈、失意，但是他一直都在努力追逐自己的精神世界，一个个的挫折并没有让他放弃自我，他一直用自己的理想和体验来呼唤世界的真情。在他的时代中，官吏为富不仁、欺压百姓，但是他一直都用中肯的观点来关怀民生疾苦、仗义执言，向当时的社会发出来自内心深处的呐喊。

总的来说，《聊斋志异》中蒲松龄对质朴、无私、刚直、足智多谋品性和人格的赞扬，反映出他对这一品格和价值观的认同和自我修养的重视。以百事孝为先、手足情谊为中心的家庭价值观是传统家庭道德观念在其思想中的体现。积善行德、乐善好施、刚直不阿等处世原则反映了其对社会美德的提倡。切身所处封建时代的蒲松龄其一生对人生、社会的褒贬和感悟都融进了《聊斋志异》中。时至今日，其人生哲学对于现今社会各界人士都有重要的启迪作用。

4）后世纪念

蒲松龄故居"聊斋"位于山东省淄博市淄川区洪山镇蒲家庄，是一座典型的北方农家建筑。蒲松龄故居在抗日战争中遭日军焚毁，1954年依原貌修复，是全国重点文物保护单位，是为纪念这位世界短篇小说之王而设立的文化名人纪念馆。蒲松龄纪念馆是在蒲松龄故居基础上于1980年建立的，拥有六个小院、七个展室，占地面积5 000多平方米、展览面积2 000多平方米，陈列体系完备、展览内容丰富。蒲松龄纪念馆先后获得省级爱国主义教育基地、省级青年文明号、市级文明单位、花园式单位、青年文明示范岗等荣誉称号。山东淄博蒲松龄纪念馆现设有群众工作部、陈列保管部、《蒲松龄研究》编辑部、保卫科、办公室等机构，并成立了蒲松龄研究所、蒲松龄研究会，主办有中国人文社科核心期刊《蒲松龄研究》季刊。

4.4.2 教学案例一：蒲松龄的"仁政思想"

1）案例

早在两千多年前，孔子就因怀才不遇而感叹，遂以"仁"的构建完成了自我实现。蒲松龄一生大起大落，老死名场，与孔子不乏相似之处。《聊斋志异》中许多故事都传达了蒲松龄这样一种意识，即天命虽难违，但有时却可以改命，而改命之"器"，则是中国传统儒家思想的核心——"仁"。

众所周知，"仁"是儒家思想体系的核心，有着丰富的内容和深刻的内涵。其中，从原始人道主义和民本精神出发的"爱人""仁政"思想，更占有显著位置，是其经世治国之根本。蒲松龄一生深受儒家思想的影响，尽管屡试不第，尽管一直失意落魄，他仍念念不忘"处江湖之远则忧其君"的古训，写下了大量的拟表来寄托个人的政治理想，即坚持儒家仁政作为治国之根本。然而，蒲松龄也清醒地认识到，他所生活的现实世界是由一组组错位的风景组合而成的：仁风善德荡然无存，虐风暴政俨然正宗；清官廉吏寥若晨星，贪官酷吏多如牛毛；贫士良民无立锥之地，富豪劣绅有通天之能……睹于目而痛于心的蒲松龄把这一切都忠实记录在了《聊斋志异》中，尤其是在用现实主义手法写成的四十余篇公案小说中，更能淋漓尽致地体现出他对现实社会的强烈不满和对仁风善政的大力呼吁。

2）案例释义

贪官污吏的大量存在一直是封建社会腐败的重要表现，他们的大行其道往往造成了司法的不公和百姓的痛苦。蒲松龄对封建社会的官场黑暗和吏治腐败进行了无情的揭露和讽刺。《梦狼》就描绘了这样一个官虎吏狼的社会现实，塑造了一个贪赃枉法、残害良民的县令白甲的形象。白甲因为善于逢迎、贿赂当权者而得到了首荐。升官在即，他的父亲和弟弟苦苦规劝他以后要多多体恤百姓、好好做官，而他却不以为然地回答道："黜陟之权，在上台不在百姓。上台喜，便是好官；爱百姓，何术能令上台喜也？"[1]真是一语道破了仕途之关窍，不觉中也概括了上下几千年贪官污吏的普遍心态。蒲松龄对这种一心只为自己谋私利而置百姓于不顾的贪官污吏是深恶痛绝的，在文中，他让白甲受到了敲齿、决首、以肩承颌的惩罚，泄了自己的心头之恨。然而，蒲松龄也看出官吏的腐败在清初社会已是普遍现象，像白甲这样鱼肉百姓的官吏并非个别，于是，在《梦狼》的"异史氏曰"中他进一步点题："天下之官虎而吏狼者，比比也。即官不为虎，而吏且将为狼，况有猛于虎者耶！"[2]蒲松龄深深地明白光靠杀一两个激起民愤的白甲来达到杀一儆百、改变吏治的目的，是遥不可及的。他承认，对白甲的惩罚只不过是一种"鬼神之教"罢了，因为他明白仅靠个人的力量是无法改造整个社会的。不难发现，《梦狼》总体上体现的仍是儒家"仁者爱人"的思想，但不可否认，蒲松龄对此主题的大胆表现，却是前所未有的。

在对贪官污吏无情鞭笞的同时，蒲松龄对清官形象进行了呕心塑造和大力赞赏。《折狱》中，蒲松龄高度赞扬了县令费祎祉的仁智胸怀和稳健审慎的作风。文中写贾某外出被杀，其妻隔夜自杀。费祎祉亲往视之，发现死者身上银钱尚在，知道命案并非因财而起。半年后，费祎祉在处理拖欠赋税的农民时，发现周成的裹银包袱与死者的花纹一样，又从周成"惧责"的情态中看出破绽，几经诘问，终于使真凶伏法。《诗

---

① 于天池（注）.聊斋志异［M］. 北京：中华书局，2015：2031.
② 于天池（注）.聊斋志异［M］. 北京：中华书局，2015：2034.

漱》中的周元亮，也是随处留心而找到真凶的。当他看到凶案现场唯一的证物扇子及其上的题诗时，他猛然想起了曾在南城某店见过的秀才李秀的一首题壁诗，二者的口气词语十分地相似，遂立即传讯李秀，后又几经周折，引出了隐藏得很深的真凶张成，终使案情大白，水落石出。面对这些纷乱如麻的线索，若不是周元亮事事留心，岂是容易理出头绪来的？确实，古人审案，无法借助现代化的技术和手段，所以，案情最终能否真相大白，很大程度上取决于审案官员根据手头线索所做出推断的正误。于是，判官的智慧在这里显得十分重要。

蒲松龄对贪官污吏的讽刺和对清官形象的塑造和赞赏，事实上表达了对封建社会司法制度的质疑和批判。当然，蒲松龄对于封建社会司法吏治的观察和思考早已超越了对个案不公正的大声疾呼，他对当时司法中某些带有普遍性的倾向问题提出了自己的质疑和观点。比如，对法律偏私、公门不公的愤怒，在《张鸿渐》《商三官》《梅女》等篇章中，蒲松龄对此种情形做了淋漓尽致的描绘。

3）教学应用

（1）坚持以民为本

其实在《聊斋志异》流传之初，因其有着奇幻作品的外形和儒家核心的内质，就已被认定为一部"变儒之作"。"仁"是《聊斋志异》一书的根本核心。《聊斋志异》中充斥着"仁孝"思想，并且，"仁"不只是结果，也不光是所谓"劝谏"的道德工具，更是蒲松龄创作的内在驱动力，是蒲松龄在聊斋世界中实现自我圆满的"器"。

蒲松龄为了淄邑的灾荒屡次上书官府，一方面要求正钱法、借官谷、设粥厂；另一方面，又在赋税、纳根、盐法上为官府出谋划策。统观其意，用"安良民"三字可以概括。也就是说，他在钱法、漕运、赋税、赈济方面的主张，都是站在良民的立场上来立论的。这些"良民"，说到底是封建社会赖以生存的社会基础，他们能够安居乐业，封建社会就可以基业稳固；如果他们都民不聊生，社会大动荡就为时不远了。蒲松龄对民生疾苦的关心，固然是因为他本人身为贫士、贫民，对封建社会中的腐朽黑暗、压迫剥削感同身受；同时，也不能不看到儒家政治思想中的"民本思想"对他的影响。而这种"民本思想"体现在政治措施上，就是"仁政"。儒家的"仁政"承认剥削的合理性，唯反对过度的剥削。蒲松龄反对苛捐杂税，徭役索需。他认为，只要百姓只按朝廷规定缴纳正税，百姓就可以"安享太平"，就可以庶民感其惠，缙绅亦服其公。

可以说，蒲松龄的民本思想还是要求朝廷通过"安良民"，以达到庶民感其恩惠的目的。也就是说，蒲松龄的民本思想还是没有摆脱儒家民本思想的缺陷，仍然是为朝廷维护封建统治地位来考虑的。但瑕不掩瑜，以民为本，实行仁政思想永不过时，直至今天仍具有振聋发聩的意义。

（2）整肃吏治，严惩蠹役

在中国古代社会中，贪贿腐败的封建官僚阶层是寄生在封建社会国家机器上的一颗毒瘤，一些意欲励精图治的最高统治者也试图割除这一毒瘤，但囿于根深蒂固的封建官僚制度与整个封建统治千丝万缕的关系，割除毒瘤往往会涉及封建统治的安危，其结果往往是无疾而终。康熙即位之初也认识到，封建统治的稳固除了要制定相应的法律之外，更需要庞大的封建官僚阶层予以支持，但要想整肃吏治谈何容易。从蒲松龄的《聊斋志异》及正史之外的一些史料披露出来的情况可知，康熙在位期间尽管被史学家们称为康熙盛世，但整个封建官僚机器已经是千疮百孔，腐败到了不可收拾的地步。康熙对吏治腐败的情况心中是十分清楚的，但已是无可救药，只能睁一只眼、闭一只眼了。

蒲松龄在宝应县等地有过两年多的从政实践，因此对封建衙门中蠹役贪赃枉法有着深切的体会，但是对于这一现象连最高统治者都无能为力，更不用说像蒲松龄这样的小官了，因而，他也只能以小说的形式对此进行揭露，并大力呼吁整肃吏治而已。如《席方平》中写席方平为父赴地下伸冤的故事，此冤案跨越阴阳两界，官官相护，贿赂公行，却是阴阳一体。蒲松龄虽然叙述了一则幽冥伸冤的故事，却是用阴间影射阳间的司法腐败，他最后在判词中公开了自己心目中清官的标准，即为父母官应鞠躬尽瘁，面对权贵势僚应做像董宣一样的强县令。

当然，在蒲松龄生活的那个时代，整治吏治，惩处蠹役只是一种愿望，是不可能真正实现的。但他对腐败问题的揭露，直到现在，仍具有极大的警示意义。

4.4.3 教学案例二：蒲松龄对艺术美学的创造性发展

1) 案例

《聊斋志异》是我国文言小说的集大成之作，它继承了六朝志怪小说、唐传奇的志怪手法，使艺术形式别开生面、令人称奇。它用白描手法将志怪、传奇熔为一炉，捕捉细节，状物写人，摹绘如生。蒲松龄将他奇特的命运与个性寄寓其中，创造了事奇、人奇、情奇、文奇的美感效应。《聊斋志异》富于创造性地运用了"假象寄兴"的审美思维方式，自由地构筑起奇幻瑰异的审美世界，真切地寄寓了蒲松龄的生命智慧与痴情，诗意般地表达了蒲松龄对理想生存状态的向往。蒲松龄突破了正统文学的樊篱，创造出了一个丰富深邃、立体多维的承载着自己精神生命的审美世界。蒲松龄借助假象以自由的审美心态构拟出一个与日常世界异质的审美天地，同时通过"寄兴"方式将自己的浓烈情感渗透融汇于艺术形象之中，超越假象和现实，使之升华为充满理想色彩和生命本质意义的艺术境界。

2) 案例释义

《聊斋志异》创造了一个色彩绚丽、美不胜收的艺术世界。它之所以受到人民群众的广泛喜爱，除了深刻地反映了人民的思想感情、愿望要求外，还因为它具有极强的艺术魅力，读后能使我们得到艺术的美的享受。《聊斋志异》的艺术美，表现为思想与艺术的完美融合。

在形式上，蒲松龄集结了各种文学题材的长处并加以融合运用。《聊斋志异》是对中国传统文言小说体式和散文体式的总结和发展。《聊斋志异》中的作品，从形式体制上看，大致可以分为三类：其一，是符合现代小说观念的典型的短篇小说，一般篇幅都较长，有完整的情节结构、鲜明的人物形象和明确的主题思想。书中的传世名篇包括《促织》《席方平》《红玉》《婴宁》《青凤》等。这类作品多取法于唐人传奇，又广泛地从志怪小说和散文传统中吸取营养，是对传奇小说的发展和提高。比之唐人传奇，想象更丰富，情节更曲折，描写更细腻。其二，可以称为志怪短书。这类作品，内容多为记述奇闻异事、神鬼妖魅，它们情节单纯，用笔精简，一般篇幅很短，只有二三百字，或者更少。从形式上看，这类作品很像六朝时期的志怪小说，但多数在意趣、情韵上与传统的志怪小说又很不相同。作者创作的目的，不是为了证明神鬼妖异确实存在，而是含蕴着隽永的思想内涵，透出浓厚的生活气息。其三，是纪实性的散文小品。这类作品的内容或写人，或记事，或描绘一个场面，或摄取某种生活情景，多为记述作者的亲见亲闻，近似绘画中的素描或速写，一般篇幅短小，而内容大多写实，不涉怪异。如《偷桃》写民间杂技，《山市》写山中奇景，《地震》写自然灾异，《农妇》记人物异行等。

大胆奇异的艺术风格，是《聊斋志异》在艺术描写上的一个突出特色。其艺术想象之丰富、之大胆、之奇异，在古今中外的小说中，都是罕见的。人物形象多为花妖狐魅、神鬼仙人，他们一般都具有超人的特点和本领；活动的环境或为仙界，或为冥府，或为龙宫，或为梦境，神奇怪异，五光十色。当然，奇幻本身并不是作家艺术创造的目的。蒲松龄以大胆的艺术想象创造出一个奇幻的、绚丽多彩的艺术世界，是为了获得更大的艺术自由，更加充分地表现他对现实人生的体验，表现他的爱与恨，表现他对生活的认识与评价，表现他对未来的憧憬与向往。因此，以虚写实，幻中见真，才是《聊斋志异》所创造的奇幻世界的本质特征。通过超现实的幻想，表现出来的却是非常现实的社会内容。总之，《聊斋志异》中的想象是幻和真的融合，处处奇幻，又处处于虚中见实，幻中显真。因此，它不是把我们引向虚无缥缈的天国，而是引导我们去俯瞰满目疮痍的人世。蒲松龄表达出的，一方面是憎恶这人世，另一方面又充满希望地要改善这人世。

与诗歌相结合的意境表达。所谓意境，是指在作品中由作家的主观感情与客观物境相结合而创造出的一种艺术境界。在中国古典小说中，真正能够创造出富于诗的意境的作品并不很多，《聊斋志异》中却有不少作品表现出诗情浓郁的意境美。它使得描写对象带有一种抒情的色彩，变得比实际生活更美，更富于诗的情韵，也更富于深邃的思想力量，使读者产生一种超出于笔墨之外的联想和感受，进入一种诗一样的艺术境界，在精神上得到一种审美的愉悦和陶冶。《聊斋志异》的意境创造，主要表现在作者将他所热爱和歌颂的人和美好的事物加以诗化。特别是对那些幻化为花妖狐魅的女性形象，作者总是赋予她们以诗的特质。例如《红玉》中热情歌颂的那位同情被压迫者、具有侠义心肠、热情助人的狐女红玉，作者就赋予她以一种仙姿玉质的诗意美："女袅娜如随风欲飘去，而操作过农家妇；虽严冬自苦，而手腻如脂。自言三十八岁，人视之，常若二十许人。"①通过环境气氛的渲染烘托来表现一种诗意美，是《聊斋志异》意境创造的一个重要方面。《宦娘》中优美的琴声，营造出一种充满诗意的气氛，以此来烘托出品格优美的鬼女宦娘那风雅不俗的精神世界。《粉蝶》中渲染的爱情之美，不仅与琴曲美妙的音乐融合在一起，而且还带有一种神奇缥缈的仙风仙气。《白秋练》中男女主人公的爱情，始终以诗来串合。《婴宁》中女主人公天真爽朗的笑声，以及总是伴随着她而具有象征意义的鲜花，也烘衬出女主人公天真无邪、富于诗意的性格美。《聊斋志异》中优美动人的花妖狐魅形象，是现实生活中美好的人的艺术升华，是幻想的创造物，带有某种虚幻性和飘忽性。作者常常不做精雕细刻的外形描写，而着意于描绘人物的内在风神，接近于绘画中的写意，不经意间就展现出了诗情浓郁的意境美。

　　3）教学应用

　　蒲松龄通过《聊斋志异》敏锐地体味着妖与人的喜怒哀乐、透视着人性面具后的真实表情和所思所动。所以，《聊斋志异》从表面看鬼魅狐妖比比皆是，但实际上却是在处处写人。也就是说，蒲松龄所关注的是社会现实与社会问题。他运用巧妙的艺术手段，将现实主义和浪漫主义相结合，通过自己对明末清初社会中种种现实矛盾的关注，着力表达了一种对于人的前途关注与命运的终极关怀和深层思考。在蒲松龄的人文精神表达中，真善美是核心，而理想的人格世界是梦想，但是现实中人性精神的深层欲望却是笔下真实的文字体现。在长年的创作与实践当中，蒲松龄深刻地认识到了现实社会中存在的种种，无论是人也好，生灵也罢，他们都有光华的一面和阴暗的一角。所以蒲松龄通过《聊斋志

----

① 于天池（注）.聊斋志异［M］.北京：中华书局，2015：542.

异》的创作，借助作品将人文精神和生态观念进行理性的反思和哲理的思考，以此看清万物的起源和人性的缺点。

《聊斋志异》是用文言写成的，但在某些方面还具有白话小说不可能有的独特的魅力。《聊斋志异》语言艺术的特色，主要表现在两个方面：其一，从表现生活和刻画人物性格的需要出发，改造书面文言，吸收生活口语，将两者加以提炼融合，使典奥的文言趋于通俗活泼，又使通俗的口语趋于简约雅洁，创造出一种既雅洁又明畅，既简练又活泼的独特的语言风格。其二，无论来自书面的文言，还是来自口头的白话，经作者的选择提炼，都变成一种饱和着生活的血肉，饱和着人物思想感情的血肉的活的语言。在表现活的生活和活的人物这一点上，使两种语言成分自然和谐地融合在一起。从全书的整体来看，典雅和通俗、精练和明畅、凝重和活泼，两种语言风格是统一的，不仅不可分割，而且连分解也难于分解。总起来说，《聊斋志异》是真正艺术的美文学，思想美，形象美，语言美，意境美。一篇篇优美的作品，在我们的面前展现出一个色彩绚丽的艺术世界，使我们在奇异的幻境中，体尝现实人生的甘苦，认识那已经逝去但不应该被忘记的历史；在得到思想启发的同时，也得到艺术的美的享受。

终生不遇的穷愁书生、万古流芳的小说巨匠蒲松龄，生前寥落身后荣，千秋业付后人猜。历史是公正的，在蒲松龄屡考屡败之后，写作成为他心灵的寄托，他把自己的理想、追求和热情，含蓄地寄托于他笔下的主人公，在幻想中满足文人士子们的理想和愿望，从而实现文人士子的理想抱负和个体生命的价值。可以说，《聊斋志异》倾注了蒲松龄一生的心血与才华，他把现实世界中的情感体验与理想信念融入虚构的故事，借以寄托他对美好理想的向往与自我价值的确认。

4.4.4 教学案例三：蒲松龄的教育思想

1）案例

《聊斋志异》中蕴含着丰富的教育思想。在小说中，蒲松龄以教育家的眼光深刻地表达了自己的教育思想：重视挫折教育和抗争意识培养，提倡亦师亦友的师生关系，倡导终身学习和深思力学的态度与实践。在教育内容上主要以基础知识的教授普及、伦理道德的修养和真诚重情重义的人格塑造为主。蒲松龄教育思想的形成和他的生活经历及信奉儒学密切相关。蒲松龄其人其作的教育意涵值得当今的学习者和教育者深入发掘研究、思考借鉴。

蒲松龄大部分生涯是在书馆中度过的。他一生从事的是教师职业，除了在王村和丰泉乡等处各教了几年书，康熙十八年（公元1679年），他又设帐于淄川西铺村毕际有家，直到康熙四十八年（公元1709年）才回家养老，其时年已七十。小说集《聊斋志异》主要是他三十至四十岁之间在教书之余写成的。以说狐道鬼而著称的《聊斋志异》，采用虚幻手法反映了社会生活的各个方面。除了表现作家的政治、伦理、哲学、宗教文化、民族思想以及对科举制度与妇女、爱情、婚姻的看法外，他的教育思想也值得我们学习和借鉴。

2）案例释义

（1）蒲松龄对教育的基本态度

① 强调师德为先，师友为范。师生关系历来是热门话题，师者，不但传道授业解惑，更要行为世范，把道德品质放在第一位。在《聊斋志异》中，蒲松龄不但表现了塾师的可怜，更表现了他们的可敬。蒲松龄笔下描写的塾师大都有良好的品德，恪尽职守，对学生爱护有加。如《褚生》里的吕老先生就是一位德才兼备的优秀塾师，他不但学识深厚广博，而且爱护关心学生，特别是对于颖慧勤奋的学生尤为器重，当得知褚生因经济困难而致求学艰辛后，不但将学费全数归还，还免费为他解决食宿问题，其实，吕老先生自己都已处于瓮牖绳枢的境况了。再如《张诚》篇中的塾师被张诚对兄长的爱护关心打动，对于张诚逃学助其兄砍柴的行为，"师叹其贤"而不再加干预。这些塾师都是典型的儒家伦理道德的维护者，也是师德的彰显者。当然，蒲松龄对雇主的尊师也给予了充分的赞美，如《聊斋志异·爱奴》篇把书生与花妖狐魅的爱情故事和尊师重教结合起来，展现出雇主对塾师的尊敬不仅体现在经济上，更体现在人格和情感上。

② 坚持终身学习。蒲松龄一生的追求和努力，俨然是一个终身学习的模范，这集中体现在科举应试与笔耕不辍上。且不论八股制艺的利

弊何如，单就从蒲松龄刻苦学习这一行为来说，就十分令人尊敬。他一生对科举情有独钟，又一生都被仕途失败的阴影笼罩，但更重要的是，他是在以科举入仕为明确目标的引导下进行着持续学习，正是这种对科举的痴迷和刻骨情感，让他历经磨难却始终没有中断学习。在《叶生》《司文郎》《于去恶》《考城隍》等篇目中，他塑造了众多才华横溢的"鬼秀才"形象，他们魂留人世只为继续举业以完成前世夙愿。可以说，对科举的一心追求，奠定了蒲松龄终身学习的基础，对科举的批判反思，形成了蒲松龄终身学习的坚定信念。其终身学习的成果突出表现在了创作上。蒲松龄为后世留存下大量诗作、文赋、俚曲，且著有《农桑经》《日用俗字》《药祟书》《伤寒药性赋》等著作，当然，最大的成就莫过于《聊斋志异》——这部他历时四十多年不断搜集材料、持续学习创作直到年逾花甲方才搁笔的巨著，这也是蒲松龄坚持学习、终身学习的硕果。

（2）蒲松龄教育思想的成因

① 生活经历。这主要表现在生活艰辛、科举磨难和辛勤教书三个方面。蒲松龄一生中衣食无忧的生活很短暂，后来就被迫终止游学生活转而自谋生路。坐馆的收入无法维持一家人的生活，于是他还卖文为活，但经济始终拮据，因此常常处在水深火热之中，甚至于母亲逝世时，根本无力操办母亲的丧葬，可以说，处境已到了山穷水尽的地步。而贫困正是他走上塾师道路的直接原因，也是他一生主动或被动从事教育事业的基本现实基础。蒲松龄可以说是一位标准的穷书生，一生科考失意，与教书育人结缘。作为从事教育事业的塾师，他不可避免地要去思考教育的意义和方法，以良好的人生价值观和行之有效的实际行动与方法去劝诫、规范、教化他人。他以身作则的作风和所宣扬的正确教育观念，深入人心，成为人们教育他人、指导自己的典范。

② 信奉儒家。儒学是入世的哲学，蒲松龄是坚定的儒家思想奉行者。他强调修身养性、明心见性，重视人格的培养，在观念上以传统儒家思想为指导，在生活中老实本分。这种处世原则和价值观，使其一生都在学习、教学，他教育东家的子弟，也教育自己的儿孙，把自己的希望延续到他们的身上，盼望自己的弟子能够高中。虽然他的愿望最终大都落空，但这并不能掩盖他对于教育工作所付诸的心血和精力，他仍然

是奋战在"教学一线"的辛勤教育者。

3）教学应用

蒲松龄教育思想丰富，我们应肯定和吸取有益的成分，抛弃不足和落后的东西，为今天的教育研究和应用提供借鉴和服务。

（1）注重深思力学，反对浅尝辄止

蒲松龄深刻领会孔子"学而不思则罔，思而不学则殆"的思想，强调学思并行，自始至终。他赞赏珍惜时光，刻苦用功的态度，认为钻研学问必须要有"痴"劲，《书痴》中的郎玉柱、《阿宝》中的阿宝、《褚生》中的褚生都是刻苦好学、专心致志的典型。相反，那种华而不实的学习态度是蒲松龄所反对的，如《劳山道士》中那个偷师学艺、到处炫耀的人，是遭人唾弃的；《老饕》中"强杰"邢德败在其貌不扬的老饕手下；《武技》中一青年学点少林功夫就卖弄炫耀，结果败在一小尼手下，这些故事都说明了"强中更有强中手"的道理。《郭生》之郭生在狐师指导下写文章长进很快，于是自满不学了，结果一塌糊涂。这说明了"满招损、谦受益"的"天道"。

（2）要循序渐进，因材施教

蒲松龄认为，学习是一个循序渐进、日积月累的过程，既不能急躁贪快，也不能一曝十寒，这是他对学习规律的认识。同时，蒲松龄强调要因材施教，认为教师应根据学生的智力、性格、知识水平采用不同的教育方法。例如《细柳》中细柳对聪颖贪玩的长福，用鞭打、让他放猪等方法，让他吃苦、促他觉悟；而对迁钝懒惰的长佑则用送监的办法令其醒悟，这是因材施教的正确应用。《小谢》中陶生对喜欢字画的小谢教以写字，对聪慧灵光的秋容教以吟诗，各得所好，效果良好。蒲松龄几个儿子都有乃父遗风，好学善思，唯二子蒲篪考过几次科举后就"欲废卷"，蒲松龄虽气愤，但也理解他，让他从别的方面发展。这是"因材施教"的最好诠释。

蒲松龄担负起了中国文人"文以载道"的历史使命，以教育家的身份积极履行着教育责任。《聊斋志异》中弥漫着浓厚的教育气息，体现出中国古代小说以故事育人的鲜明特点，值得我们不断深入发掘和思考，使之发扬光大并泽及后世。

参考文献

经典文献

[1] 中央编译局.马克思恩格斯选集［M］.北京：人民出版社，2012.

[2] 中共中央文献编辑委员会.毛泽东选集［M］.北京：人民出版社，1991.

[3] 习近平.习近平谈治国理政（第一卷）［M］.北京：外文出版社，2014.

[4] 习近平.习近平谈治国理政（第二卷）［M］.北京：外文出版社，2017.

[5] 习近平.习近平谈治国理政（第三卷）［M］.北京：外文出版社，2020.

[6] 习近平.习近平谈治国理政（第四卷）［M］.北京：外文出版社，2022.

[7] 习近平.习近平著作选读［M］.北京：人民出版社，2023.

[8] 中共中央党史和文献研究院.十八大以来重要文献选编（上）［M］.北京：
中央文献出版社，2014.

[9] 中共中央党史和文献研究院.十八大以来重要文献选编（中）［M］.北京：
中央文献出版社，2016.

[10] 中共中央党史和文献研究院.十八大以来重要文献选编（下）［M］.北京：
中央文献出版社，2018.

[11] 中共中央党史和文献研究院.十九大以来重要文献选编（上）［M］.北京：
中央文献出版社，2019.

传统文化典籍与著作

[1] 杨伯峻（译注）.论语译注［M］.北京：中华书局，2015.

[2] 杨伯峻（译注）.孟子译注［M］.北京：中华书局，2010.

[3] 黎翔凤.管子校注［M］.北京：中华书局，2020.

[4] 李山（译注）.管子 [M]. 北京：中华书局，2016.

[5] 陈曦，骈宇骞（译注）.孙子兵法·三十六计 [M]. 北京：中华书局，2016.

[6] 方勇（译注）.墨子 [M]. 北京：中华书局，2015.

[7] 任继愈.墨子与墨家 [M]. 北京：商务印书馆，1998.

[8] 段熙仲，闻旭初（编校）.诸葛亮集 [M]. 北京：中华书局，2020.

[9] 文天（译注）.史记 [M]. 北京：中华书局，2016.

[10] 李清照（著），程璧（导读）.李清照诗词全集 [M]. 北京：中信出版集团，2019.

[11] 苏缨（注）.李清照集 [M]. 武汉：长江文艺出版社，2021.

[12] 康震.康震讲李清照 [M]. 北京：中华书局，2018.

[13] 鸿雁.辛弃疾词传 [M]. 北京：北京联合出版公司，2019.

[14] 戚继光（著），马明达等（点校）.纪效新书 [M]. 北京：人民体育出版社，2021.

[15] 戚继光.止止堂集 [M]. 北京：中华书局，2001.

[16] 戚祚国.戚少保年谱耆编 [M]. 北京：中华书局，2003.

[17] 刘素平.抗倭名将戚继光 [M]. 北京：中国书籍出版社，2011.

[18] 王允熙，周峰（译注）.文心雕龙 [M]. 上海：上海古籍出版社，2012.

[19] 石声汉（译注）.齐民要术 [M]. 北京：中华书局，2015.

[20] 檀作文（译注）.颜氏家训 [M]. 北京：中华书局，2011.

[21] 于天池（注）.聊斋志异 [M]. 北京：中华书局，2015.

[22] 陈寅恪.隋唐制度渊源略论稿 [M]. 北京：三联书店出版社，2001.

[23] 郭沫若.郭沫若全集·历史编（第八卷）[M]. 北京：人民出版社，1984.

[24] 冯友兰.中国哲学史新编（上卷）[M]. 北京：人民出版社，2007.

[25] 王修智.齐鲁文化与山东人 [M]. 济南：山东人民出版社，2010.

报刊文章

[1] 汤志，李箭飞.自我节制是道德修养的重要内容 [N]. 光明日报，2017-04-03.

[2] 骆郁廷，赵方.新时代大学生推己及人的交往之道 [J]. 思想教育研究，2020（4）：130-134.

[3] 方高峰，张晓连.孟子与柏拉图财富观比较初探 [J]. 管子学刊，2004（1）：43-45.

[4] 郭淑新，王子廓.论孟子"老者"思想中的责任伦理意识 [J]. 道德与文明，2014（6）：13-16.

[5] 张岱年.论墨子的救世精神与"摩物论言"之学 [J]. 文史哲，1991（5）：

11-13.

[6]　邵长杰.墨子科技思想中的人文关怀［N］.中国文化报,2012-12-04.

[7]　梁晓宇.《隆中对》的主要内容、特点及其历史贡献［J］.文史博览（理论）,2015（7）：21-23.

[8]　周娴.以《声声慢》为例赏析李清照的词作风格［J］.文学教育（下）,2021（12）：11-13.

[9]　李富荣.新时代青年爱国主义教育的图景、原则和路径［J］.长春师范大学学报,2023,42（1）：20-25.

[10]　高春燕,柳琳.辛弃疾《永遇乐·京口北固亭怀古》用典赏析［J］.名作欣赏,2021（6）：90-91.

[11]　李艳飞.当代大学生人生观的现状分析与教育对策［J］.思想理论教育,2021（12）：96-101.

[12]　范文澜.《文心雕龙》的应用写作论［J］.应用写作,1996（4）.

[13]　周甲英,田宗友.颜之推的劳动教育思想及其理性审视［J］.劳动哲学研究,2022（3）：178-186.

[14]　陈柯竹.颜之推家庭教育思想对现代家庭教育的启示［J］.家庭科技,2022（6）：27-29.

[15]　吴尚之.学习犹种树,春华而秋实——颜之推的读书观［J］.中国出版,2022（19）：10-12.

[16]　张艳国.颜之推颠沛流离的人生经历及其思想感悟［J］.学术研究,2022（2）：105-113.

[17]　许鹤.论颜之推的道德教育及其当代价值转换［J］.教育研究与实验,2022（1）：71-77.